U0854197

学 前 教 育 专 业 能 力 基 础 系 列 教 材

依据 《幼儿园教师专业标准（试行）》《中小学和幼儿园教师资格考试标准（试行）》编写

学前儿童社会教育

主　编／李焕稳
副主编／梁慧娟

XUEQIAN ERTONG SHEHUI JIAOYU

北京师范大学出版集团
BEIJING NORMAL UNIVERSITY PUBLISHING GROUP
北京师范大学出版社

图书在版编目(CIP)数据

学前儿童社会教育/李焕稳主编. —北京：北京师范大学出版社，2016.4（2024.1 重印）
ISBN 978-7-303-19942-6

Ⅰ. ①学… Ⅱ. ①李… Ⅲ. ①学前儿童－社会教育－幼儿师范学校－教材 Ⅳ. ①G611

中国版本图书馆 CIP 数据核字(2015)第 310656 号

教材意见反馈　gaozhifk@bnupg.com　010-58805079
营销中心电话　010-58802755　58800035
编 辑 部 电 话　010-58802682

出版发行：北京师范大学出版社　www.bnupg.com
北京市西城区新街口外大街 12-3 号
邮政编码：100088
印　　刷：保定市中画美凯印刷有限公司
经　　销：全国新华书店
开　　本：787 mm×1092 mm　1/16
印　　张：12.75
字　　数：259 千字
版　　次：2016 年 4 月第 1 版
印　　次：2024 年 1 月第 15 次印刷
定　　价：28.80 元

策划编辑：于晓晴　　责任编辑：齐　琳　王新焕
美术编辑：焦　丽　　装帧设计：焦　丽
责任校对：陈　民　　责任印制：马　洁
封面插图：范嘉伟

内容简介

《学前儿童社会教育》是本专科学前教育专业的实践取向教材。本教材依据教育部《高等学校课程思政建设指导纲要》、职业教育国家教学标准中的有关要求，在《幼儿园教育指导纲要(试行)》《3—6 岁儿童学习与发展指南》《幼儿园教师专业标准(试行)》等文件精神的引领下，突出社会主义核心价值观引领的新时代职业教育观。教材遵循学生教育技能学习与掌握的规律，强调学习的体验性、实践性、生活性及交往性特点。教材在体例设计上从问题入手，鼓励学生自主学习、着力实践应用，让学生在熟练掌握学前儿童社会性发展特点和社会教育建议的基础上，有效提升社会教育的教学实践能力。

前　言

走入新时代，迈向建设社会主义现代化强国的新征程，办好学前教育，让幼有所育，是国之大计、党之大计。随着我国学前教育的飞速发展以及国家对学前教育质量的重视程度的提高，学前教育教师队伍的培养越来越成为学前教育发展需要解决的重要问题。为此，许多高校纷纷开设学前教育专业以满足社会对幼儿教师的需求。然而，多年来高校学前教育专业人才培养模式的理论取向，使得众多高校学前教育专业毕业生理论知识有余而实践能力不足，无法快速适应幼儿教师这一工作岗位。这种状况既使学前教育专业学生感到巨大压力，也使用人单位叫苦连连。所以，高校学前教育专业应定位于价值引领、能力本位、实践取向的人才培养模式，此专业的教材也应是基于幼儿教师岗位能力需求的实践取向教材。

本教材坚持以习近平新时代中国特色社会主义思想为指导，以党的二十大报告中所提出的“全面贯彻党的教育方针，落实立德树人根本任务”为引领，充分体现《高等学校课程思政建设指导纲要》《幼儿园教师专业标准(试行)》《3—6岁儿童学习与发展指南》等重要文件精神，在吸收学前儿童社会教育相关领域研究成果的基础上，从学前儿童的社会学习特点、学前教育专业学生的学习认知规律以及幼儿教师岗位相关能力的形成过程入手，有机融入劳动教育、中华优秀传统文化等相关内容，将价值塑造、知识传授与能力培养紧密结合，以任务驱动的模式，形成教材结构：单元一为学前儿童社会教育概述，单元二为学前儿童社会教育的目标、内容与方法，单元三为学前儿童社会教育活动的设计，单元四为学前儿童社会教育活动的组织实施，单元五为学前儿童社会教育活动的评价。

每一单元均以“学习目标－案例导入－基本知识－思考与练习－拓展训练－学习

反思”的思路架构学生对学前儿童社会教育课程教育技能掌握的路径。其中，“学习目标”让学生在学习之前就明确学习任务，从而以任务驱动的方式开启学习的历程。“案例导入”使学生带着思考与问题参与到学习中来。“基本知识”使学生具体了解学前儿童社会教育中的是什么、为什么、怎么做以及结果如何等问题。“拓展训练”让学生在课堂学习之外对已学知识、技能进行实践练习，既有个人的独立操作，也有小组的合作探究。“学习反思”则让学生在完成每一单元的学习与练习之后，进一步理顺自己已有的知识与经验，同时建立起对下一环节学习的新期待与学习准备。

本教材本着基本理论必需、够用，教育技能适用的基本原则进行编写。目的就是要让学生多角度、多层面熟练掌握学前儿童社会教育领域的教育技能，使他们成为有一定理论素养的高素质实践应用型人才。

本教材适用于本专科院校学前教育专业培养学生社会教育技能的专业课程。根据院校人才培养方案，任课教师可对知识性学习和实践技能学习做 5∶5 的课时分配。

本书由天津师范大学学前教育学院李焕稳担任主编，由天津师范大学教育科学学院梁慧娟担任副主编，具体编写分工如下：梁慧娟负责单元一的编写；李焕稳负责单元二、单元四的编写；天津师范大学学前教育学院王丽娇、李焕稳共同负责单元三的编写；天津师范大学学前教育学院李焕稳、陈国钰共同负责单元五的编写。全书由李焕稳统稿。

在编写过程中，本书参阅、借鉴、引用了许多国内外学者专家的新近研究成果、一线教师的教育案例，同时也借鉴参考了诸多同类教材和许多学校的相关精品课程资源，在此一并向他们表示感谢。

由于编写人员的水平有限，书中不免有疏漏、不妥之处。在此，恳请广大读者予以批评、指正，以便于改进、修正和完善本教材。

编　者

2022 年 6 月

目 录

单元一
学前儿童社会教育概述

学习目标

1. 了解学前儿童社会性发展的含义和价值。
2. 掌握学前儿童社会性发展的特点。
3. 了解影响学前儿童社会性发展的基本因素。
4. 领会学前儿童社会教育的内涵和意义。
5. 强化立德树人意识，树立“师德为先”“幼儿为本”的理念。

案例导入

1920年，印度传教士辛格在一个巨大的白蚁穴附近发现两个“狼孩”。辛格把她们送进了孤儿院。这两个孩子刚回到人类社会之初，具备狼的特点，有明显的动物习性。为使两个狼孩能“恢复人性”，辛格夫妇做出了各种尝试，取得了一定的效果。其中，一个“狼孩”两个月后可以发出“波、波”的音；另一个4年后掌握了6个单词，5年后学会了两脚步行……“狼孩”的故事，充分说明了人的社会性发展离不开必需的社会环境和社会教育。

问题：

儿童的社会性发展包括哪些内容，如何促进儿童的社会性发展呢？

任务一　了解学前儿童社会性发展的含义、价值

学前期是个体社会化的第一个关键期，是个体从“自然人”向“社会人”转变的关键阶段。只有了解学前儿童社会性发展的含义，认识到学前儿童社会性发展的重要价值，掌握不同年龄阶段学前儿童社会性发展的特点，才能从环境和教育的角度为学前儿童的社会性发展提供适宜的支持和引导，有效促进学前儿童的社会化进程，并为他们后续的社会性发展奠定良好基础。

一、学前儿童社会性发展的含义

社会性发展，是学前儿童身心发展的重要方面。要认识、理解它的含义，需要对社会性、学前儿童社会性以及社会化等概念有清晰的了解。

(一)社会性与学前儿童社会性

1. 社会性

对社会性(sociality)这一概念可以从广义和狭义两个层面来认识。

广义的社会性，是指由人的社会存在所获得的一切特性，其中最根本的决定因素是人在社会生产中的地位及其相互关系。就个人的社会性而言，一般可分为两类。一是由出生时所处的既定历史条件和社会关系(家庭出身、籍贯、居住地区等)所获得的先赋社会性；二是通过自身活动继承、学习、创造而获得的特性，称为后生社会性。

狭义的社会性，是指个体进行社会交往，建立人际关系，理解、掌握和遵守社会行为准则以及控制自身行为的心理特性。它是个体在固有的生物特性基础上形成的独特心理特性。

2. 学前儿童社会性

根据对“社会性”概念的理解，所谓学前儿童社会性，是指个体在学前阶段，由于社会文化、家庭、教育等因素的影响，在对待自己与别人的行为方面，在掌握社会规范、形成社会技能、学习社会角色的社会化过程中所产生的一种心理特征。

(二)社会性发展与社会化

1. 社会性发展

社会性发展，是指个体在与他人交往中表现出来的情感、态度、观念和行为等随

着年龄的变化而发展变化的过程。

儿童社会性发展，是指儿童逐渐掌握社会的道德行为规范与社会行为技能，从一个自然人成长为一个社会人的过程。它是在儿童与社会群体、儿童集体以及同伴的相互作用、相互影响的过程中实现的。

2. 社会化

社会化(socialization)，是指个体掌握和积极再现社会经验、社会联系和社会关系系统的过程。通过社会化，个体获得在社会中进行正常活动所必需的品质、价值、信念以及社会所赞许的行为方式。社会化也是人们学会与他人共同生活，彼此有效相互作用的过程。它要求人们遵循一定的社会规范，充当一定的社会角色，行使一定的社会职能，并且获得顺利实现这些所必需的技能和技巧。①

可见，社会性发展的历程，即社会化。社会化是一个终身历程，个体在这一终身历程中受到不同的社会因素和社会化机构的影响，逐渐形成适应社会文化环境的社会性和个性。

就学前儿童来说，其社会化的含义有广义与狭义之分。

广义的社会化，指的是儿童从生物人(自然人)向社会人转化的过程，在这一过程中获得人类所具有的基本特征，包括直立行走、使用工具、言语交流、抽象思维等。

狭义的社会化，则是指儿童成长为一个合格的社会成员的过程，在这一过程中融入所在的社会环境与社会关系，接受所在社会群体认可的价值观和行为方式等。社会化的过程同时也是个性化的过程。因为，人“不仅是一种合群的动物，而且是只有在社会中才能独立的动物”②。

二、学前儿童社会性发展的价值

学前期，社会性发展对儿童发展的价值可从以下两个方面来理解。

(一) 学前期社会性发展对儿童身心全面发展的价值

每个儿童从出生的那一刻起，就处于一定的社会环境和社会关系中。社会环境和社会关系是儿童身心发展的基本条件，也构成了其身心发展的重要内容。可以说，人“天生是社会动物”③。社会是个体发展的广阔舞台，而社会化是个体学习与发展的基本过程。

那么，在学前阶段，儿童的社会性发展为什么如此重要呢？哈佛大学心理学博士丹尼尔·戈尔曼的研究表明：儿童的未来，20%取决于智力因素，80%取决于非智力

---

① 朱智贤. 心理学大词典[M]. 北京：北京师范大学出版社，1989：568.

② 马克思恩格斯选集：第 2 卷[M]. 北京：人民出版社，1972：87.

③ 马克思. 资本论：第 1 卷[M]. 北京：人民出版社，2004：379.

因素。同时，有研究发现，同样是智力中等或智商水平较高的人，有的人与他人关系和谐，懂得乐群合作、礼貌谦让，受人欢迎；可有的人却与他人关系紧张，攻击性强、孤僻易怒，受人排斥。造成这种现象的原因是：有的人适应他们所生活的社会；有的人不适应他们所生活的社会，与周围的人格格不入，甚至逆反、对立。一言以蔽之，这两种人的社会适应程度大不一样，即他们的社会化程度不一样。可见，学前儿童社会性的发展对儿童身心全面发展有着重要的价值。

1. 社会性发展促进学前儿童身体的发展

生活在社会环境当中，每个人无时无刻不在接收着来自于周围人、事或自身内部的种种信息，这些信息经过大脑的整理和分析后，会对人自身的情绪、情感产生影响。例如，当一个儿童和其他儿童和谐相处时，他会感到自己是开心、愉快的。这种开心与愉快可以使他的呼吸和血液循环加快，能够带入更多的氧气，使全身的脏器更好地工作。这种开心与愉快可以使他的骨骼快速成长，心脏跳动更有力，肌肉更强健，更有利于他的生长发育。这种开心与愉快同样使他的内分泌系统处于平衡状态，全身的各种腺体正常工作，这同样有利于他的生长与发育。而且，有医学专家研究表明，心平气和的学前儿童与生气、烦躁的学前儿童相比，免疫力更强，更不易患传染病。

与此相反，如果一个儿童的社会性发展不良，不适应自己所生活的社会环境，总是与周围人发生冲突、对抗，那么他必然会闷闷不乐甚至生气发火。不论他发火还是生闷气，都会使自己的内分泌系统发生某种程度的紊乱，这种紊乱将对他的生长发育产生消极的影响。医学研究表明，学前儿童心情紧张可导致呕吐、腹泻、发烧等，长期精神紧张还可导致学前儿童生长发育迟缓。

2. 社会性发展有利于学前儿童心智的发展

社会性发展得比较好的学前儿童，适应能力和自制力都比较强。初入园时，他们能比其他学前儿童更快地熟悉教师和同伴。在平时，他们更容易与教师、同伴相处得融洽，有更多的机会与教师、同伴交往，从教师、同伴那里得到信息，扩大自己的眼界。在与同伴的合作、游戏中，更容易提高自己的能力。另外，社会性发展得比较好的学前儿童，往往心态积极、情绪稳定、自信心强，比其他学前儿童表现得更有“毅力”，更能长时间专注地“工作”。遇到挫折或困难时，他们也能主动寻找原因，努力克服困难，而不轻易放弃。

反之，社会性发展不好的儿童，不仅不会学习如何做人、“学做真人”，还会形成不真诚、虚伪、道德水平低下等不良品质。然而，良好社会性中的自制力、适应能力、毅力、真诚等心理品质，对一个人的学习和工作都是极其重要的，这虽然不能直接提高智力水平，但是能使人的心智能力得到充分的发挥。教育专家研究发现：智力水平中等的儿童，如果非智力因素发展得很好，那么他的学业成就完全可以比智力水平高但非智力因素发展得不好的儿童高许多。同样道理，智力水平很高的儿童，也会因为非智力水平的低下而导致智力水平发展一般甚至很差。

(二)学前期社会性发展对儿童后续社会性发展的价值

学前期，是儿童个体从“自然人”向“社会人”发展的关键阶段。这一阶段，儿童的社会化程度和发展成果将对其后续发展产生深刻持久的影响。

1. 学前期良好的社会性发展对促进儿童大脑发展起关键奠基作用

学前期是个体社会化的第一个关键期。所谓关键期，是指特定技能或行为模式发展的最敏感时期，是个体发育过程中的某些行为在适当环境刺激下才会出现的时期。如果在这个时期缺少适当的环境刺激，使得某些行为没有产生，那么这些行为在以后也不会产生。

20 世纪 90 年代以来，脑科学研究不断取得重大进展。多项研究证实，学前儿童心理发展的各方面确实存在关键期，而且这些心理方面的发展关键期与大脑发育发展的关键期密切相关。研究发现，人脑的功能发展存在两个明显的加速期，第一个加速期大致发生在 5～6 岁。研究还发现，人脑的结构和功能在学前期的发展并非处于纯粹自然的状态，而是在很大程度上受环境和教育的影响与制约，特别是早期的生活环境、教育背景和学习经验对儿童大脑发育有深刻持久的影响。

知识链接

脑科学与早期教育

现代科学技术的发展使得对人脑的研究越来越广泛和深入，其中，对人脑发育的研究最为引人注目。美国底特律市韦恩州立大学儿科神经生物学家哈利·丘加尼教授利用“正电子发射计算体层摄影”技术，对婴儿大脑进行扫描观察，发现婴儿脑部的各个区域在出生后一个接一个地活跃起来，又一个接一个地互相联系着。这就像入夜的城市，一家又一家地亮起电灯，一盏又一盏的电灯连成一片灯火辉煌的景象那样壮观。这为证实人生头三年是人的大脑发育发展的关键期提供了重要依据。

加拿大儿童健康研究所关于“第一年持续终生”的项目研究指出，人脑的发展遵循以下主要原则：外部世界塑造了脑的发展；外部世界通过婴儿的各种感官所经历的看、听、闻、触、尝，使脑建立或修整联结成为可能；脑的发展遵循“用进废退”的原则；婴儿早期与他人建立良好的联系，是其发展情绪与社会性的主要保障。①

此外，社会神经科学的研究成果也为揭示学前期社会性发展对儿童大脑发展的价值提供了重要启示。特别值得一提的是，1990 年由布拉舍提出的“社会脑假设”理论。

① 陈帼眉，姜勇. 幼儿教育心理学[M]. 北京：北京师范大学出版社，2007：60.

这一理论指出，包括人类在内的灵长类动物存在一个认识和理解表情、揣摩意图的神经机制——“社会脑”。在社会交往过程中，“社会脑”承担着了解或揣测他人的目的、意图、信念等的任务，使得人与人之间得以进行有效的沟通和交往。所以说，“社会脑”对人的社会认知发展具有至关重要的作用。“社会脑”的生长发育，与学习时间、大脑新皮层面积以及社会环境有直接关联。正因为有“社会脑”，储存和利用社会信息的能力才通过种系相传保留了下来，因此它对种系的生存和发展有着至关重要的生物学意义。同时，“社会脑”处理的信息常被用以应对或适应新环境，因此“社会脑”大脑皮层的发展保障了人类的生存和环境适应。反过来，也正因为人类需要学习、掌握复杂的社会技能，“社会脑”的生长发育才成为可能。①

可见，抓住学前期这一关键期，积极促进学前儿童良好的社会性发展，能够为他们后续的大脑发育和发展打下良好基础。

2. 学前期良好的社会性发展对提高儿童社会适应能力有重要作用

社会适应能力是学前儿童社会性发展的重要内容。有关早期教育效益的经济学研究成果表明，高质量的早期教育除了能够有效促进学前儿童的认知发展以外，也能够对他们成年后社会适应能力的提高产生积极影响。

近些年，有关幼儿教育功能与效益的经济学研究成果不断涌现，均证实了高质量的早期教育的高效益，具体表现为三点。第一，对儿童个体的效益：能够促进儿童早期认知、情感、社会性等各方面的发展，为未来生活做好准备；能够为儿童提供高质量、专业的幼儿保教服务；还能够保障儿童受教育机会的均等。第二，对母亲和家庭的效益：可提高母亲的就业率；提高母亲的经济独立能力；提高母亲对工作前景的期望；帮助家庭更好地做出工作、生育决策。第三，对社会的效益：增加政府税收收入；打破贫穷的代际循环；促进社会融合与平等；减少不良行为和犯罪行为；降低人们对社会福利和保障系统的依赖性。从上述研究成果中可以看到，儿童社会适应能力的提高，一方面表现为儿童个体的社会性得到了有效促进；另一方面表现为儿童的不良行为和犯罪行为减少，对社会福利和保障系统的依赖性降低等。

---

① 裘指挥．幼儿社会教育与活动指导[M]．北京：高等教育出版社，2014：12.

知识链接

表1-1　关于早期教育效益的经济学研究成果概览

短期效益	中期效益	长期效益
对儿童： ○提高学业成绩 ○增进健康/营养 ○增进儿童福利，减少虐待儿童行为 ○增进儿童入学后认知能力及社会性的发展 对父母/家庭： ○节省父母用于保育儿童的时间 对社会/经济： ○国家从家长那里得到更多的税收收入	对社会/经济： ○极大地提高学校的效率 ·减少对特殊教育的需求 ·减少重读现象 ·增强学生的学习动机 ○减少虐待和忽视儿童的行为 ○降低人们对公共卫生保健服务的依赖性	对儿童： ○提高考进大学的可能性 ○增加未来的工资收入，提高就业的可能性 ○降低青少年意外怀孕的可能性 ○减少青少年的不良行为 对社会/经济： ○健全基础教育 ○增加税收收入 ○降低人们对社会福利和保障系统的依赖性 ○减少不良行为和犯罪行为

国内外高质量学前教育的实践均表明，适宜的社会教育能够有效促进学前儿童社会交往能力、爱心、责任感、自控力、自信心和合作精神等的发展，从而帮助学前儿童更好地适应当下的社会生活，并为适应未来的社会生活做好准备。

任务回顾

任务	应知应会要点	学习应达到的程度
了解学前儿童社会性发展的含义	广义的社会性与社会化	☆☆☆
	狭义的社会性与社会化	☆☆☆
	学前儿童社会性	☆☆☆☆☆
了解学前儿童社会性发展的价值	对身心发展的价值	☆☆☆☆
	对后续社会性发展的价值	☆☆☆☆

任务二　掌握学前儿童社会性发展的特点

了解并掌握学前儿童社会性发展的特点，是科学制订学前儿童社会教育目标，选择社会教育内容的重要保证。

学前儿童的社会性发展，涉及儿童的自我、依恋、同伴关系、亲社会行为与攻击性行为、性别差异与性别角色等多个方面。这里，主要介绍学前儿童自我、同伴关系、亲社会行为与攻击性行为的发展特点和趋势。

一、学前儿童自我发展的特点

学前儿童社会性发展的过程，是与他们自我认识的过程同时发生的。在与他人进行交往和适应社会环境、掌握社会规范的过程中，他们逐渐形成对自我的合理认知。也就是说，学前儿童的社会化过程同时也是他们对自我形成合理认知的过程。

(一)自我的概念与构成

自我，也称为自我意识，是对自己存在的觉察，即自己认识自己的一切，包括认识自己的生理状况(身高、体重、形态等)、心理特质(兴趣爱好、能力、性格、气质等)以及自己与他人的关系(自己与周围人的关系、自己在集体中的地位与作用等)。①

从构成上看，自我的结构可以从内容和形式两方面来认识。从内容上看，自我由物质自我、社会自我和心理自我三方面构成。物质自我，是指个体对自己的身体外貌、衣着装束、言谈举止、家庭环境、家庭成员以及所有物的认识与评价。社会自我，是指在人际交往过程中，个体对自己所扮演的社会角色，所承担的权利、义务、责任以及自己在群体中的地位、声望和价值等的认识与评价。心理自我，是指个体对自己的智力、情感、人格特征以及所持有的价值取向和宗教信仰等的认识与评价。②从形式上看，自我是由知、情、意三方面统一构成的高级反映形式。知，即自我认识，包括自我感觉、自我概念等。情，指自我的情绪体验，包括自尊、自爱等。意，指自我控制和调节，包括自我控制和自我掌握等。其中，自我概念、自尊和自我控制是个体自我系统的三个最为重要的方面。③

知识链接

表1-2　自我的概念与构成④

自我	自我认识	自我体验	自我控制
物质自我	对自己的身体、外貌、衣着、风度、家庭、所有物等的认识	自豪感或自卑感	追求身体外表、物质欲望的满足，维持家庭的利益等
社会自我	对自己在群体中的名望、地位，自己的亲友及经济条件等的认识	自豪感或自卑感	追求名誉地位，与他人竞争，争取得到他人的好感等

① 张明红. 学前儿童社会教育[M]. 上海：华东师范大学出版社，2008：35.
② 张明红. 学前儿童社会教育[M]. 上海：华东师范大学出版社，2008：36-37.
③ 张文新. 儿童社会性发展[M]. 北京：北京师范大学出版社，1999：378.
④ 张明红. 学前儿童社会教育[M]. 上海：华东师范大学出版社，2008：37. 有改动.

续表

自我	自我认识	自我体验	自我控制
心理自我	对自己的智力、性格、气质、兴趣等的认识	自豪感或自卑感	追求信仰，注意行为符合社会规范，要求智慧与能力的发展

（二）学前儿童自我发展的基本特点

1. 学前儿童自我概念发展的基本特点

自我概念，是个体对自己身心特点的主观认识，具体而言，是指个体对自我能力(认知能力、身体运动能力、人际交往能力等)的看法和认识以及对自我的总体评价。它回答的是“我是谁”的问题。

学前儿童自我概念的发展，以学前儿童所参与的社会互动和他们的社会认知发展水平为基本前提，并呈现出以下特点：

一是从简单到分化。最初，学前儿童对自我的认识非常简单，只能简单地判断自己“好”或“不好”、“聪明”或“愚笨”、“身体强壮”或“虚弱”，而不能做出更为细致的区分。随着年龄增长，儿童的自我概念逐渐分化。幼儿期，儿童的自我概念主要反映生理方面的内容，随后开始涉及与父母、同伴的关系。

二是自我概念的结构随学前儿童年龄的增长变得越来越复杂。随着年龄增长，学前儿童的自我概念从单一因素的结构逐渐发展为多层次、整合的复杂结构，并且这一复杂结构逐渐变得稳定。

三是自我概念的发展存在性别差异。学前儿童在自我描述、自我评价和自我认知等方面的能力发展存在明显性别差异。例如，在阅读方面，女孩自我概念的发展要优于男孩。①

知识链接

表1-3 学前儿童不同发展阶段的重要他人②

年龄	发展阶段	重要他人
0～1岁	乳儿期	母亲
1～3岁	婴儿期	父母
3～6岁	幼儿期	父母、教师

2. 学前儿童自尊发展的基本特点

自尊，是指个体对自己的情感和评价，是对自我价值的判断。如果说自我概念是

① 张文新. 儿童社会性发展[M]. 北京：北京师范大学出版社，1999：389-390. 有改动.

② 张文新. 儿童社会性发展[M]. 北京：北京师范大学出版社，1999：4-5. 注：所谓重要他人，是指对儿童自我概念发展有重要影响的人.

个体自我描述和自我评价的过程，那么自尊则是指个体自我评价的结果以及由此而产生的情感。两者密切联系又存在区别。①

自尊是个体自我情感的重要组成部分。相关研究发现，儿童自我情感发生的年龄是 4 周岁。学前儿童对社会情感的自我体验随年龄增长而逐渐丰富，并有一定的顺序性。同时，他们的自我体验又表现出易受暗示的特点。

幼教故事

破涕为笑的欣欣

午睡起床时，幼儿园中班的欣欣因为和同伴说话，动作比较慢，被老师提醒了两句。自尊心很强的她，整个下午都闷闷不乐。老师问她怎么不开心了，她很勉强地笑笑说："没什么，就是手指有点痛。"老师仔细检查了，没有发现伤口。离园时妈妈来接，欣欣一看到妈妈，立刻冲进妈妈怀里，眼泪"哗"地就流下来了。妈妈很紧张地问怎么了，欣欣低着头，什么也不说。妈妈把欣欣带到教室外面的走廊上，欣欣向妈妈说明了哭的理由："王老师批评我了，她不喜欢我。"跟上来的王老师听见了，连忙把欣欣抱进怀里："是今天午睡起床的事情吗？老师那不是批评，是提醒你动作快点儿。你平时很乖的，老师很喜欢你。今天上午活动的时候，听讲很认真，老师不是还表扬你了吗?"欣欣听了，连忙从口袋里拿出一张贴纸给妈妈看："看，王老师奖励我的！"挂着泪珠的脸上，立刻浮现出了笑容。

评析：

像欣欣这种自尊心较强、内心敏感的孩子，很在意老师对他们的评价。幼儿园中班的孩子已经懂得在不同的情境下，用不同的方式表达情绪。欣欣知道在幼儿园里哭不好，因此老师询问的时候，她找了一个无关的理由。但在妈妈面前，她很自然地流露出了内心的情绪。在老师安慰过后，欣欣想到了上午被老师奖励的经历，于是情绪很快转换。

3. 学前儿童自我控制发展的基本特点

自我控制，简称自制，是个体自我调控的重要方面。它与自我调节经常被交替使用，但二者的含义却存在一些差别。自我控制，是指在目标受阻时，个体抑制其行为或改变行为发生的能力。自我调节，则是指在没有外部指导或监视的情况下，个体维持其行为历程以达到某一特定目的的过程。②在绝大多数情况下，这两个概念可以等同使用。

学前儿童的自我控制能力，主要包括自制力、自觉性、坚持性和自我延迟满足四

---

① 张文新．儿童社会性发展[M]．北京：北京师范大学出版社，1999：393.

② 张文新．儿童社会性发展[M]．北京：北京师范大学出版社，1999：404.

个方面。学前期，儿童自我控制能力的发展主要表现出以下两方面特点。

一方面，学前儿童自我控制能力的发展呈现出明显的年龄特征。2岁，儿童的自我控制能力出现萌芽。随后，在生理不断成熟的过程中，通过与外部环境的互动，儿童的自我控制能力逐渐得到发展，并随着年龄增长而呈上升趋势。3～5岁是儿童自我控制能力发展的关键期。其中，3～4岁时，儿童的自我控制能力发展较慢；到4～5岁时，儿童则迎来了自我控制能力发展的飞跃时期。

另一方面，学前儿童自我控制能力的发展具有明显的性别差异。研究发现，女孩自我控制能力各方面的发展普遍优于男孩。

知识链接

延迟满足

延迟满足是个体有效自我调节和成功适应社会行为发展的重要特征，是一种为了更有价值的长远结果而主动放弃即时满足的抉择取向，是人格中自我控制的一个部分，是心理成熟的表现。

20世纪70年代，在沃尔特·米歇尔的策划组织下，在美国斯坦福大学附属幼儿园进行了著名的“延迟满足”实验。实验人员发给每个4岁的孩子一颗好吃的软糖，并告诉孩子可以吃糖。但是，如果马上吃掉的话，就只能吃到一颗软糖；如果20分钟后才吃的话，就能多吃到一颗。然后，实验人员离开，留下孩子和极具诱惑的软糖。实验人员通过单面镜对实验室中的幼儿进行观察，发现：有些孩子只等了一会儿就不耐烦了，迫不及待地吃掉了软糖，是“不等者”；有些孩子却很有耐心，还想出各种办法拖延时间，如闭上眼睛不看糖、头枕双臂、自言自语、唱歌、讲故事……成功地转移了自己的注意力，一直等到20分钟后才吃软糖，是“延迟者”。后来，当参加实验的孩子成长到青少年时期时，实验人员对他们的家长及教师进行了调查，发现：“不等者”在个性方面，更多地显示出孤僻、易固执、易受挫、优柔寡断的倾向；“延迟者”则较多地成长为适应性强、具有冒险精神、受人欢迎、自信、独立的少年。两者学业能力的测试结果也显示，“延迟者”在数学和语文上的成绩要比“不等者”平均高出20分。

实验表明，那些能够延迟满足的孩子自我控制能力更强，他们能够在没有外界监督的情况下适当地控制、调节自己的行为，抑制冲动，抵制诱惑，坚持不懈地保证目标的实现。可见，延迟满足是一个人走向成功的重要心理素质之一。①

（三）学前儿童自我发展的一般趋势

学前儿童自我的发展主要呈现以下趋势。

---

① 小精灵儿童网站．生活中的延迟满足[EB/OL]．[2008-10-22]．http://new.obos.com/article/2008/10/22/147683.htm.

一是儿童自我认知的内容由反映外部的、可直接观察的、具体的、有明确参照系统的特点向与其相反的方向发展。例如，婴儿期最初产生的是生理自我；幼儿期逐渐形成社会自我；到青春期时，心理自我则获得充分的发展。

二是儿童自我的结构从简单结构发展到分化、多重的结构，最后则逐渐出现层次性，形成复杂、整合的自我结构系统。

三是儿童自我的评价从主要依靠他人评价发展到独立的自我评价，同时儿童又在不断地脱离自我中心，自我评价的客观度逐步提高。

四是儿童自我的功能体现为儿童的社会适应性逐渐提高。他们区分外部自我和内部自我的能力不断增强，能够比较实际地判断社会交往情境，并据此判断而表现出复杂的社会自我。同时，自我的结构日趋稳定，儿童能够根据自己的内部价值标准和信念体系以及外部情境的需要来调整自己的行为。①

二、学前儿童同伴关系发展的特点

同伴关系，指年龄相同或相近的儿童之间的一种共同活动和相互协作的关系，或指同龄人间或心理发展水平相当的个体间在交往过程中建立和发展起来的一种人际关系。②

同伴关系在儿童和青少年社会性发展的过程中发挥着成人所无法替代的独特作用。一般来说，同伴关系可以分为两种：一种是同伴群体关系，另一种是友谊关系。

通常，儿童喜欢与同龄伙伴交往，而喜欢与年长儿童交往要胜于与年幼儿童交往。

（一）学前儿童同伴关系发展的特点

在不同的年龄阶段，学前儿童同伴关系的发展表现出不同的特点。

婴儿期，儿童与同伴之间的相互作用是按照一定的阶段发展的。研究发现，主要可以划分为三个阶段：第一阶段，是客体中心阶段。儿童与同伴的相互作用主要集中于物体，如玩具，而不是儿童本身。第二阶段，是简单交往阶段。儿童已经能对同伴行为做出反应，并经常试图去控制对方的行为。第三阶段，是互补的相互作用阶段。儿童与同伴之间的社会交往更为复杂，模仿行为已经普遍出现，还有互补或互惠的角色游戏。③

幼儿期，儿童与同伴相互作用的频率进一步增加，社会交往的总体水平显著提

---

① 张明红．学前儿童社会教育[M]．上海：华东师范大学出版社，2008：38-39.
② 张文新．儿童社会性发展[M]．北京：北京师范大学出版社，1999：133.
③ 张文新．儿童社会性发展[M]．北京：北京师范大学出版社，1999：146.

高。[1] 游戏成为幼儿同伴交往的主要形式，言语交往是同伴交往的主要策略，互动的质量也逐渐提高。这一阶段，幼儿能够互相交流思想，参加集体性的角色游戏；能够与同伴共同商讨游戏规则的制定、游戏角色的分配、游戏材料的使用以及游戏情节的安排等。游戏过程中，幼儿与同伴之间的合作与互助的成分也在不断增加。

知识链接

帕顿对儿童游戏的分类

根据儿童在游戏中的社会性参与水平，帕顿将游戏分为六种形式：一是无所事事。儿童似乎不在游戏中，碰上有吸引力的玩具或事情才会做一做。二是单独游戏。儿童独自一人摆弄玩具，并不关心他人的行为。三是旁观行为。儿童绝大部分时间在观看其他儿童游戏，并常常向游戏者提出问题或者建议，但自己并不参加游戏。四是平行游戏。儿童与同伴一起游戏，但很少交谈，常常是各玩各的，互不干扰。五是联合游戏。儿童与同伴一起游戏，有交谈，有时还会相互借玩具，但不会围绕同一个目标分工或组织游戏。六是合作游戏。儿童与同伴为着某些共同的游戏目标而在一起游戏，彼此分工、合作，有一定的组织性。帕顿关于儿童游戏的六种分类，说明儿童的社会性水平在不断提高。

（二）学前儿童同伴关系发展的趋势

学前阶段，儿童同伴关系发展的基本趋势是：从最初的、零零散散的相互动作逐步发展到各种复杂的、互惠性的相互作用。这是一个从简单到复杂、从低级到高级、从不熟练到熟练的过程。[2]

在同伴关系发展过程中，学前儿童与同伴之间的相互作用变得越来越复杂，也越来越亲密。一般来说，从 3 岁起，儿童就偏爱与同性同伴建立伙伴关系。在 3～4 岁期间，依恋同伴的强度和与同伴建立起友谊关系的可能性开始显著提高，单独游戏减少，群体游戏增加。[3]

三、学前儿童社会行为发展的特点

根据行为动机和目的，可以将个体的社会性行为分为亲社会行为和反社会行为两大类。其中，亲社会行为是指对他人有益或对社会有积极影响的行为，包括分享、合作、助人、安慰、捐赠等。[4]反社会行为是指为社会所不能接受，可能对社会造成危

① 张明红. 学前儿童社会教育[M]. 上海：华东师范大学出版社，2008：57.
② 张文新. 儿童社会性发展[M]. 北京：北京师范大学出版社，1999：144.
③ 张明红. 学前儿童社会教育[M]. 上海：华东师范大学出版社，2008：58.
④ 张文新. 儿童社会性发展[M]. 北京：北京师范大学出版社，1999：303.

害的行为，是一种消极的社会行为。①学前儿童的反社会行为中，最具代表性的是攻击性行为。

（一）学前儿童亲社会行为的发展特点

1. 学前儿童合作行为的发展特点

儿童在出生后的第二年，开始能够和交往的同伴围绕共同的主题进行角色转换和角色轮流。其中，18～24个月的儿童比更为年幼的儿童表现出更多的与同伴和成人交往的愿望，产生合作的倾向。②此后，随着年龄的增长，学前儿童之间合作的目的性和稳定性都逐渐增强。而且，合作的范围不断扩大，逐渐由两人间的合作发展到三四人之间的合作，合作行为也随着年龄的增长而逐渐增加。

幼教故事

角色游戏中的生活

幼儿们自大班开学以来玩过了很多游戏，他们对游戏的分工越来越细致，角色意识越来越明确。例如，理发店里既有美发师、美容师，还有按摩师；超市里有收银员、导购员；烧烤吧里，除了有负责烧烤的厨师、服务员，还有负责买卖食品的导购员……随着游戏的逐步深入，有一天，我发现了如下场景：

烧烤吧游戏刚开始，小朋友们就自己选择喜欢的角色进行游戏了。萌萌、豪豪、倩倩分别做了烧烤吧的厨师、导购员和服务员。他们各忙各的，萌萌负责烧烤，豪豪忙着采购烧烤用的材料，倩倩则忙着把烧烤店整理干净，他们玩儿得可开心了。忙了一会儿，他们发现，超市、理发店、医院里到处都挤满了人，唯独自己的烧烤吧里异常的冷清，还没有顾客光临呢。他们三人挤在一处商量着。一会儿，只见豪豪在烧烤店门口大声地喊："快来买呀，刚烤好的鸡翅，可香了。"倩倩觉得豪豪一人喊有点儿孤单，也加入了豪豪的行列。其余的小朋友听见他俩的喊声，眼睛齐刷刷地看向他们，接着就涌到了烧烤店门口。这下，烧烤店门口围满了人。倩倩看到这种情形，忙叫他们排起了队。由于人很多，小朋友们排了一会儿就不耐烦了，只听见思语说："这么多人，排队要排多久呀，我不吃了，我回家吃汉堡去了。"说完转身就走。③

评析：

儿童升入大班以后，对游戏中角色的相应社会行为认识得日益深刻和全面，因此在游戏中表现出了更多的社会性。同时，儿童也能够在游戏中根据自己的意愿自由选

---

① 张明红. 学前儿童社会教育[M]. 上海：华东师范大学出版社，2008：77.

② 张明红. 学前儿童社会教育[M]. 上海：华东师范大学出版社，2008：79.

③ 浙江学前教育网. 幼儿园大班区域游戏案分析：我回家吃汉堡. [2011-12-19]. http://www.o6abc.com/topic/20111219/86220.html.

择角色，进行分工与合作。在这个案例中，在游戏开始时，萌萌、豪豪、倩倩三名儿童能够根据自己的意愿选择游戏中的角色，并且能够根据角色的要求开展分工，各自完成角色的行为要求。在游戏进行过程中，倩倩能够根据对当时游戏情境的判断，主动与豪豪合作，以使游戏更加顺利地进行。这些行为都是大班幼儿社会性行为发展的最佳体现。

2. 学前儿童分享和助人行为的发展特点

婴儿 12 个月时就能表现出分享行为。之后，1～2 岁婴儿的分享行为随年龄增长而增加；2～3 岁时，其分享行为随年龄增长而有所减少。研究发现，4～6 岁儿童的分享行为中，“均分”这种行为出现的比例最高，“慷慨”行为其次，“自我”行为最少。

随着年龄增长，学前儿童的助人行为呈不断增加的趋势。研究发现，儿童的助人行为是儿童因期望参与一些成人的活动而表现出的一种社会互动。①

3. 学前儿童安慰行为的发展特点

学前儿童的安慰行为是随着他们理解力的发展而发展的。在出生后的第二年，儿童开始出现最基本的安慰行为。随着年龄增长，学前儿童安慰行为的数量有所增加，质量有所提高，而且女孩比男孩的安慰行为更明显。

4. 学前儿童同情心的发展特点

18 个月时，部分儿童已能表现出同情心。19～24 个月时，相当多的儿童能够表现出与父母类似的同情心。3～6 岁时，学前儿童普遍具有同情心，他们同情的对象包括父母、教师和同伴，甚至陌生的他人和动物等。而且，不同年龄阶段的儿童，其同情心发展表现出显著差异。学前大班儿童明显好于小班儿童，但这种差异仅仅表现在对父母和同伴的同情行为上。

（二）学前儿童攻击性行为的发展特点

从攻击性行为的起因来看，婴儿期，儿童的攻击性行为主要是由物品或空间争夺引起的，由具有社会意义的事件而引起的攻击性行为所占比例较小。进入学前期后，由具有社会意义的事件而引起的攻击性行为逐渐增多。4 岁半时，由具有社会意义的事件而引起的攻击性行为和由物品或空间问题引起的攻击性行为在数量上首次达到平衡。此后，学前儿童的攻击性行为基本上是由具有社会意义的事件而引起的。

从攻击性行为的类型来看，早期，学前儿童的攻击性行为更多是为了争夺玩具和其他物品，主要采用的是“工具性攻击”。随着年龄增长，学前儿童由行为规范等社会性问题而引起的攻击性行为越来越多，攻击的对象以人为主，主要采用的是“敌意性攻击”。总体趋势是，“工具性攻击”逐渐减少，“敌意性攻击”逐渐增多。

---

① 张文新. 儿童社会性发展［M］. 北京：北京师范大学出版社，1999：307.

从攻击性行为的表现方式来看，3 岁以前，儿童使用较多的是身体攻击；3 岁以后，随着年龄增长，儿童的身体攻击逐渐减少，言语攻击逐渐增多。

从对他人攻击性行为意图的认知和自身行为调节的发展来看，随着年龄增长，儿童对他人行为意图的认知能力在迅速提高。同时，儿童开始把对他人行为意图的认知整合到自己的行为反应中去，从而不断提高对自身社会行为的调节能力。

知识链接

表1-4 攻击性儿童与亲社会儿童的社会信息加工过程(SIP)模式对照①

SIP	攻击性儿童	亲社会儿童
1. 线索编码	较少使用当前情境中的社会线索； 更多使用攻击性图式； 选择性注意攻击性社会线索。	使用情境中的即时线索； 较少注意消极行为线索。
2. 线索解释	敌意归因倾向。	友善归因倾向。
3. 目标定向	关系破坏性目标定向； 追求导致负面情绪或攻击性结果目标的可能大。	关系加强性目标定向； 追求导致负面情绪或攻击性结果目标的可能小。
4. 反应产生	反应数量少，缺乏弹性； 多为攻击性反应。	较少攻击性反应。
5. 反应决定	对攻击性反应评价积极，对亲社会反应评介消极； 执行攻击性行为的自我效能感高； 对攻击性行为有乐观的结果预期； 对亲社会行为有消极的结果预期。	对攻击性反应评价消极，对亲社会反应评价积极； 执行攻击性行为的自我效能感低； 对攻击性行为有消极的结果预期； 对亲社会行为有乐观的结果预期。
6. 情绪唤起	面临挑衅性情境时不良情绪唤起的可能性高。	面临挑衅性情境时不良情绪唤起的可能性低。

幼教故事

霸道的晨晨

晨晨选择用积木搭建城堡。当他开始搭建的时候，其他三名孩子并没有与他进行合作，而是站着或者坐在他的周围看他搭积木。当一名孩子主动与正在搭积木的晨晨交谈时，晨晨立刻斥责道："别惹我发火啊，听到没有，闭嘴！"当另一名男孩子插话时，晨晨马上恶狠狠地对他吼道："你废话多了啊，告诉你，再有两次我就把你开除，听到没有！"当其中的女孩碰倒晨晨搭建的积木时，晨晨又暴躁地对她说道："你怎么

① 张明红. 学前儿童社会教育[M]. 上海：华东师范大学出版社，2008：87-88.

尽给我添乱呢？你也不听话了吗？”在整个活动区的活动中，真正搭建积木的只有晨晨一人，其他三人都是旁观者，他们偶尔的插话或者参与都被晨晨斥责或制止。

评析：

在自选区域活动中，幼儿间的互动最频繁。但幼儿由于自身各方面发展的限制，经常会因为场地和材料等相互发生言语攻击，教师应当适时介入以避免行为的恶化。

幼儿社会领域学习与发展的实质在于社会化，即社会性不断发展并奠定健康个性的基础。人际交往和社会适应是幼儿社会学习的主要内容，也是其社会性和个性发展的基本途径①。因此，在设计和实施学前儿童社会教育时，应将学前儿童社会性发展的特点与学习特点有机结合，从人际交往和社会适应的态度、能力、习惯等的培养入手，关注学前儿童自我、依恋、同伴关系、亲社会行为与攻击性行为、性别差异等方面的发展特点在社会学习过程中的整合表现。

任务回顾

任务	应知应会要点	学习应达到的程度
掌握学前儿童社会性发展的特点	学前儿童自我发展	☆☆☆☆☆
	学前儿童同伴关系发展	☆☆☆☆☆
	学前儿童社会行为发展	☆☆☆☆☆

任务三　了解学前儿童社会性发展的影响因素

学前儿童社会性方面的发展，受制于遗传和环境的相互作用。遗传为学前儿童社会性发展提供了可能性，环境将这种可能性变为现实，教育是环境的重要组成部分，在其中起着主导作用。但是，环境和教育的作用必须通过学前儿童的活动，主客体的相互作用，才能得以实现。因此，探讨影响学前儿童社会性发展的因素，可以从学前儿童自身因素、家庭因素、幼儿园因素和社会因素等四个方面展开。

一、儿童自身因素

学前儿童社会性的发展是学前儿童在其生物特性的基础上，个体与社会环境相互作用的结果。学前儿童社会性发展必然受到生物特性的制约。例如，男童攻击性行为出现的频率要高于女童，这种现象是由男童与女童在染色体上的差异导致的。学前儿

① 李季湄，冯晓霞.《3－6岁儿童学习与发展指南》解读[M]. 北京：人民教育出版社，2013：88.

童自身的生物特性中，对其社会性发展产生显著影响的要素是气质。

(一)气质对儿童社会性发展的影响

气质是人的心理活动动力方面比较稳定的心理特征。气质使人的全部心理活动都染上独特的色彩。①在儿童心理学研究领域，对儿童气质类型的研究较多。在此，我们根据托马斯·切斯将儿童气质分为容易照看型、难以照看型和缓慢发动型三种类型的观点，来说明气质对儿童社会性发展的影响。

气质通过影响儿童与环境的相互作用来影响儿童的社会性发展。例如，难以照看型气质的儿童，在日常生活中，很容易引起母亲或其他主要照料者的手忙脚乱、不知所措。如果母亲未意识到这一点，不能及时地调整自己的心态和行为方式，就很容易对孩子态度不好，甚至产生责骂孩子、做事时摔摔打打等行为，这样更加容易使幼儿形成急躁的性格②。

容易照看型气质的儿童，日常生活有规律，容易适应新环境，也容易接受新事物和不熟悉的人，情绪一般积极愉快，对成人的交往行为反应积极。在日常生活中，此类儿童对成人的抚养活动提供大量的积极反馈，因而容易受到成人最大的关怀和喜爱，致使儿童与成人之间能够形成良好的亲子关系，使孩子更加信任他人，更具有亲和力，社会性发展更理想一些。③

(二)积极性对学前儿童社会性发展的影响

学前儿童的社会性发展是在同外界环境相互作用的过程中逐渐实现的。学前儿童只有与外界环境开展积极的相互作用，参加各种活动，主动适应环境，才能更好地实现社会性的发展。如果学前儿童与社会环境互动不良，参与性不足甚至缺失，不接受来自社会环境的信息，环境的影响便很难进入学前儿童的主观世界，最终使得学前儿童出现社会性发展迟缓甚至停滞的状况。

(三)认知水平对学前儿童社会性发展的影响

学前儿童与社会环境的相互作用，需要个体认知作为桥梁。一切外界客观信息，只有通过个体认知被学前儿童注意并认识其意义之后，才可能转化为学前儿童的主体观念和行为。因此，学前儿童的认知水平和认知方式对其社会性的发展影响重大。

学前儿童认知水平对其了解社会知识、社会现象，遵守社会规则，产生相应的社会行为等有着直接的影响。例如，要想让学前儿童“遵守游戏规则”，只有在学前儿

---

① 王振宇. 学前儿童发展心理学[M]. 北京：人民教育出版社，2004：132.

② 杨丽珠，杨春卿. 幼儿气质与母亲教养方式的选择[J]. 心理科学，1998(1)：43.

③ 林崇德. 发展心理学[M]. 北京：人民教育出版社，2009：167.

童真正领会遵守游戏规则的意义，并了解遵守游戏规则的具体行为要求之后，才能够做到这一点。否则，学前儿童有可能会因为对这项要求不理解、不明了，而产生言行不一致的情况。

所谓认知方式，又称认知风格、认知模式，是个体在认知过程中经常采用的习惯化的方式。具体来讲，它是指在感知、记忆、思维和问题解决过程中，个体所偏爱的习惯化了的态度和方式。例如，有的幼儿是属于听觉型的，倾向于语言、文字的领悟，靠语言去学习，按指令进行操作。有的幼儿属于视觉型，经常按照自己的方式寻求游戏的方法。虽然学前期，个体的认知方式尚处于萌芽阶段，还不稳定。但是，学前儿童表现出来的认知方式的萌芽，对于其社会性的发展仍有很大的影响。

二、家庭因素

家庭是儿童最初的，也是最基本的生活场所。儿童的社会性发展，首先是在家庭中开始的。通过家庭成员，特别是父母的抚养与教育，儿童逐渐获得了知识和技能，掌握了各种行为准则和社会规范，从一个基本依靠本能生活的婴儿发展成一个合乎其社会角色系统的要求、被其所在的社会环境认可和接纳的人①。

影响学前儿童社会性发展的家庭因素有很多，也比较复杂。这里，我们主要从家庭结构、亲子关系和教养方式三大方面进行了解。

(一)家庭结构

家庭结构是指家庭诸分子(家庭成员)不同层次和序列的结合②。按照家庭成员的自然构成分类，家庭结构的类型包括核心家庭、主干家庭、扩大家庭、重组家庭、单亲家庭、隔代抚养家庭以及丁克家庭等。目前，在我国城镇，与儿童成长有关联的家庭结构主要有以下三种：核心家庭(由父母与未婚子女两代人组成的家庭)、主干家庭(由祖父母或外祖父母、父母、子女三代人组成的家庭)和单亲家庭(由父或母一人，与未成年子女两代人组成的家庭)。家庭结构不同，家庭功能、家庭关系、家庭生活的管理也就不同，而这些又将对儿童的社会性发展产生不同的影响。有研究表明，核心家庭与主干家庭中的儿童，其社会性发展没有明显差异。

知识链接

核心家庭儿童与主干家庭儿童的社会性发展比较

核心家庭与主干家庭中的儿童在社会性发展上不存在显著差异。核心家庭中的儿童只在依恋父母、侵犯性、诚实公正这三个维度上的发展略高于主干家庭，而其他维

---

① 李幼穗. 儿童社会性发展及其培养[M]. 上海：华东师范大学出版社，2004：43.

② 赵忠心. 家庭教育学[M]. 北京：人民教育出版社，2001：147.

度的发展以及社会性发展的总分均低于主干家庭中的儿童。核心家庭中的男孩与主干家庭中的男孩在社会性发展的各个维度及总分上都无显著差异，而核心家庭中的女孩与主干家庭中的女孩在意志、内外向型、自我概念、同情助人、自尊心等维度的发展上存在较为显著的差异。

（二）亲子关系

亲子关系是指父母与其亲子女、养子女或继子女之间的关系。① 亲子关系对于学前儿童社会性发展的影响，是毋庸置疑的。亲子关系主要通过以下四个方面影响学前儿童的社会性发展。

1. 态度转变

它是指父母通过种种方法改变儿童的态度，使儿童接受、内化行为规范的过程。父母用来改变儿童态度的方法主要有：使用权利、爱的回收、信息内化等。使用权利是一种运用强制性压力手段迫使儿童接受行为规则的方法。爱的回收是一种心理上的惩罚方式，主要指父母对儿童表示出失望、不理睬或鼓励的态度等。这种心理上的惩罚方式使儿童感受到一种对自身安全的威胁感和焦虑感，迫使儿童就范，从而达到约束儿童的目的。信息内化，又叫引导，是父母通过信息的传递使儿童长期、有效地接受或内化社会规范或行为规则的一种方法。

2. 模仿

模仿父母行为是儿童社会性发展的重要途径之一。社会学习理论认为，儿童在社会交往过程中，一方面，通过直接观察他人的行为学会新的行为方式；另一方面，通过观察他人行为产生的后果得到“替代性强化”。

知识链接

模仿

瑞哥德对 18 个月、30 个月大的婴儿在父母和陌生人做家务（摆桌子、整理散乱的杂志和扑克、叠衣服、扫地和整理床铺等）时的表现进行了观察。结果发现，半数以上的 18 个月及全部 30 个月的儿童帮助成人做了大部分家务，且表现出愉快的情绪。她认为，年幼儿童对成人及其所从事的活动感兴趣，喜欢模仿，且富有创造性，喜欢与成人打交道和练习技能。②

替代性强化

罗森汉和怀特让四年级和五年级的儿童玩一种滚球游戏。游戏中，儿童可以赢得

---

① 朱智贤．心理学大词典[M]．北京：北京师范大学出版社，1989：493.

② 张文新．儿童社会性发展[M]．北京：北京师范大学出版社，1999：306.

一种奖品证明卡，持此卡可以在本地的玩具店换实物。实验控制的因素之一是让一部分儿童看到，另一部分儿童看不到，一个作为榜样的成人把他的一些奖品证明卡投入到一个募捐箱中。在看到榜样的利他行为的儿童中，几乎一半的儿童在单独一人时也做出了共享行为。可见，榜样可以激发和培养儿童的利他行为。因此，教师在指导儿童游戏时，要及时将儿童好的行为及习惯作为榜样并给予赞扬。当儿童发现他的行为可以得到同伴及教师的赞扬时，其行为可以在互惠中得到进一步强化。游戏中，如果某儿童不遵守规则或做出破坏行为，就会遭到同伴的斥责或孤立，为了能更好地参与游戏，他必须做出符合同伴要求的行为。①

3. 认同作用

认同并不仅仅是简单的模仿。认同发生的首要条件是儿童对榜样感到钦佩，这种情感促使儿童想要拥有榜样的行为和情感表现的特征。因为，儿童认为，如果自己具备这些特征，也会受到别人的钦佩。于是，儿童模仿榜样的思想和行为，并在认同过程中将之不断强化。

4. 归因方式

儿童的归因方式决定其对成功的期望，这种期望又影响儿童对未来行为目标的选择及努力的程度。具有功能良好的归因方式的儿童有自信心，对学业有积极情感和适度的期望水平，自控能力及责任心都较强。与之相反，具有功能不良的归因方式的儿童则缺乏自信心、责任心和自我效能感，往往把成功归因于外在因素，把失败归因于自己能力的低下。

(三)教养方式

家庭教养方式是指父母在抚养教育子女过程中所表现出来的相对稳定的行为方式，是父母各种教养行为的特征概括。② 家庭是儿童社会化的第一场所；父母是他们的第一交往对象，更是他们习得社会规则的重要来源。父母的教育观念和教养方式直接影响着父母对儿童的态度，对儿童进行教育的期望、目标、途径、策略及行为，是影响儿童社会化的重要因素。

美国心理学家戴安娜·鲍姆林德把教养方式分为权威型、专制型、溺爱型和忽视型四种。

---

① 邱学青. 学前儿童游戏[M]. 南京：江苏教育出版社，2008：38.

② 徐慧，张建新，张梅玲. 家庭教养方式对儿童社会化发展影响的研究综述[J]. 心理科学，2008(4)：940.

知识链接

表1-5　不同类型的教养方式对儿童发展的影响①

教养方式	儿童发展结果
权威型	童年期：幼儿的情绪愉悦，性格活泼；女孩子独立自主能力强，男孩子友善合作性高；高水平的自尊和自我控制能力。 青春期：高水平的自尊；社会和道德意识高；学业成就高；人际关系和谐。
专制型	童年期：幼儿存在焦虑、退缩和抑郁的特征；男孩子易怒并伴随攻击性，女孩子依赖性强，面对挑战采取回避的态度。 青春期：心理适应能力不如权威型，但较溺爱型和忽视型好；学业成绩平平。
溺爱型	童年期：冲动、反抗和叛逆；对成人既苛刻又依赖；责任心差，做事容易半途而废；同伴间合作意识差。 青春期：低劣的自我控制能力和学业成绩；容易误入歧途，如沉迷网络、吸毒、犯罪。
忽视型	童年期：依恋行为、认知、游戏以及情感和社会交往能力存在缺陷；攻击性强。 青春期：为人冷漠、孤僻，不爱交谈；低劣的自我控制能力和学业成绩；容易误入歧途，如沉迷网络、吸毒、犯罪。

一般而言，权威型是对儿童最有利的一种教养方式。这种类型的父母在儿童心目中有权威，但这种权威是建立在对儿童的尊重和理解基础上的。他们会对儿童提出合理的要求，为儿童设立适当的目标，并对儿童的行为进行适当的限制。与此同时，他们还会表现出对儿童的爱，并能够认真听取儿童的想法。可见，这种教养方式的特点是既严格又民主。在这种教养方式下长大的儿童，有很强的自信心和较好的自我控制能力，会比较乐观、积极。

专制型的特点则是严格但不民主。专制型的父母要求儿童无条件地服从自己。即使有时父母为儿童设立的目标和标准很高，甚至不近情理，儿童也不可以反抗。这种教养方式下的父母和儿童是不平等的。在这种教养方式下长大的儿童，会较多地表现出焦虑、退缩等负面情绪和行为，他们在学校中却有较好的表现。

溺爱型的父母对儿童则表现出过多的爱与期待，但是很少对儿童提出要求和对其行为进行控制。在这种教养方式下长大的儿童，容易表现得很不成熟且自我控制能力差。一旦他们的要求不能被满足，往往会表现出哭闹等行为。对于父母，他们表现出很强的依赖性，往往缺乏恒心和毅力。

忽视型的父母对儿童关心较少，他们不会对儿童提出要求和对其行为进行控制，

① 健康网．父母教养方式——您为哪种？[EB/OL]．[2010-03-30]．http：//baby.39.net/a/2010330/1205150.html.

同时也不会对其表现出爱和期待。对于儿童，他们一般只是提供食宿和衣物等物质条件，而不会在精神上提供支持。在这种教养方式下长大的儿童，很容易出现适应障碍，他们的适应能力和自我控制能力往往较差。

三、幼儿园因素

幼儿园是儿童成长过程中接触到的第一个专业教育机构。儿童进入幼儿园后，幼儿园教师和同伴就成了其成长过程中的重要影响源。在与教师以及同伴的交往过程中，儿童既不断运用已有社会性开展社会交往，又在此过程中进一步发展了社会性，弥补了家庭教育影响源单一的不足。幼儿园提供的系统全面的课程，能够很好地促进儿童各方面的发展，包括社会性的发展。规范的、系列的、生活化的课程，能够很好地帮助儿童循序渐进地完善自我认识，了解社会生活，掌握社会规则，发展社会情感，习得社会行为。同时，作为集体教养机构，幼儿园提供了儿童出生以来第一个集体环境。在此环境中，儿童逐步认识集体中的他人，并学会与之交往互动；逐步了解集体生活的规则，并言行一致地遵守规则；逐步认识并了解集体，形成集体意识。

知识链接

表演性游戏实验——幼儿的自我中心

美国心理学家罗森对幼儿进行了社会性表演游戏训练，目的在于揭示游戏在帮助幼儿克服“自我中心”，学会从别人角度看问题这一过程中的作用。实验过程如下：

将被试分成两组，实验组进行40天社会性游戏训练，即为被试提供进行社会性表演游戏的机会、条件、玩具等，并指导幼儿游戏，丰富幼儿游戏内容。控制组则不予进行社会性游戏训练，仅仅为其提供一些游戏材料。40天以后对两组进行测试，并以到商店购物为游戏形式。先给幼儿看一大堆东西：妇女穿的袜子、男人的领带、玩具汽车、玩具娃娃和成人看的书。确信被试认识这些东西并知道它们的用途后，要求被试假装：首先，他正在一个卖这些东西的商店里；其次，他是一个父亲，现在在为自己的生日挑选一些东西。让他思考父亲会为自己挑选哪些东西。然后，要求他依次从母亲、教师、哥哥、姐姐和他自己的角色身份出发来选择相应的物品。

实验结果表明：实验组比控制组更能较好地做出符合人物身份的选择。这就证明，社会性表演游戏中的角色扮演，能使幼儿在游戏中把自己当成别人(角色)来意识。这时，他既是自己，又是别人，在这种自我与角色的同一守恒中，幼儿有了角色意识，并能根据角色需要去扮演别人，进而逐步理解别人。可见，社会性表演游戏能为幼儿建立良好的社会人际关系打下基础。①

---

① 邱学青．学前儿童游戏[M]．南京：江苏教育出版社，2008：34-35.

具体来看，幼儿园在儿童社会性发展过程中所起的独特作用主要表现在以下几个方面。

(一) 师幼关系

师幼互动，是指教师与儿童间的交流、往来，是一种相互作用、相互影响的行为和过程。儿童在师幼互动过程中获得的知识与技能，对其同伴交往、亲子交往等其他社交能力的提高都有积极的支持性意义。

1. 良好的师幼互动有助于增强儿童的安全感、自信心及探索精神

如果教师把儿童当作有独立人格的人，爱护他们的自尊心，尊重他们的人格，就会与他们建立起和谐、平等、互相依赖的师幼关系，进而帮助儿童增强安全感、归属感，促进他们与他人、与同伴的正向交往。

2. 良好的师幼互动有助于提高儿童同伴交往能力

与教师有情感安全性关系的儿童，对同伴更为友好，更加喜欢交际也更容易为同伴所接受，并且与同伴交往时很少发生侵犯性行为。

(二)同伴关系

同伴关系是指年龄相同或相近的儿童之间的一种共同活动并相互协作的关系，或者指同龄人之间或心理发展水平相当的个体之间，在交往过程中建立和发展起来的一种人际关系。① 这种关系特指儿童与那些和他具有相同社会权利的同伴之间的关系。这种关系中的所有儿童，能力是相同的，地位是平等的，因而他们能够相互交流，相互学习社会交往技能。同伴关系在儿童社会性发展过程中，具有多种功能。

1. 帮助发现自我

儿童在与同伴实际交往过程中，逐渐地认识到他人的特征以及自己在他人心目中的形象与地位，学会与他人共同参加活动，学会如何相互作用和如何处理与他人的矛盾，学会如何坚持自己的主张或放弃自己的意见。在同伴互动的过程中，儿童确定了自己相对于同龄伙伴的角色和地位，并在平等的环境中认识到领导者与追随者的角色。这样，可以帮助儿童去自我中心，促进儿童自我概念和人格的形成与发展。

2. 赋予社会认知

同伴关系中产生的合作和情感共鸣，使儿童获得了关于社会的更广阔的认知视野。儿童与同伴交往中出现的冲突，将发展儿童对不同观点展开思考并做出选择的能力，还将促进儿童社会交往技能的获得。同伴交往使儿童意识到，积极的、富有成效

---

① 王振宇. 学前儿童发展心理学[M]. 北京：人民教育出版社，2004：221.

的社会交往是通过与同伴的合作而获得的，没有与同伴平等交往的机会，他们将不能学习有效的交往技能，不能获得控制攻击行为所需要的能力，也不能形成社会知觉。

3. 提供情感支持

归属和爱以及尊重的需要是人类的基本需要。儿童这种需要的满足更多地从一般的同伴集体中获得。儿童在成长过程中会遇到无数的困惑与烦恼，会产生特别的焦虑和紧张。对此，儿童可以从同伴交往中得到宣泄、宽慰、同情和理解。因为儿童能够在情感上得到同伴的支持，进而产生安全感和责任感。他们能够互相帮助，克服情绪上和心理上可能出现的问题，从而获得良好的情感发展。

四、社会因素

儿童社会性的发展是在社会环境中，在社会文化传递过程中进行的。不同的社会文化、社会环境，都会影响儿童社会性的发展。社会文化是社会整体性的产物，以价值观念形态积淀于民族心理意识之中，得以世代相传。由于不同的社会文化所追求的核心价值是不同的，对儿童发展价值的认定是不同的，因此儿童社会性发展的侧重点也是不同的。并且，历史、文化、信仰、政治以及经济形态等因素带来的社会环境的不同，也会从深层次影响儿童社会性的不同发展。在此，我们主要分析大众传媒对儿童社会性发展的影响。

大众传媒，即大众传播媒介，是指在传播途径上用以复制和传播信息符号的机械以及有编辑人员的报刊、电台之类的传播组织居间的传播渠道。它具体分为印刷媒介，包括报纸、杂志和书籍等；电子媒介，包括电影、广播、电视和网络等。大众传播媒介主要有三大特点，即广泛性、驱动性和导向性；有三大功能，即传播信息、引导舆论和提供娱乐，其中传播信息是最基本和最重要的功能。鉴于儿童有限的阅读能力和当今家庭的电器使用情况，对儿童社会性发展产生深远影响的主要是电视和网络。

一方面，电视和网络能够以极大的信息量提供当今社会事件和社会变革的信息。各地有线电视频道的蓬勃发展，加上网络庞大的信息拥有量，能够给儿童带来前所未有的信息冲击。儿童只要打开电视和电脑，就能够全面、真实地看到有关各类纷繁复杂的社会事件的述评，了解到各个方面的社会变革的相关信息，这就加速了儿童对于社会知识的了解和掌握，扩大了儿童的视野。

另一方面，电视和网络所传播的信息，为儿童提供了不同的角色模式、角色评价、价值标准和行为规范等。电视和网络所传播的非文字性信息，如电视剧、动画片及其他各类音频视频等，以便于儿童接受和理解的方式，为儿童呈现了不同的社会角色及其不同的行为方式和评价、不同的行为模式以及不同的价值标准等，从而帮助儿童开展思考和选择。

幼教故事

观察学习

小朋友们陆续离开幼儿园了，活动室里还有五六个幼儿坐在一起玩雪花形插片。弘弘刚用雪花形插片插了一把“宝剑”，他的妈妈就来了。我摸摸弘弘的头说：“看，妈妈来接你了。”弘弘抬起头，看着妈妈说：“我还要玩一会儿。”妈妈站在门口说：“不行，赶快走!”弘弘大喊：“我要玩儿。”妈妈生气地说：“你再不走，我走了。”“不，我还要玩一会儿。”我见状立即对弘弘说：“妈妈回去还要做饭，我们就玩一小会儿，好吗?”弘弘高兴地答应了。于是，我示意弘弘的妈妈到活动室里等他一会儿，弘弘的妈妈一脸不高兴地坐在弘弘的边上。弘弘拿着他插的宝剑在冰冰身边走来走去，说：“我是奥特曼，打死你这个怪兽。”说完，他用“宝剑”刺向冰冰的胸口。“宝剑”断了，于是弘弘用手当宝剑，在冰冰身上乱打，冰冰哭着喊：“老师，他打我。”弘弘的妈妈看见冰冰哭了，站起身来，“啪啪”给了弘弘两个耳光，气愤地说：“打呀，你再打打看。”弘弘嘴巴一咧，大哭起来……弘弘的妈妈生气地拉起弘弘的手，一边朝活动室门口走去，一边说：“看我回家怎么治你。”①

评析：

儿童辨别是非的能力差，但模仿性强。在此案例中，弘弘对动画片中暴力行为的模仿以及妈妈不恰当的惩罚方式，都强化了弘弘攻击性行为的发展，起到了增强儿童攻击性的消极作用。因为，某些惩罚手段本身就具有攻击行为榜样的性质。儿童在“适宜”的情况下，会将别人惩罚他的那些手段用于攻击他人。

任务回顾

任务	应知应会要点	学习应达到的程度
理解学前儿童社会性发展的影响因素	自身因素	☆☆☆☆☆
	家庭因素	☆☆☆☆☆
	幼儿园因素	☆☆☆☆☆
	社会因素	☆☆☆☆☆

① 宝宝龙幼教网．幼儿园案例：解读孩子的攻击行为[EB/OL]．[2007-08-09]．www.baobaolong.com/anli/200708/10820.html．有改动．

任务四　理解学前儿童社会教育的内涵及意义

学前儿童的社会性发展，仅仅依靠学前儿童自身是无法完成的。除了学前儿童的自我教育和约束之外，更为重要的是对学前儿童进行社会教育，特别是在教育机构(如幼儿园)中进行社会教育。适宜的社会教育，能够有效促进学前儿童自我认知、自我控制以及社会交往等能力的发展，帮助学前儿童提高社会适应能力。

一、学前儿童社会教育的内涵

学前儿童社会教育，是指在教育者或家长的引领下，学前儿童通过多种积极有效的途径参与进行的，以增进社会认知、激发社会情感、引导社会行为为目的，以社会生活及人文社会知识为基本教育内容，最终促进学前儿童社会性发展的教育过程。

通过“社会化”逐渐形成作为一名合格社会成员应具备的基本素质，是学前儿童学习与发展的中心任务之一。社会领域的学习与发展，其实质在于促进学前儿童社会化，逐渐形成良好的社会性与个性品质。

二、学前儿童社会教育的意义

无论是对儿童个体还是对整个社会的发展，学前儿童社会教育都具有重要的意义与价值。对学前儿童进行社会教育，不仅是儿童个体生存和发展的需要，也是社会发展的需要。

(一)实施学前儿童社会教育是儿童个体发展的需要

学前儿童的社会性发展离不开良好的社会教育。总的来说，社会教育对学前儿童个体发展的意义主要体现在两个方面：横向上，表现为促进学前儿童的全面发展，包括促进学前儿童社会性的发展、身体的健康成长、智力的发展和心理的健康；纵向上，表现为促进学前儿童的可持续发展，为他们的终身发展奠定基础。

1. 学前儿童社会教育促进儿童的全面发展

学前儿童能否在将来很好地适应社会，学前期的教育具有决定性的影响。学前儿童社会教育的最终目标就是将学前儿童发展成为合格的社会成员，为学前儿童今后的发展做准备、打基础。

当前，重视并加强学前儿童社会教育已经成为世界各国推进幼儿教育改革的共识。

(1)社会教育促进学前儿童社会性发展

学前期是个体社会性发展的关键时期，学前儿童社会教育的有效实施将对个体社会性发展起到关键性的促进作用。学前儿童社会性发展是一个复杂的过程，是个体通过与周围环境的相互作用，由自然人转化为社会人的过程。这一过程中，社会对学前儿童的影响是通过各种渠道来实现的，而社会对学前儿童的影响既有积极的一面，也有消极的一面。

学前儿童社会教育就是把积极的社会文化知识、社会规范、社会技能以适宜接受的方式传授给学前儿童，并将其内化为学前儿童自身的道德和行为准则，形成学前儿童的自我认知、社会情感、社会交往能力和社会适应能力，从而促进学前儿童的社会性发展。

(2)社会教育促进学前儿童心理健康发展

心理问题已经成为当前儿童成长中不可忽视的一个重要问题。有统计表明，目前我国儿童心理问题的发病率为12%～16%，患有心理疾病的儿童为2%左右。对幼儿心理问题的纠正，有不同的途径和手段，而在幼儿园社会教育活动课程中注重对幼儿的心理健康教育，不失为一种良好的方法。

在学前儿童社会教育活动中，教师能够做到有意识地培养幼儿的自信心，鼓励幼儿参与各种活动，消除幼儿的胆怯心理。同时，学前儿童社会教育活动还能够帮助幼儿养成乐观积极的情绪和向上的生活态度，培养幼儿与同伴和成人沟通交流的能力，培养幼儿正确评价自己和别人的能力等。

(3)社会教育促进学前儿童认知、情感、意志的整体发展

认知、情感、意志，相互依存、相互联系。学前儿童社会教育对学前儿童发展的促进作用，不仅体现在认知、情感、意志的某一个方面，还体现为对学前儿童发展的整体促进。学前儿童的社会交往水平与认知水平是相互影响的。因此，学前儿童某一方面的进步将会带来其他方面的共同发展，学前儿童的社会性发展对其智力的发展有积极影响。

2. 社会教育为学前儿童的终身发展奠定基础

《幼儿园教育指导纲要(试行)》指出，“幼儿园教育是基础教育的重要组成部分，是我国学校教育和终身教育的奠基阶段”，“为幼儿一生的发展打好基础”。

从个体终身发展的角度来看，儿童早期的社会性发展状况对其以后的人生有着基础性的影响。在学前期，抓住儿童社会性发展的关键期，及时给予学前儿童良好的社会教育，对学前儿童的发展将会产生事半功倍的效果。

传统的幼儿教育注重的是知识的传授和技能的训练，往往忽视幼儿自我认知、社会交往能力、情绪情感等方面的发展，对幼儿的可持续发展不够重视。与此相反，《幼儿园教育指导纲要(试行)》和《3－6岁儿童学习与发展指南》则更多地注重增进幼

儿的社会认知，激发幼儿的社会情感，培养幼儿的社会能力。

(二)实施学前儿童社会教育是社会发展的需要

个体的成长离不开社会的发展，同时个体的成长对社会的发展将起到相应的促进作用。适宜的学前儿童社会教育能够促进学前儿童的社会性发展，使其在更短的时间内完成社会化的任务，成为合格公民。

1. 学前儿童社会教育促进社会文化的传承与发展

学前儿童社会性发展是学前儿童从自然人发展到社会人的过程，也是学前儿童传承社会文化的过程。任何一个时代的教育都在起着向下一代传授知识、技能、思想、观念的作用，从社会文化传承的角度来看，学前儿童社会教育在幼儿教育课程体系中首当其冲地担负起了这一责任。学前儿童社会教育使幼儿学会基本的社会交往技能、养成良好的行为习惯，为他们日后成长为积极健康的社会人打下基础，这最终将有助于社会的和谐有序。学前儿童在社会教育过程中接受社会传统文化的同时，也在利用自身的积极主动性改造着社会文化，使社会文化在传承的过程中得到新的发展。

2. 学前儿童社会教育为社会培养合格公民打下基础

公民是指从自然人过渡到社会人，在现代国家中具有一国国籍、具有独立意志、享有权利义务的人。学校是公民教育的最重要机构，需要担负起培养学生公民意识的责任，而这项责任的完成很大程度上依赖于社会教育的实施。将学前儿童社会教育的核心任务定位于合格公民的培养，这已是国内外教育界的一种共识。随着经济全球化时代的到来，公民的概念也不再局限于国家，开始指向全球，即个体不仅是国家的一分子，也是全球的一分子。因此，实施社会教育不仅要培养学前儿童的国家意识，还要培养其人类命运共同体的意识。

习近平总书记指出：“这个世界，各国相互联系、相互依存的程度空前加深，人类生活在同一个地球村里，生活在历史和现实交汇的同一个时空里，越来越成为你中有我、我中有你的命运共同体。”2019 年以来，在世界人民共同抗击疫情的实践中，构建人类命运共同体已经成为时代之必需、人类生存之必需。

任务回顾

任务	应知应会要点	学习应达到的程度
理解学前儿童社会教育的内涵及意义	学前儿童社会教育的内涵 学前儿童社会教育的意义	☆☆☆☆☆ ☆☆☆

思考与练习

1. 有人说，现在“独二代”儿童(父母都是独生子女，他们的孩子同样是独生子女，这些孩子便被称为“独二代”)是全家人的核心，自然骄横无礼、自私小气。请结合学前儿童社会性发展的影响因素，分析“独二代”儿童社会性发展的特点，并剖析其形成原因。

2. 如何理解社会性与社会化?

3. 如何理解社会性发展在儿童全面发展中的价值?

4. 如何理解学前儿童社会教育的意义?

拓展训练

活动一：观察并记录小班幼儿社会性发展的案例，并运用“学前儿童社会性发展的特点”的相关知识，对小班幼儿社会性发展的具体表现进行分析。

活动二：观察并记录中班幼儿社会性发展的案例，并运用“影响学前儿童社会性发展的家庭因素”的相关知识，对中班幼儿社会性发展的具体表现进行分析。

活动三：观察并记录大班幼儿社会性发展的案例，并运用“影响学前儿童社会性发展的幼儿园因素”的相关知识，对大班幼儿社会性发展的具体表现进行分析。

学习反思

单元二 学前儿童社会教育的目标、内容与方法

学习目标

1. 掌握学前儿童社会教育的目标，区分目标结构与层次。
2. 了解学前儿童社会教育的不同内容，列举不同内容的教育活动。
3. 了解不同学前儿童社会教育的方法，能综合运用不同方法。
4. 形成对学前儿童社会教育活动的整体认知，掌握本领域学科特点。
5. 注重价值引领，树立正确的社会领域教育观。

案例导入

孙静面试时，面试老师指定孙静完成一个有关中班幼儿社会领域的说课活动。孙静觉得社会领域的内容比较抽象，不知如何入手。作为一个新手教师，要知道教育是从目标和幼儿已有的水平开始，围绕目标选择内容与方法，帮助幼儿获得相应的发展。

问题：

学前儿童在社会领域的发展目标是什么？选择哪些内容与方法可以帮助幼儿实现该领域的学习与发展目标呢？

任务一　掌握学前儿童社会教育的目标

幼儿教育目标是幼儿园一切教育活动的依据和一切教育行动的指针。学前儿童社会教育的总目标是幼儿教师组织实施社会教育的方向与依据。学前儿童教育目标体系可以分为纵向与横向两个不同的结构层次，在纵向上，可以分为社会领域教育总目标、年龄阶段目标、主题(单元)目标和教育活动目标；从横向上来看，可以分为自我意识、人际交往、社会环境、社会规范和社会文化等几个方面。

一、学前儿童社会教育纵向目标

学前儿童社会教育纵向目标，是以社会教育目标的概括性程度的高低加以区分的，即越上层的目标，概括性越高；越下层的目标，概括性越低；目标越具体，越具有操作性和验证性。

(一) 学前儿童社会领域教育总目标

2001 年，教育部颁布的《幼儿园教育指导纲要(试行)》(以下简称《纲要》)将社会领域的学前儿童教育目标确定为以下内容：

①能主动地参与各项活动，有自信心；

②乐意与人交往，学习互助、合作和分享，有同情心；

③理解并遵守日常生活中基本的社会行为规则；

④能努力做好力所能及的事，不怕困难，有初步的责任感；

⑤爱父母长辈、老师和同伴，爱集体、爱家乡、爱祖国。

2012 年 10 月，教育部颁布《3－6 岁儿童学习与发展指南》(以下简称《指南》)。其中，将社会领域划分为两大子领域，并相应提出七个教育目标，具体内容为：

两个子领域是：人际交往和社会适应。前者包括四个目标：愿意与人交往；能与同伴友好相处；具有自尊、自信、自主的表现；关心尊重他人。后者包括三个目标：喜欢并适应群体生活；遵守基本的行为规范；具有初步的归属感。

《纲要》社会领域总目标主要是从教师的角度提出的，意在让教师了解并掌握社会领域的教育方向。而《指南》则是从学前儿童学习与发展的角度提出的，指出了学前儿童社会领域发展的方向与目标。二者共同形成了我国学前儿童社会教育活动的总目标。

（二）学前儿童社会教育年龄阶段目标

学前儿童社会教育年龄阶段目标，是把社会教育总目标落实到具体的不同的年龄阶段，是各个年龄阶段社会教育应达到的最终结果的表述。它源自社会教育总目标，是社会教育总目标的具体和深入。不同年龄阶段的学前儿童应当有不同的阶段目标。

1. 0～3 岁儿童社会教育的目标

自我意识初步形成与发展；喜欢与周围的人接触、交往；培养动手做事的兴趣，发展基本的生活技能；学习遵守最基本的规则，培养基础的文明卫生行为习惯；在游戏活动和社会交往中保持愉悦的情绪、积极的情感。

2. 3～6 岁儿童社会教育的目标

根据对《纲要》和《指南》的理解，我们将幼儿社会教育的年龄阶段目标做如下表述：

(1)人际交往

表2-1 目标 1：愿意与人交往

3～4 岁	4～5 岁	5～6 岁
1. 愿意和小朋友一起游戏。 2. 愿意与熟悉的长辈一起活动。	1. 喜欢和小朋友一起游戏，有经常一起玩的小伙伴。 2. 喜欢和长辈交谈，有事愿意告诉长辈。	1. 有自己的好朋友，也喜欢结交新朋友。 2. 有问题愿意向别人请教。 3. 有高兴的或有趣的事愿意与大家分享。

表2-2 目标 2：能与同伴友好相处

3～4 岁	4～5 岁	5～6 岁
1. 想加入同伴的游戏时，能友好地提出请求。 2. 在成人指导下，不争抢、不独霸玩具。 3. 与同伴发生冲突时，能听从成人的劝解。	1. 会运用介绍自己、交换玩具等简单技巧加入同伴游戏。 2. 对大家都喜欢的东西能轮流、分享。 3. 与同伴发生冲突时，能在他人帮助下和平解决。 4. 活动时愿意接受同伴的意见和建议。 5. 不欺负弱小。	1. 能想办法吸引同伴和自己一起游戏。 2. 活动时能与同伴分工合作，遇到困难能一起克服。 3. 与同伴发生冲突时能自己协商解决。 4. 知道别人的想法有时和自己不一样，能倾听和接受别人的意见，不能接受时会说明理由。 5. 不欺负别人，也不允许别人欺负自己。

表2-3　目标 3：具有自尊、自信、自主的表现

3～4 岁	4～5 岁	5～6 岁
1. 能根据自己的兴趣选择游戏或其他活动。 2. 为自己的好行为或活动成果感到高兴。 3. 自己能做的事情愿意自己做。 4. 喜欢承担一些小任务。	1. 能按自己的想法进行游戏或其他活动。 2. 知道自己的一些优点和长处，并对此感到满意。 3. 自己的事情尽量自己做，不愿意依赖别人。 4. 敢于尝试有一定难度的活动和任务。	1. 能主动发起活动或在活动中出主意、想办法。 2. 做了好事或取得了成功后还想做得更好。 3. 自己的事情自己做，不会的愿意学。 4. 主动承担任务，遇到困难能够坚持而不轻易求助。 5. 与别人的看法不同时，敢于坚持自己的意见并说出理由。

表2-4　目标 4：关心尊重他人

3～4 岁	4～5 岁	5～6 岁
1. 长辈讲话时能认真听，并能听从长辈的要求。 2. 身边的人生病或不开心时表示同情。 3. 在提醒下能做到不打扰别人。	1. 会用礼貌的方式向长辈表达自己的要求和想法。 2. 能注意到别人的情绪，并有关心、体贴的表现。 3. 知道父母的职业，能体会到父母为养育自己所付出的辛劳。	1. 能有礼貌地与人交往。 2. 能关注别人的情绪和需要，并能给予力所能及的帮助。 3. 尊重为大家提供服务的人，珍惜他们的劳动成果。 4. 接纳、尊重与自己的生活方式或习惯不同的人。

（2）社会适应

表2-5　目标 1：喜欢并适应群体生活

3～4 岁	4～5 岁	5～6 岁
1. 对群体活动有兴趣。 2. 对幼儿园的生活好奇，喜欢上幼儿园。	1. 愿意并主动参加群体活动。 2. 愿意与家长一起参加社区的一些群体活动。	1. 在群体活动中积极、快乐。 2. 对小学生活有好奇和向往。

表2-6　目标 2：遵守基本的行为规范

3～4 岁	4～5 岁	5～6 岁
1. 在提醒下，能遵守游戏和公共场所的规则。 2. 知道不经允许不能拿别人的东西，借别人的东西要归还。	1. 感受规则的意义，并能基本遵守规则。 2. 不私自拿不属于自己的东西。 3. 知道说谎是不对的。	1. 理解规则的意义，能与同伴协商制定游戏和活动规则。 2. 爱惜物品，用别人的东西时也知道爱护。 3. 做了错事敢于承认，不说谎。

3～4 岁	4～5 岁	5～6 岁
3. 在成人提醒下，爱护玩具和其他物品。	4. 知道接受了的任务要努力完成。 5. 在提醒下，能节约粮食、水电等。	4. 能认真负责地完成自己所接受的任务。 5. 爱护身边的环境，注意节约资源。

表2-7　目标 3：具有初步的归属感

3～4 岁	4～5 岁	5～6 岁
1. 知道和自己一起生活的家庭成员及与自己的关系，体会到自己是家庭的一员。 2. 能感受到家庭生活的温暖，爱父母，亲近与信赖长辈。 3. 能说出自己家所在街道、小区(乡镇、村)的名称。 4. 认识国旗，知道国歌。	1. 喜欢自己所在的幼儿园和班级，积极参加集体活动。 2. 能说出自己家所在地的省、市、县(区)名称，知道当地有代表性的物产或景观。 3. 知道自己是中国人。 4. 奏国歌、升国旗时能自动站好。	1. 愿意为集体做事，为集体的成绩感到高兴。 2. 能感受到家乡的发展变化并为此感到高兴。 3. 知道自己的民族，知道中国是一个多民族的大家庭，各民族之间要互相尊重，团结友爱。 4. 知道国家一些重大成就，爱祖国，为自己是中国人感到自豪。

(三) 学前儿童社会教育的单元目标

单元目标既可以指时间单元的目标，也可以指内容单元的目标。在幼儿园的教育实践中，不同年龄阶段的儿童社会领域目标，既可以根据时间具体化为年度教育目标、学期教育目标和月教育目标，也可以根据实际教育活动分为不同的主题活动目标。目前，我国许多幼儿园的社会领域课程较多采用主题教学的教育模式，因此教师常常会将年龄目标分解与落实在不同的主题活动中，并通过一系列教育活动的实施来实现主题目标。

例如，“邮局”主题活动的单元目标为：

①认识书信往来的方法；

②具备书信的基本能力；

③感受亲人的付出；

④能表达情感。

“有趣的报纸”主题活动的单元目标是：

①了解报纸的简单历史、制作过程，了解报纸给人类带来的便捷，学会关注身边

的事物。

②知道报纸的结构，学习报纸设计。

③通过亲身体验，感受动手操作的快乐，在活动中发展想象力和创造力，能说出自己的设计意图，大胆表达自己的想法。

④愿意用报纸探索不同玩法，提高解决问题的能力。

⑤懂得珍惜纸张，废物利用，萌发环保意识。

知识链接

主题教学的功能[①]

主题教学是统整课程中最广为使用的方式，主题教学可引发与维持学习动机，符合个别化的学习需求，让学生透过外在探索活动与内在意义建构，获得有意义的统整性经验，从而产生良好的学习迁移。主题教学的功能如下：

(1)统整的功能

主题教学注重学习者的经验与发展、知识与社会的情境的整合。教学的内容不脱离学习者的经验与需求，亦不脱离社会的期待，因此，学习者在学习中可获得内在心理与外在经验的统整。

(2)发展的功能

主题教学以学习者为中心设计课程，从学习者的兴趣、能力与需求出发，通过多类型的活动，在不断的感知与实践之下，让学习者获得成功经验，不仅能引发学习兴趣，还可以维持学习兴趣，激发学习者的自信心，让自主学习成为可能。

(3)积累的功能

在主题教学中，学习者作为有能力主动学习的主体，可逐渐掌控学习主导权，在真实的情境下，经过不断的实践建立起主动学习的态度与习惯，获得认知、情意与技能多方能力的积累。

(4)转化的功能

主题教学注重多元的学习经验，强调学习者与教师及同伴间的互动与实践经验学习。在真实情境中学习，重视动态知识的建构，使学习者获得动态的学习经验，而非静态的书本知识，有助于学习者在日后相似情境的学习迁移。

(四) 学前儿童社会教育的活动目标

教育活动目标是教师在教育活动中通过一定的方法和途径可以直接实现的目标。教育活动目标具有可操作性，通常由教师制定，可以通过具体的教和学的行为，通过

---

① 小学名师教学网．幼儿园主题教学之探析——概念、理论与模式[EB/OL]．[2012-02-18]．hbteachers.cn/ye/yl/83409.html.

教师、学习者及环境的相互作用得以实现。因此，教育活动目标是否充分反映整个社会教育的目标，教育活动目标与整个社会教育目标相比是否具有对应性，是否存在空缺或无效重复，都会在一定程度上影响幼儿园社会教育的质量，影响幼儿社会性的发展。

同样的社会教育活动，对不同年龄阶段的儿童有着不同的教育目标。这些不同教育目标同样反映了目标间内在的连续性和衔接性。

二、学前儿童社会教育横向目标

横向分类的学前儿童社会教育目标，通常是从目标内涵的角度出发，对社会教育总目标所涉及的具体内容加以分析和整合，从而确定若干个相对独立的类别。在此基础上，再对每一个类别进行深入的研究，进而确定分类目标的内容。分类目标直接来源于总目标，是对总目标的具体化和展开。

(一)从社会领域目标内涵的角度进行分类

《指南》将学前儿童社会领域的教育目标横向分为两大子领域：人际交往和社会适应。这主要涵盖了个体在社会发展中的自我、人与人、人与社会(环境)三个不同维度。从社会领域目标内涵的角度可以把社会领域目标分为五个方面：自我意识、社会交往、社会环境、社会规范和社会文化。各类别的教育目标表述如下。

1. 自我意识

主要包括：自我认识、自我体验与自我控制。具体目标为：

第一，初步了解有关自己成长的最基本知识。

第二，认识和接纳自己，能进行准确的自我评价。

第三，能认识、理解和恰当表达自己的情绪。

第四，逐步确立自信心和自尊心，形成一定的独立性。

第五，学会克制自己，能遵守基本的集体规则，完成一定的任务，形成规则意识、任务意识及基本的自我控制能力。

2. 社会交往

主要包括：与成人交往、与同伴交往。具体目标为：

第一，了解父母、老师、同伴和其他社会成员，逐渐学会同情、关心他人并乐于帮助他人，形成爱父母长辈、老师和同伴的情感。

第二，能积极地同他人交往，学会合作、交往、分享和谦让等基本社会技能。

第三，了解自己所在的集体，逐步适应并喜欢集体生活，初步产生对集体的关心、喜欢之情。

第四，初步具备诚实、勇敢、守纪等基本品质，形成乐观开朗的性格。

3. 社会环境

主要包括：家庭、幼儿园、社区、家乡、祖国及世界。具体目标为：

第一，了解自己的家庭，知道自己的成长与家人的关系，产生热爱家人的情感。

第二，了解自己的幼儿园，逐步形成集体荣誉感，能为班级、幼儿园做力所能及的事。

第三，初步认识主要的生活机构和设施，知道它们与自己生活的关系，理解周围不同职业者的劳动，逐步产生尊重劳动者的情感。

第四，知道自己家乡的名称，了解家乡的风俗、特产和名胜古迹，逐步产生热爱家乡的情感。

第五，知道我国的国名、国旗、国歌和国徽，初步了解我国的民族状况和主要风景名胜，逐渐产生爱祖国的情感。

第六，知道世界是由许多国家和民族组成的，萌发热爱和平的情感。

4. 社会规范

主要包括：家庭生活规范(卫生、饮食、作息、安全、礼仪等)、幼儿园集体活动规范(游戏、生活与学习等)和公共场所的规范(购物、休闲、乘车与行路等)。具体目标为：

第一，了解并掌握家庭生活的基本规则，学会感恩与尊重家人。

第二，了解并逐步掌握与人交往的基本规则，学会与人交往。

第三，了解并掌握基本的公共卫生规则，懂得保护环境，形成一定的环保意识。

第四，了解并掌握各种学习活动的规则，学会学习。

第五，初步区分正确与错误，形成基本的是非观、爱憎观。

第六，了解并掌握基本的公共交通规则和公共场所规则，逐步确立安全意识和公德意识。

5. 社会文化

主要包括：民族文化和世界文化。具体目标为：

第一，初步感受具有代表性的社区文化。

第二，了解我国的主要人文景观及重大历史事件，产生对我国社会历史的兴趣。

第三，了解我国主要的传统节日、风俗习惯和民间艺术，对我国的传统文化产生兴趣。

第四，知道我国是一个多民族国家，了解一些少数民族的风俗文化。

第五，初步了解世界著名的人文景观及优秀的艺术作品，产生对世界文化的兴趣。①

---

① 李焕稳. 幼儿社会教育[M]. 北京：北京师范大学出版社，2015：31.

（二）从幼儿个体学习心理过程的角度进行分类

学前儿童社会教育活动目标的内容一般包括社会认知、社会情感和社会行为。

社会认知，主要是指学前儿童对自己的认知，对他人的认知，对社会环境、社会活动、社会规范以及社会文化的认知。

社会情感，主要是指学前儿童在进行社会活动时表现出来的依恋感、自尊感、同情心、羞愧感、是非感以及爱憎感等。

社会行为，主要是指学前儿童在交往、分享、合作、谦让和助人等方面的行为表现。

社会认知在学前儿童社会性发展中起基础作用，社会情感、社会行为只有在社会认知的基础上，才会表现出稳定性和自觉性。社会情感是社会性发展的动力因素，只有社会认知没有社会情感，社会认知也就不能深化，社会行为也就缺乏真正的力量。稳定、深刻的社会情感往往以深刻的社会认知为基础。同时，有了社会情感，社会认知才可能转化为社会行为。社会行为是社会认知、社会情感的集中表现，是社会性发展的关键一环。如果学前儿童的社会性发展只停留在社会认知、社会情感的层面，那么，他们的社会性也就不能得到真正的发展。①

任务回顾

任务	应知应会要点	学习应达到的程度
掌握学前儿童社会教育的目标	学前教育的总目标	☆☆☆☆
	学前教育横向目标分解	☆☆☆☆☆
	学前教育纵向目标分解	☆☆☆☆☆

任务二　了解学前儿童社会教育的内容

学前儿童社会教育内容是社会领域课程的主体部分，是社会领域目标的具体化，是实现社会课程目标的重要保证和手段。那么，确定社会教育内容的依据是什么呢？社会教育内容的确定，一定要以幼儿为本，以幼儿自身的经验与水平、幼儿的现实生活为出发点，以及以幼儿的社会学习与发展目标为依据。

① 虞永平．社会（中班）/幼儿园课程指导丛书[M]．南京：南京师范大学出版社，1997：75-76．

一、学前儿童社会教育内容的选择依据

（一）要从学前儿童的发展水平出发

由于幼儿的现有生活经验、学习能力制约着社会教育内容的深度与广度，因此幼儿社会教育的内容要具有粗浅、启蒙的特点。同时，由于学前儿童的思维方式以具体形象思维为主，因此一切社会教育的内容要符合幼儿的认知水平，应当选择生动、形象的教育内容以便于他们理解与接受。总而言之，在选择社会教育的内容时，一定要注意课程内容的生动性、直观性和健康性。应从学前儿童的发展现实出发，使课程内容既能扩展他们的知识，又能激发他们的情感，还能培养他们良好的社会行为技能和习惯。

此外，由于不同年龄阶段的幼儿发展水平不同，同一内容对不同年龄阶段的幼儿的要求也不一样。幼儿的社会学习内容是螺旋上升的。例如，“愿意与人交往”这一学习与发展要求，对不同年龄阶段的儿童而言是有梯度差异的。(详见第 33 页表2-1)

（二）要与学前儿童的现实生活密切联系

社会现实既是学前儿童社会学习的内容，也是学前儿童社会学习的重要途径。社会教育的内容只有与幼儿的现实生活密切联系，更多地关注变化发展的社会生活，才有助于幼儿理解社会教育的内容，有助于幼儿的社会认知、社会情感与社会行为的有机整合与联系，真正促进幼儿的社会性发展。纳入幼儿社会性教育课程的内容必须是他们熟悉的、能够理解的。例如，文明礼貌的教育、玩具大家一起玩、生活中的标志等就在儿童的身边，每天都在发生，这样的内容就是与幼儿的现实生活密切相关的。反之，如果远离幼儿的真实生活，让他们无法观察、体验和理解，那么这样的内容无论其本身有多么大的价值也不能纳入学前儿童社会性教育课程之中。

(三)要以学前儿童社会教育的目标为依据

学前儿童社会教育的目标是学前儿童社会教育的基本指针。学前儿童社会教育内容，应当以学前儿童社会教育的目标为依据，针对社会教育目标的架构来选择和确定。所以，在选择社会教育的内容时，无论是基于社会现实，还是基于学前儿童的发展，都应当具有明确的目标意识。在选择社会教育内容时，要避免对教育目标的遗漏、偏颇或是无效重复，即内容与目标要有对应性。

二、学前儿童社会教育的内容

《纲要》对学前儿童社会教育的内容和要求做出了如下规定。

①引导幼儿参加各种集体活动，体验与教师、同伴等共同生活的乐趣，帮助他们正确认识自己和他人，养成对他人、社会亲近、合作的态度，学习初步的人际交往技能。

②为每个幼儿提供表现自己长处和获得成功的机会，增强其自尊心和自信心。

③提供自由活动的机会，支持幼儿自主地选择、计划活动，鼓励他们通过多方面的努力解决问题，不轻易放弃克服困难的尝试。

④在共同的生活和活动中，以多种方式引导幼儿认识、体验并理解基本的社会行为规则，学习自律和尊重他人。

⑤教育幼儿爱护玩具和其他物品，爱护公物和公共环境。

⑥与家庭、社区合作，引导幼儿了解自己的亲人以及与自己生活有关的各行各业人们的劳动，培养其对劳动者的热爱和对劳动成果的尊重。

⑦充分利用社会资源，引导幼儿实际感受祖国文化的丰富与优秀，感受家乡的变化和发展，激发幼儿爱家乡、爱祖国的情感。

⑧适当向幼儿介绍我国各民族和世界其他国家、民族的文化，使其感知人类文化的多样性和差异性，培养理解、尊重、平等的态度。

从上面内容可以看出，《纲要》对幼儿园社会教育内容的范围做了基本的界定。同时，对照《指南》有关社会教育的规定，我们可以发现这两个文件在学前儿童社会领域的学习与发展方面的内容要求是基本一致的。幼儿园社会教育的内容非常丰富，涉及学前儿童社会生活的方方面面。一切有助于达成社会领域目标的体验、知识、经验、技能等，都可以成为社会教育的内容。我们基本上把学前儿童社会教育内容分为自我意识、人际交往、社会环境与规范、社会文化等部分。

（一）自我意识

自我意识主要包括自我认识、自我体验与自我控制三个方面。自我意识是学前儿童社会性及个性发展的心理基础，学前儿童的自我意识刚刚萌芽，处于初步发展阶段。因此，有关自我意识的教育内容要和幼儿的心理特点相符合。在此，我们以表格的形式对自我意识的教育内容进行归纳(见表2-8)。

表2-8　自我意识的教育内容①

教育内容	一级分解	二级分解	三级分解	活动建议
自我意识	自我认识	自我概念	对自己表面特征的认识，包括：身体、面貌、性别、姓名、所有物等。对自己内在的认识，包括：对自己兴趣、能力、在团体中的地位以及自己家人的认识。	“我的小小手”
				“我是男孩(女孩)”
				“我爱我的小宠物”
		自我评价	对自己的兴趣、外表、成就感、能力、纪律、体育、交往等的评价。	“我上幼儿园了”
				“向大家介绍我自己”
	自我体验	自尊	自我尊重、自我爱护和期望他人的尊重。	“我爱我自己”
		自信	对自己身体和能力的自信。	“我是能干的小宝宝”
	自我控制	自制力	对自己动作、认知、运动、情绪情感的控制。	“难过时怎么办?”
		自觉性	无人监督，仍能自我提醒与监督。	“花儿好看我不摘”
		坚持性	为实现一定目的，克服困难，持续持久的行为倾向。	“我是勇敢的好宝宝”
		延缓满足	为更长远的结果而放弃及时满足的抉择取向。	“别人东西我不要”

试一试

在幼儿园社会教育活动中，比较常见的培养幼儿自我意识的教育活动有：

- “了不起的我”
- “独特的我”
- “我自己做”
- “我的名字的故事”
- “我长大了”
- “我俩不一样”
- “请投我一票”
- “输了也不哭”

你还能找到哪些活动呢？请把自我意识的发展目标填写在下表(表2-9)中的“目标”栏里，并把找到的相应教育活动对照目标填写在相应的“内容”栏中。

① 李焕稳. 幼儿社会教育[M]. 北京：北京师范大学出版社，2015：90.

表2-9　自我意识的发展目标及相应教育活动

目标	内容
1	
2	
3	
4	
5	

（二）人际交往

人际交往，是在社会生活活动过程中，人与人之间的意见沟通、信息情报交流以及相互作用的过程。但是，学前儿童人际交往的范围很小，交往的程度很浅，交往获得的结果具有很大的后续性，即交往产生的作用不是立即全部体现出来，而是成为后续的生活经验。对幼儿而言，人际交往的内容主要有两类：一类是与成人交往，另一类是与同伴交往(见表2-10)。

表2-10　人际交往的内容①

人际交往类型	活动内容	活动建议
亲子交往	了解父母为自己做的事情； 熟悉父母的姓名、兴趣、爱好、职业等； 体验父母对自己的关心、爱护，形成良好的亲子关系； 培养对父母和长辈的依恋和信任感。	与家长一起外出游玩、参观； 亲子阅读； 亲子游戏； 亲子运动会； 亲子联谊会等。
同伴交往	能以合理的方式提出自己的要求，表达自己的感受； 能自信得体地与人打招呼，交谈； 能不随意插嘴，尊重别人的意见； 懂得沟通交流、合作妥协、平等竞争等； 愿意帮助他人，对别人的难过表示关注与同情； 能有办法解决冲突。	自由活动； 教育活动； 日常活动； 户外活动。
师生交往	喜欢并逐步习惯幼儿园的集体生活； 懂得爱护公共财物，关心集体、遵守集体生活规则等； 建立平等、自由、温暖、宽松的师生关系。	集体教育活动； 个别教育指导； 一日生活照顾。

① 李焕稳. 幼儿社会教育[M]. 北京：北京师范大学出版社，2015：103.

续表

人际交往类型	活动内容	活动建议
其他成人	了解和幼儿的生活相关的其他岗位或职业的人的工作； 尊重和爱惜他人的劳动成果。	参观或是请进来，引导儿童与其他不同职业的成年人互动。

试一试

教师可以通过以下活动培养幼儿的人际交往能力，例如：

- “妈妈的新发型”
- “学做小客（主）人”
- “我想为你做点事”
- “爸爸妈妈真能干”
- “电话礼仪”
- “我和老师做朋友”
- “夸夸我的好朋友”
- “生日计划”

你还能找到哪些活动呢？请把人际交往的发展目标填写到下表（表2-11）的“目标”一栏中，并把找到的相应教育活动对照目标填写在“内容”一栏中。

表2-11　人际交往的发展目标及相应教育活动

目标	内容
1	
2	
3	
4	
5	

（三）社会环境与规范

社会环境，主要包括家庭、幼儿园、社区、家乡以及祖国等，它们与幼儿社会性发展有着重要的联系。社会规范的学习，离不开具体的社会环境和社会活动。没有规矩，不成方圆。所以，社会环境与社会规范的学习是一体的，不能分开的。

按照具体社会环境中主导活动类型的不同，可将与学前儿童关系密切的社会环境及社会规范划分为六种类型，即生活起居活动、教育活动、休闲娱乐活动、文化公益活动、经济活动和政治活动(见表2-12)。

表2-12　社会环境及社会规范的类型①

主导活动类型	社会环境	社会规范
生活起居活动	家庭、居民楼、住宅小区等场所。	家居生活中的基本礼仪与规范； 公共场所的一般行为规范。
教育活动	幼儿园等学校机构。	幼儿园(学校)的一般行为规范； 各年龄段学生及其他相关人员的行为规范。
休闲娱乐活动	广场、景区、公园、游乐场、影剧院、体育馆等机构或设施。	休闲娱乐场所的一般行为规范； 特定休闲娱乐场所相关人员的行为规范。
文化公益活动	图书馆、博物馆、动物园、植物园、海洋馆、科技馆、艺术馆、主题纪念馆、慈善组织等机构或设施。	公共场所的一般行为规范； 特定文化公益活动场所相关人员的行为规范。
经济活动	饭店、超市、商场、农贸市场、工厂、医院、银行、邮递、通信、交通等机构或设施。	公共场所的一般行为规范； 特定经济活动场所相关人员的行为规范。
政治活动	各级各类政府机构及公共服务部门，如市政府、法院、公安局、消防队、军营、社区管理部门等机构或设施。	公共场所的一般行为规范； 特定政治活动场所相关人员的行为规范。

试一试

有关社会环境的教育活动：

- “我的房间”
- “我的幼儿园”
- “我居住的小区”
- “我们的城市”
- “五星红旗”
- “街上的标志”
- “参观图书馆”
- “特殊的号码”
- “公园小导游”

你还能找到哪些活动呢？请把社会环境的发展目标填写在下表(表2-13)的“目标”栏中，并把找到的相应教育活动对照目标填写在“内容”栏里。

---

① 李焕稳. 幼儿社会教育[M]. 北京：北京师范大学出版社，2015：116.

表2-13　社会环境的发展目标及相应教育活动

目标	内容
1	
2	
3	
4	
5	

有关社会规范的教育活动：

- “小小值日生”
- “快乐整理”
- “红绿灯”
- “垃圾回家”
- “今天我当家”
- “好玩具大家玩”
- “大家一起玩”
- “公共场所不吵闹”
- “花儿好看我不摘”

你还能找到哪些活动呢？请把社会规范的发展目标填写在下表(表2-14)的“目标”栏中，并把找到的相应教育活动对照目标填写在“内容”栏里。

表2-14　社会规范的发展目标及相应教育活动

目标	内容
1	
2	
3	
4	
5	

(四)社会文化

学前儿童生活在多元的社会文化背景当中，通过分享不同的文化背景，如家庭习俗、语言、食物、音乐、价值观、家庭关系、生活类型、文化庆祝和民族遗产等，发展他们对自己的良好接纳以及对别人的积极认识和理解，使他们学会在快速变化的复杂的社会中适应多元的生活，与不同文化背景的人交往。

社会文化主要包括民族文化和世界文化。社会文化对学前儿童社会性发展的促进作用，主要是通过学前儿童对各种社会文化的认知以及参与各种社会文化生活活动等来实现的。社会文化的学习与了解，主要包括节日、艺术、民俗等内容。为了全面而系统地进行学前儿童社会文化教育活动设计，将适合学前儿童阶段的社会文化活动以表格的形式归纳如下(见表2-15)。

表2-15　社会文化教育活动内容①

教育内容	一级分解	二级分解	三级分解	活动建议
社会文化	传统文化	传统节日	春节、元宵节、清明节、端午节、中秋节、重阳节、腊八节等	“快乐的春节” “团圆中秋节”
		民风民俗	饮食厨艺、婚嫁仪式、对联、神话、传说等	“新年贴对联” “中国功夫”
		传统艺术	剪纸、风筝、刺绣、年画、戏曲、建筑等	“杨柳青年画” “京剧脸谱”
		少数民族	风俗习惯、历史传说、服饰等	“洁白的哈达” “快乐泼水节”
	世界文化	典型节日	母亲节、父亲节、感恩节等	“幸福母亲节”
		生活习惯	礼仪、饮食、语言、交往等	“我会吃西餐”

试一试

在幼儿园社会教育活动中，教师常用的以社会文化为主题的教育活动有：

- “中国结”
- “快乐的中秋节”
- “我们一起包粽子”
- “十二生肖”
- “我的压岁钱”
- “二十四节气之谷雨”
- “家乡的特产”
- “好吃的饺子”

你还能找到哪些活动呢？请把社会文化的发展目标填写在下表(表2-16)的“目标”栏中，并把找到的相应教育活动对照目标填写在“内容”栏里。

总而言之，教师在确定学前儿童社会性教育的内容时，无论是依据幼儿园社会教育的目标，还是考虑社会现实的需要，抑或是促进学前儿童的发展，都应当坚持两条基本原则：一是生活经验是教育内容的重要来源和依据，二是学前儿童能与之“对话”

① 李焕稳. 幼儿社会教育[M]. 北京：北京师范大学出版社，2015：138.

的学科知识才有引入课程内容的价值。

表2-16　社会文化的发展目标及相应教育活动

目标	内容
1	
2	
3	
4	
5	

拓展阅读

德国儿童在幼儿园学些什么

对于一个德国孩子而言，他们要在幼儿园度过将近4000个小时。在这期间，德国孩子都学到了些什么呢？

3年中，孩子们参观了警察局，学习了如何报警，如何处理遇到坏人的情形，了解警察是用来做什么的。

孩子们参观了消防警察局，跟消防警察们一起学习灭火知识、躲避火灾的常识；参观了邮局，看看一封信是如何从家里到达邮局，又被投递出去的；参观了市政府，认识市长，看看这个为他们服务的市长是什么样子的。

他们去自由市场，拿着钱，学习怎样买东西，区别自由市场跟商店的不同。

他们去花圃，参观花圃的种植，学习分辨花草植物。

他们去看马戏、儿童歌剧和魔术。

他们参观图书馆，学会了如何借书、还书。

他们去坐有轨电车，学会记住回家的路线。

他们每周都跟老师去超市买东西，学习付钱，选择货物。

樱桃收获的时节，孩子们跟老师去采摘樱桃。

南瓜收获的时节，孩子们跟老师一起做南瓜汤。

圣诞节，这是最激动的日子，他们焦急地等待圣诞老人的来临以及那份神秘的礼物。

圣马丁节，要跟老师一起糊纸灯、游街来纪念这位骑士圣人……

3年过去了，孩子学会了自己修理玩具，自己管理时间，自己约会，自己制订计划，自己搭配衣服，自己整理东西，自己找警察，一个6岁的孩子，生活能力很强。①

---

①　陈平．德国儿童在幼儿园学些什么[N]．广州：羊城晚报，2011-06-27.

任务回顾

任务	应知应会要点	学习应达到的程度
了解学前儿童社会教育的内容	社会教育内容的选择依据	☆☆☆☆
	社会教育的内容	☆☆☆☆

任务三　掌握学前儿童社会教育的方法

学前儿童社会领域的教育活动，是在一定教育目标指引下，将一定的方法、手段和形式作用于教育对象，达成幼儿社会教育的目标的过程。因此，幼儿园社会教育必须借助一定的方法才能实现幼儿社会学习与发展的目标。学前儿童社会教育活动针对不同年龄阶段学前儿童的认知发展特点、社会经验水平以及社会教育内容的差异，使用不同的社会教育方法①。本书针对幼儿社会学习的心理层面，把幼儿社会教育的方法做了归纳总结。

一、适于发展学前儿童社会认知的方法

(一)讲解演示法

讲解演示法是指教师向儿童出示实物、图片、直观教具、录像等可以被感知的材料，并用口头语言进行系统和生动的解释与描述，以使学前儿童较为具体地理解社会教育的内容，掌握正确的行为准则和方法。

运用讲解演示法时，教师应注意以下几点。

第一，借用多种媒介，将抽象内容具体形象化。根据学前儿童以具体形象思维为主的认知特点，教师应结合具体情境，借助多种媒介，如图片、视频等进行讲解。例如，讲解值日生的工作时，可以播放相关的视频或者展示相关的图片，让学前儿童获得直观的感受。

我是小小值日生(中班)节选

欣赏幼儿收拾桌椅、玩具，整理书橱，扫地，浇花等的照片，萌发幼儿为集体服务的自豪感。

老师："值日生是快乐的，同时也是辛苦的。在我们班上就有好多这样能干的小

① 虞永平. 幼儿园社会教育的方法[J]. 山东教育，2005(27)：6.

小值日生呢，一起来看看他们是谁，他们在干什么，他们做之前和做之后的情景有哪些不同。”

老师请照片中的幼儿谈谈做完这些事后的感受。老师和其他幼儿在他谈完后为他的行为鼓掌或分别对他说一句谢谢的话来表示赞赏。

老师鼓励其他幼儿谈谈自己的想法。

老师：“你们喜欢照片中的小朋友吗？为什么？”

“如果是你遇到这样的情形，你会怎么做？”

小结：班级的许多事情要靠小朋友自己来完成；能为班级做事，为大家服务是件很快乐的事情；值日生一定要认真、仔细地做事情，不能马马虎虎。①

第二，讲解演示前要做好充分的准备工作。教具的运用要适当，过多或凌乱的教具呈现，会分散儿童的注意力。

第三，讲解时注意互动性与操作性。教师讲解中要避免唱“独角戏”，可以一边讲解一边提问，或者请幼儿进行相关的操作，将讲解内容转化为学前儿童的行为加以练习，避免他们无所事事，注意力分散。例如，讲解交通规则时，教师可以带动幼儿回忆生活中所熟悉的交通规则，在讲解的基础上，让幼儿以“红灯停，绿灯行”的游戏进行练习，巩固对基本交通规则的认识和理解。

（二）谈话问答法

谈话问答法，就是在社会教育活动中教师与学前儿童通过谈话，相互提问、对答的方法。教师借助于恰当的问题，启发幼儿思考、表达对社会事物和现象的感知经验。这有助于教师了解幼儿的经验与水平，为其提供适宜的支持策略。

谈话问答法运用的时机可以非常灵活，可以在入园时的晨间谈话中进行，也可以在午睡起床后进行，还可以在离园前进行。话题可以是教师引起的，也可以是幼儿提出的，谈话可以在全班进行，也可以在小组中进行。可根据需要灵活组织。

如果是班级活动，为了保证谈话的效果，教师应做好以下几点工作。

第一，选择贴近学前儿童生活的、能引起学前儿童兴趣的、有教育意义的话题。例如，中班幼儿的“我会帮助别人了”这个话题就很有意义。中班的幼儿随着年龄的增长其助人的意识和能力都在不断提高，谈起这个话题他们一定会有话可说，也会愿意展示自己的本领。

第二，要精细设计谈话的各个环节。首先，启发儿童谈话兴趣。例如，“我会帮助别人了”活动中，老师的导语可以设计为：“咱们班的孩子个个是能干的孩子，今天就请你们来说说自己是怎样的能干？你帮助过别人吗？你是怎么帮助别人的？”其次，

---

① 董丽霞．幼儿大班社会教案《我是小小值日生》[EB/OL]．[2013-05-14]．adonglixia.blog.edu.cn/home.php? mod=space&uid=3234212&do=bolg&id=590646.

引导谈话，步步深入。例如，“我会帮助别人了”活动中，有幼儿说：“我帮奶奶找针。”老师进一步启发：“为什么奶奶需要你帮忙？你帮奶奶找到针后，奶奶说了什么？”教师在与幼儿谈话中所设计的问题应该是符合谈话主题的，应该是清楚明了使幼儿易懂的，问题的排序应该是由浅入深的。教师还应尽可能地设计开放性问题，以让更多的幼儿发表不同的见解。最后，谈话结束后要进行小结。允许答案多样性，给孩子思考的时间，谈话方式可以多变等。

（三）讨论分享法

讨论分享法，是指教师和幼儿围绕某个话题进行思想碰撞、互相启发、交换看法，从而分享思想和情感的一种教育方法。讨论分享法的前提是，有一个可讨论的话题。这个话题要么存在价值冲突，要么有众多的潜在可能性，不然讨论难以展开和维持。有时，讨论变成了一般的谈话，主要原因就是论题不适宜讨论，不具有讨论的特性，因此它不是真正意义上的论题，而只是谈话的话题。幼儿园社会教育中的讨论有两种类型，一种是价值冲突型的讨论，如谁对谁错；另一种是多种求解可能型的讨论。

讨论分享法与讲解演示法常常一起使用，可以在活动中更好地调动学前儿童的主动性与积极性，充分尊重学前儿童的个性发展，避免单独运用讲解法时学前儿童被动接受这种可能情形的出现。讨论分享法需要一定的言语能力，一般在中班和大班较多应用。

总结起来，运用讨论分享法时应注意以下几点。

第一，讨论的主题要贴近幼儿的生活，让他们有话可说。例如，玩具是孩子们的挚爱，是孩子们永恒的话题。对于是否可将玩具带入幼儿园，孩子们产生了不同的观点：一些孩子认为可以把家里的玩具带到幼儿园来，而另外一些孩子则认为不可以。对此，双方争论不休。教师以此为契机，设计了“小小辩论赛”活动，让孩子们围绕“玩具是否可以带到幼儿园”这一问题进行讨论，通过幼儿自身的价值判断，引导幼儿大胆表达自己的想法和意见，并在此基础上培养幼儿的倾听、互助、合作、分享等能力，促进幼儿社会性的发展。

第二，选好讨论分享的主题后，运用适当的方法引出问题。教师可以通过讲述问题、看图提问、情景表演等方式向幼儿提出讨论的问题，让幼儿的讨论有具体的参照，而不至于偏题、离题。

第三，教师要引导讨论而不能主导讨论的过程。教师要建立平等、宽松的讨论氛围，让学前儿童有话敢说。同时，为了保证讨论的效果，教师可根据讨论的进程对幼儿加以引导，通过提问等方式将幼儿的思路打开，让讨论的内容既有广度又有深度。教师在讨论过程中切不可对幼儿的看法简单地加以评判，否则会影响幼儿说话的积极性，或者让他们为了得到老师的肯定与表扬而刻意顺着老师的话来说。

第四，讨论分享要有始有终，多种形式强化巩固。讨论开始时，教师要做到心中有目标，把握住讨论的大方向。讨论结束时，教师要组织幼儿进行总结，必要时加以行为练习与尝试，使幼儿的社会认知转化为社会行为，达到讨论的目的。讨论后的延续练习可以在区域游戏活动中进行，也可以在一日生活的环节中进行，还可以在家庭中进行。

（四）观察访问法

观察访问法是指在学前儿童社会教育中，教师针对社会环境、社会事物及社会现象的相关问题，组织幼儿在园内或园外的场所对实际事物和现象进行观察、思考，从而让幼儿获得相应的社会知识，养成相应的社会情感及社会行为的一种教育方法。

运用这一方法时，教师应注意以下几点。

第一，观察访问要以问题为先导，要指导幼儿围绕观察任务进行感知访问。例如，围绕“我是小记者——访问超市售货员”这一活动，教师可引导幼儿提出以下问题：

问题一：你每天要做什么事情？

问题二：你在超市的哪个地方工作？

问题三：怎样找到我要买的东西？

第二，幼儿参与的观察访问不同于成人的观察访谈。幼儿参与的观察访问，内容应该是浅显的、易于发现的、与生活直接相关的，蕴含的道理应该是较为明了的。

“稻米的故事”主题教学中，教师会带领孩子去观察稻田，讨论“我们吃的米从哪里来”，参与稻子的收割和脱粒活动。通过这样的活动，孩子们不仅了解了稻子的相关知识，感受了割稻收获的喜悦，还切身体会到了农民的辛苦，懂得了粮食的来之不易，从而养成爱惜粮食的好习惯。

第三，到真实的生活场景中去感知，一定要做好周密的安排。感知前，教师的准备工作是根据教育目的和要求确定观察的地点、对象和步骤，制订好观察的计划。要提前与有关社区资源或机构落实好相关事宜。必要时与家长做好沟通，争取家长的支持与帮助。结束后，教师要帮助幼儿对感知的内容作小结，使他们对感知内容有比较概括的了解。

第四，日常生活中利用各种契机进行引导与观察。教师应注意抓住日常生活中随机教育的时机，为学前儿童提供充足的观察时间，对他们进行适当的引导，利用幼儿爱模仿的特点，帮助他们在日常生活中习得相关的社会行为技能。

拓展阅读

发挥地图的功能

地图是反映空间关系的一种独特方式，有利于儿童空间意识的发展和空间技能的增强。为充分发挥地图在学前儿童社会教育中的功能，教师应注意以下几点：

一是培养学前儿童的比例感。例如，让儿童用自己的脚步去测量物体之间的距离，并让他们把自己看到的东西在纸上画出来。

二是培养儿童的方位感。例如，鼓励儿童使用方向标签和符号，说出方位词语（如在前面、在后面）。

三是培养儿童的符号感。例如，开展手绘地图的活动，引导儿童讨论代表天气的标志符号，鼓励儿童阅读、区别、创造图例符号。

四是培养儿童的区位感。例如，和儿童讨论不同地图的不同作用，发现校园地图、乡镇地图、城市地图、中国地图和世界地图的异同点。

五是增强儿童的用图技能。例如，可和儿童一起把所画的地图张贴出来，并经常使用这些地图，让儿童学会通过地图来认识环境。①

二、适于发展学前儿童社会情感与态度的方法

有学者将信念、态度、价值观也包括在知识的范畴中，称之为“实践性知识”，认为这些知识只存在于使用的过程中，表现在具体实践过程中，是通过实践而获得的。依此观点，体验便成为学前儿童的一种重要学习方式，成为他们的认识和态度形成的基础。这种体验不是靠教师的“教”获得的，而是学前儿童自己在活动过程中亲历某件事后对事物产生真切的感受，从而形成某种态度和认识。在此基础上，学前儿童对其中所隐含的道理和意义形成独特的感受和领悟，这种感受和领悟是直接的、极具个人特征的、他人无法替代的并且往往是深刻的。积极的社会情感体验可以为学前儿童正面的社会行为提供强大的内驱力，对学前儿童的社会性发展产生重要的推动作用。因此，有必要对发展幼儿社会情感与态度的方法做如下归纳。

（一）情境体验法

情境体验法，是指通过有目的地引入一定的生活场景或创设具有一定情绪色彩的以具体形象为主的生动场景，让幼儿的多种感官都参与其中，以引起幼儿一定的态度体验，从而帮助幼儿理解学习内容的教育方法。

在社会教育活动中，儿童要将社会认知转化为自身的行为离不开情感体验，只有

① 李生兰．学前儿童社会领域教育中地理资源透析[J]．早期教育（教师版），2006(5)：10-12.

形成情感共鸣才能有动力去发展这一社会行为。当儿童做了好事，得到成人的鼓励时，他从自己的行为中体验到了“助人”的乐趣和价值，便易养成“助人”的道德行为；反之，当儿童通过自身的体验去感受自己的行为给别人带来的痛苦时，他会认识到自己的错误。

幼儿在体验中学习，社会知识的学习就不再仅仅限于认识、理性范畴，它已扩展到情感和人格等领域，从而使学习过程不仅是知识增长的过程，同时也是儿童身心和人格健全发展的过程。体验学习，给予了幼儿在身体活动与直接经验方面的情感共鸣，使他们获得了积极的态度和愉悦的体验，是幼儿社会学习中一种有效的途径和方法。

教师在运用情境体验法时应注意以下几点。

第一，幼儿是体验的主体。在这个过程中，教师不能将儿童看作是被动接受的个体，而要注重发挥儿童的主体性，让儿童以主动的、创造性的方式参与社会生活，经过自己的思考、实践和体验将社会规则与技能内化。

第二，创设的情境应是幼儿熟悉的，符合幼儿的年龄特点和社会性发展水平。例如，由幼儿选出每周的“小组长”为大家服务是我们这学期推行的值日生制度。每周五下午幼儿们纷纷参加议事，评选出下周的小组长。当选出的小组长佩戴上工作牌后，他就要负责为集体服务一周，每天做好擦桌、分筷、发毛巾、发材料等工作，而且还要起好带头作用，其他孩子会对他进行监督。在这一活动中，幼儿体验着什么叫负责，什么是榜样，从中感受到付出劳动后受人尊敬的幸福，懂得了要爱惜劳动成果。

第三，不断扩大情境体验的范围。让幼儿充分体会不同场景下不同身份人物的感受，丰富他们的体验。教师不仅要通过各种手段与途径创设具体教育情境，还可以利用幼儿园、家庭与社区等丰富的社会教育资源让幼儿充分感知与体验不同场景、不同角色的行为与态度，提高他们对社会认知与适应的能力。

例如，让儿童做一天的家务，整理床被、打扫卫生、洗衣、刷碗等，体验父母的辛苦；让儿童做一天的小老师，体验老师工作的烦琐和辛劳；让儿童做一天的大哥哥或大姐姐，学会关心他人并体验关心他人的快乐；带幼儿到附近小学或其他社会场所中，让他们深入体验与感知不同场所的规则与角色的行为等。

第四，体验不能仅仅停留在情感态度的发展上。体验应该使学前儿童进行相应的行为练习，让学前儿童的社会行为技能得到发展。正如蒙台梭利所说：“一件事，我听到了，随后就忘了；看到了，也就记得了；做了，很自然就理解了。”

第五，学前儿童生活的环境应是精心创设的。幼儿的生活环境应有助于其社会性的发展。整洁优雅的环境，会使幼儿的亲社会行为增多，并且使他们积极主动地去认知和探索；杂乱无序的环境，则会导致幼儿的攻击行为增多，并且使他们性情浮躁。幼儿园宽容和接纳的人际氛围，有利于幼儿的自我意识和个性的良好发展，还会进一步激励幼儿形成对社会的良好认识、情感和行为，鼓励他们更加积极主动地和充满自信地与外界交往。

(二)价值澄清法

价值澄清法是由美国心理学家、教育学家路易斯·拉思斯在与他人合著的《价值与教学》一书中提出来的。它的基本内容是：每个人都有自己的价值观，而且每个人都按照自己的价值观行事。价值观尽管是个人的、相对的，是不能被灌输的，但是有理智的人类应该有能力学会运用“评价过程”进行价值澄清，从而形成个人稳定的价值观。这是学前儿童社会教育中一种重要的教育方法。

拉思斯教授指出，任何一种观念、态度、兴趣或信念要真正变为一个人的价值观，必须经历包括以下七个步骤的过程，这七个步骤缺一不可，它们分别是：

①自由的选择；

②从各种不同的途径中选择；

③对各种途径的后果思考后再做选择；

④重视和珍惜所做出的选择；

⑤公开表示自己的选择；

⑥根据自己的选择采取行动；

⑦重复根据自己的选择所采取的行动。

学前儿童从出生到成为一个适应社会生活的人，在这一过程中离不开与周围的人、事、物的接触，并且在这一过程中学前儿童通过内部心理活动进行价值选择、价值确定，然后付诸外部行动，逐步形成自己的价值观。因此，价值澄清法就是引导学前儿童通过内部心理活动进行价值选择、价值确定，然后付诸外部行动的一种社会教育方法。

例如，看到一个小朋友摔倒了，全班小朋友都去扶他，而没有人想到采用其他的安慰方式，结果挤成一团；看到摔倒的小朋友哭了，好几个小朋友都掏出手帕为他擦眼泪，反而弄得那个小朋友不知所措。针对这种情况，引导学前儿童对还可以用什么别的方式表达自己对摔倒同伴的关心与帮助这一问题进行讨论和思考。于是，幼儿想出了为他拍掉身上的灰尘、搬椅子请他坐下、询问他哪儿摔疼了、为他揉揉、为他上药等方式。实践证明，引导幼儿进行认真思考，并且在认真思考的基础上做出最后的选择，才能真正培养幼儿判断是非、独立解决问题的能力。

在具体的运用中，价值澄清法又分很多种。运用于学前儿童社会教育的比较典型的方法，主要有以下四种。

1. 澄清应答法

这是价值澄清法中最常用、最灵活的一种方法。它是指教师通过与学前儿童交谈的方式来引起儿童的思考，在相互交流的过程中让儿童进行内省与价值评价的方法。

教师运用这一方法时应注意以下几点。

第一，有针对性地就当时的具体情况，与学前儿童进行澄清应答，引发学前儿童进行价值思考。

第二，让学前儿童在谈话中感受到老师的鼓励和支持，大胆地说出自己的观点。

第三，避免对学前儿童的观点进行是非判断，要营造宽松、平等、自由的交谈氛围。

第四，价值澄清应答的时间不能过长，能触发儿童进行相关价值思考即可，要将思考的时间留给学前儿童。

下面的对话很好地体现了教师对澄清应答法的运用。

儿童1：我们玩的时候，他们老是给我们捣乱。

教师：你们希望怎样？

儿童2：我们希望能安静地玩游戏。

教师：你觉得怎么做能解决这个问题？

儿童1：(沉默，因为他想让老师帮他解决这个问题!)嗯，也许我们可以问问，他们是不是想和我们一起玩。

教师：如果你们那么做了，他们会怎样？

儿童2：也许他们不再给我们捣乱了，但我们并不是真的想让他们和我们一起玩。

教师：好的。那你们还有其他的办法吗？

儿童2：我们还能不理会他们……

儿童1：(插嘴道)我们试过了，但是如果我们不理他们，他们就会把我们的公路给破坏掉，因此不理他们也是不可能的。

教师：好，还有别的办法吗？

儿童2：我想我们可以把游戏搬到别的地方去，也许搬到教室门口去就行，老师总在那儿走来走去的。

教师：那如果你们这样做了，他们会怎么样？

儿童1：也许他们就不会再使劲喊我们的名字，给我们捣乱了。

教师：你们觉得这样做管用吗？如果他们还是使劲喊你们的名字，你们会理他们吗？

儿童2：也许会管用，我们可以不理他们。

教师：很好。听起来这个办法不错，那你们就去试一试吧，看看管不管用。①

---

① 陈会昌．幼儿社会化训练[M]．太原：希望出版社，2000.

2. 价值表决法

价值表决法，是指教师事先拟订一系列幼儿关心的价值问题，让全体幼儿一起来表达自己意见的一种方法。

教师在运用这一方法时应注意以下几点。

第一，编制价值问题时要有一个主题。

第二，价值表决的问题数量不要太多，一般不超过 10 个。

第三，表决时要注意面向全体幼儿，让每个人都有表决的机会。

例如，东东想获得红红手中正在玩的汽车玩具，教师可询问启发他：

“你打算怎样获得它呢？

等着轮流？

和她去交换你喜欢的玩具？

帮她做点儿事情？

去和她友好地协商？

还是过去抢夺过来？

你打算怎样做？”

尽可能多地为幼儿提供选择的机会和余地，是帮助他们获得正确价值观念的一个重要方法。

3. 展示自我法

展示自我法，是指教师或家长为幼儿创造展示的机会，让幼儿围绕某一话题充分进行表述，或在其他活动中分享自己的作品与想法的一种方法。这种方法的作用主要在于系统地为幼儿提供审视自己的机会，使他们逐步学会分析自我、检查自我和发现自我。

例如，在用“我长大了要……”的句式，给爸爸妈妈写信时，孩子们这样写道，“长大后就换我来照顾你们”“长大后当第一的哥哥”“长大后要到上海去买好吃的糖给家人”等。从中，我们可以看到孩子们的责任心与担当，看到他们对长大后要做一个怎样的人的思考。

教师在运用这一方法时应注意以下几点。

第一，营造平等、轻松的氛围，让幼儿大胆表述。

第二，避免对幼儿的表述进行好坏判断。

第三，展示要在幼儿自我探索与活动后进行，这样幼儿就有经验可分享，有成果可展示，也就有助于提高幼儿的自信心。

三、适于发展学前儿童社会行为的方法

（一）榜样示范法

榜样示范法是指在学前儿童社会教育中，教师用他人良好的行为、思想等去影响和教育幼儿，让幼儿自觉或不自觉地重复榜样的行为以培养社会生活中的行为或态度的方法。

榜样示范法源于幼儿的观察学习。“观察学习”这一概念由社会学习理论的创始人、美国著名的心理学家班杜拉提出。通过观察示范者的行为而习得行为的过程，被班杜拉称为“通过示范所进行的学习”。榜样是否具有魅力、是否拥有奖赏，榜样行为的复杂程度，榜样行为的结果以及榜样与观察者的人际关系都将影响观察者的行为表现。

观察学习者(或模仿者)是否能够经常表现出示范行为，要受到行为结果因素的影响。行为结果包括外部强化、自我强化和替代性强化。班杜拉把这三种强化作用看成是学习者再现示范行为的动机力量。如果学习者看到示范行为受到他人的奖励和赞赏或自己的模仿行为做出后受到奖励，这时正强化就会出现，会增强学习者做出示范行为的欲望，反之就会减少做出示范行为的欲望。“强化或调节”作用的发挥依赖于个体对奖、罚的态度。在这一过程中，教师应对良好的示范行为给予积极的态度与评价，产生积极的强化。对于不良的行为模式，教师则应设法抑制，把这种行为模式消除在内部表象转向外部行为的中介过程中。

观察模仿是学前儿童社会学习的基本方式之一。他们模仿的对象可以是现实生活中的真人真事，也可以是电视、图书中的虚构形象。学前儿童在模仿时具有很强的无意性，教师和家长应特别注意为学前儿童树立学习的榜样，避免错误的影响。学前儿童社会教育中，教师可以有目的有意识地利用学前儿童模仿学习的特点对其加以引导，运用榜样示范法帮助学前儿童习得正确的社会行为。

知识链接

口头劝说与行为示范（班杜拉）

班杜拉的一项实验研究，比较了口头劝说和行为示范对儿童利他行为的影响。实验是这样进行的：首先让小学三、四、五年级的儿童做一种滚木球游戏，作为奖励，他们在游戏中都得到了一些现金兑换券。然后，把这些儿童分成四组，每组有一个扮演一定角色的实验助手参与。

第一组里，助手扮演的角色是一个自私自利者，他向儿童宣传，要把好的东西留给自己，不必去救济他人，同时也带头不把得到的现金兑换券捐献出去。

第二组里，助手扮演一个好心肠的人，他向儿童宣传，自己得了好东西还要想到别人，并且带头把得到的兑换券捐献出去。

第三组里，助手扮演一个言行不一的人。他虽然嘴上说人人都应该为自己考虑，实际上却把兑换券放入了捐献箱。

第四组里，助手扮演的仍是一个言行不一的人。但与第三组中助手的做法相反，他口里说要把得到的兑换券捐献出来，实际上却没有这样做。

实验结果是第二、第三组捐献兑换券的儿童比第一组和第四组明显要多。这清楚地表明，劝说只能影响儿童的口头行为，对实际行为则没有多大影响；行为示范则对儿童的实际行为有非常显著的影响。①

教师在运用这一方法时应注意以下几点。

第一，榜样要真实可信、正面积极。榜样最好是幼儿崇拜的人物，同伴也是比较好的榜样对象。运用的榜样事例应该是儿童能够理解和接受的，要避免空洞的说教。日常生活中，教师也要注意自己的言行举止，避免给儿童造成错误的示范。

第二，对幼儿的模仿行为要及时强化。教师对幼儿的某一言行，不管是符合社会要求的还是不符合社会要求的，都要当即进行强化，这样才能使好的言行得到保持，不好的言行得以消除。

第三，强化要以鼓励为主，要因人、因事而异。过多的正强化容易使幼儿对表扬和奖励产生满不在乎和无所谓的心理状态，频繁的负强化则容易使幼儿产生消极情绪。因此，教师一定要把握好强化的分寸，做到适可而止。对于容易骄傲自满的幼儿，教师就要慎用表扬和奖励；而对于敏感内向的幼儿，就要以积极强化为主，慎用批评和惩罚。无论表扬鼓励还是批评惩罚都应该有针对性，对人不对事，坚决杜绝恐吓、辱骂与体罚儿童等现象发生。

拓展阅读

你知道表扬与鼓励的差异吗？

表扬是一种奖励，需要去争取，而鼓励是别人自愿给予的一种礼貌。表扬是针对成功而言的，它把行为与行为者同等对待，表达的是这样的含义：“你作为一个人的价值取决于你的行为。”

鼓励既可以给予成功的人，也可以给予失败的人；可以给予努力与进步的人，也可以给予根本没有进步的人。鼓励把行为与行为者区别开来，表达的是这样的含义：“一个人之所以有价值、有意义仅仅因为他是人，是否成功或达到要求并不决定他作为人的价值。”

---

① 边玉芳．学习即模仿——班杜拉的榜样学习实验[J]．中小学心理健康教育，2013(2)：35.

表扬使消极的孩子越努力受到的打击越大，让他们觉得自己从来不够优秀，以至放弃努力。鼓励则能激发孩子真正的自尊心，提高他们的自信心。

表2-17　表扬与鼓励的对比

表扬	鼓励
我真为你取得的成绩而骄傲。	这段时间你在学校里学到了许多东西，取得了这么好的成绩，我希望你能为自己感到骄傲。
这一整天你都是一个很听话的孩子。	你今天一直很合作，我很感谢你。
你打扫了自己的房间，妈妈真高兴。	我敢断定如果保持自己的房间整洁有序，你一定会感觉非常不错。

(二)角色扮演法

角色扮演法，是一种通过创设现实社会中的某些情境，让学前儿童扮演其中的社会角色，表现与这一角色相一致的且符合这一角色规范的社会行为，并在此过程中感受角色间的关系，感知和理解他人的感受，从而掌握自己扮演的角色所应遵循的社会行为规范和道德要求的教育方法。

角色扮演法能够促进学前儿童对社会角色的认识，提高学前儿童的亲社会行为水平，有利于学前儿童利他行为的产生，使学前儿童在轻松愉快之中掌握良好的社会行为习惯。

例如，某幼儿园幼儿在进行“老鼠嫁女”戏剧活动时，学习有关老鼠的传说故事——老鼠嫁女，并在这个故事的启发下，产生了他们的主题戏剧活动——“老鼠嫁女新说”，并将这一戏剧活动设计成了“道具制作篇”“征婚篇” “婚纱篇”和“宴客篇”等环节。幼儿在不同的角色扮演中，发展了他们的婚俗文化知识、动手操作技能以及社会交往能力。

教师运用这一方法时应注意以下几点。

第一，创设学前儿童熟悉了解的情境，让学前儿童扮演的角色必须是他们能理解的，要注重学前儿童在角色扮演中的人物情感体验。

例如，刚入园的小班幼儿，不习惯集体活动，哭着吵着要回家。教师可利用游戏角色诱导幼儿，启发正在哭的幼儿说：“你看，娃娃没人带她玩，你去当她妈妈，和她玩好不好，你再为她做点饭，喂喂她好吗?”这样就把幼儿引入角色，转移她的注意力。

第二，避免导演和分配角色，应充分调动学前儿童的主动性、积极性和创造性。

第三，不应让学前儿童扮演反面角色。如果必须有反面角色可以由教师充当，避免学前儿童在角色扮演过程中习得不好的行为技能。

在学前儿童还不能以真正的社会角色的身份去参与生活实践时，角色扮演，可以为学前儿童创造实践练习的机会，使学前儿童从中发展自己的社会情感体验，理解不同社会角色的分工，从而发展分享、合作、交流、协商等亲社会行为。

（三）行为练习法

行为练习法，是指教师在学前儿童社会教育过程中，组织儿童按照正确的社会行为规范参加各种活动，接受实际锻炼，以使儿童形成良好的社会行为习惯的方法。

行为练习法，源于20世纪50年代由英国的瑞文斯教授提出的行动学习法。行动学习法，强调“在同事的支持下”，即在多人的合作中共同完成学习任务。运用于幼儿社会教育中，就是让幼儿在与同伴的行动学习中，通过合作、分享、交往来完成社会学习的任务。幼儿社会教育的根本任务是培养儿童与人交往的基本能力，使其将来能很好地适应社会生活。

例如，“我是小小服务员”活动中，根据中班幼儿喜欢动手、喜欢自己干这一特点，设计了整理玩具、整理被褥等一系列活动。幼儿通过分类整理玩具、帮弟弟妹妹叠被子、管理自然角、饲养小动物以及分发餐具等实际操作活动，感知劳动的快乐，增进交往的能力，提高自理能力，培养自立精神。

学前儿童的社会学习具有反复性和实践性的特点，教师应该经常将一些规则和习惯反复强调，让学前儿童经常性地加以练习，让学前儿童通过自身活动获得积极的情感体验从而使这些良好的行为习惯巩固下来。

教师运用这一方法时应注意以下几点。

第一，要有明确的练习目标，提出具体要求。

第二，要调动幼儿练习的积极性，让幼儿体会到实践的快乐，达到练习的目的和效果。

第三，练习前要了解学前儿童已有的行为水平。

第四，行为练习的要求应前后一致，注意复习，通过不断的重复使学前儿童养成习惯。

第五，争取家长的配合。幼儿良好行为习惯的养成，是需要教师和家长共同努力才能实现的。

典型案例

整理小书包（大班）

一、活动目标

1. 学习整理书包的方法。

2. 能积极动手独立整理书包，乐于自己的事情自己做。

二、活动重难点

1. 重点：学习整理书包的方法。

2. 难点：能将同类的东西放在一起。

三、活动准备

1. 绘画用品：拉链袋、图画本、尼龙笔。

2. 食品：橘子、好丽友派、儿童奶、矿泉水。

3. 其他用品：衣服、纸巾、磁力板、图片、书包、音乐、课件。

四、活动形式：集体

五、活动过程

(一)导入引趣

1. 教师导入：今天，老师收到一封信，我们一起看看信里写了什么。(我们是儿童绘画大赛组委会，邀请幼儿园大班小朋友来参加我们的绘画大赛，地点是水上公园，时间为一天。)

2. 教师提问：小朋友想想要去参加绘画大赛需要准备哪些东西？跟你旁边的小朋友说说。

(二)幼儿自选物品

1. 出示幼儿园为小朋友准备的实物，并用物品图片帮助他们记忆这些实物。

2. 请小朋友开始自己取东西装书包。教师观察小朋友取物品和整理书包的情况，并与他们互动。

(三)总结整理方法

1. 教师请小朋友说说他们是怎样整理物品的，以及这样做的原因。

小朋友说出一种物品的整理方法，教师就通过多媒体课件出示一张图片，没说出来的请小朋友想想书包里还有什么东西，应该怎样放更方便取放。

2. 出示所有图片，引导幼儿说说有哪些整理物品的方法，教师用图片帮助幼儿归纳方法。

3. 小结：把同样用途的东西放在一起，取放时会很方便。

(四)再次整理书包

教师指导，帮助幼儿掌握方法。先整理好的幼儿可以和旁边的小朋友互相检查书包整理情况。

(五)游戏：看谁拿得快

1. 教师说出要从书包里取出的物品，看哪个孩子拿出来的速度最快。

2. 验证幼儿的整理方法是否正确，并帮助不会整理的幼儿改进方法。

3. 教师小结：今天我们小朋友自己找到了整理书包的好方法，是什么呀？

(1)同样用途的东西放在一起。

(2)经常用的东西放在上面，不常用的东西放在下面。

（六）结束

我们小朋友今天自己找到了这么多整理书包的好方法，以后再出去活动时就要自己的事情自己做，自己整理书包，不要让爸爸妈妈帮忙了。好，请小朋友背起你的小书包，伴着音乐到外面去做游戏吧！①

总之，学前儿童社会教育的方法有许多种，而且常常是不同的方法综合运用于不同的教育内容和不同的年龄阶段中。适于发展幼儿社会认知的方法有讲解演示法、谈话问答法、讨论分享法、观察访问法等；适于发展幼儿社会情感与态度的方法主要有情境体验法和价值澄清法；适于发展幼儿社会行为的方法则主要有榜样示范法、角色扮演法和行为练习法。

同样的教育内容，会根据不同年龄阶段儿童的发展水平，采取不同的教育方法。对小班幼儿，行为练习法和故事法运用较多，小班幼儿爱模仿，教师通过自己的行为去感染幼儿，效果会比较理想；基本不用讨论法，因为小班幼儿的语言能力还没有发展起来；角色扮演法在小班也很少用，因为小班幼儿自身的表现、表达和创造能力还不足以去完成独立扮演的任务。对中班幼儿使用的方法则比较丰富，几乎各种方法在中班都能得到很好的发挥，因为中班幼儿容易受到情景、环境和氛围的影响。大班的社会教育活动中，讨论法几乎是必用的。大班幼儿表达的欲望强烈，针对一个话题，他们能够产生很多不同意见和想法，这在角色扮演法的运用中表现得尤其明显。

“教育有法，而无定法”，这是教育方法的一个显著特点。幼儿社会教育方法的确定和选择，要依据社会教育的特点和规律，需要教师发挥教育机智进行艺术性的加工和改造。

任务回顾

任务	应知应会要点	学习应达到的程度
掌握学前儿童社会教育的方法	发展学前儿童社会认知的方法	☆☆☆☆☆
	发展学前儿童社会情感与态度的方法	☆☆☆☆☆
	发展学前儿童社会行为的教育方法	☆☆☆☆☆

思考与练习

1. 列表掌握《幼儿园教育指导纲要（试行）》和《3－6岁儿童学习与发展指南》中，关于不同年龄阶段学前儿童社会领域教育目标的规定。

2. 学前儿童社会教育内容确定的依据是什么？

① 资料来源：天津市河北区第一幼儿园，孙可菁.

3. 学前儿童社会教育活动的不同方法使用时的注意事项有哪些？

4. 指出《幼儿园教育指导纲要(试行)》中的社会教育总目标与《3－6 岁儿童学习与发展指南》中，学前儿童学习与发展目标的对应性。

	小班	中班	大班
学			
教			

拓展训练

活动一：制作一本有关自我的书。将自己的作品或搜集的数据剪辑，自行装订，绘制插图，设计封面、封底，编写目次、页码，等等。在做中学习、了解书籍的编排方式，学习书的构造、分类等相关知识，体会一本书诞生的不易。

作业要求：在格式上要求图书结构完整，在内容上要求图文并茂，页数不少于 10 页。上交时间为最后一次课。每人都要做。

活动二：了解节气的物候和习俗。二十四节气是我国劳动人民通过观察太阳周年运动，认知一年中时令、气候、物候等方面变化规律所形成的知识体系和社会实践。2016 年，“二十四节气”入选联合国教科文组织非物质文化遗产名录。请与家人一起了解、体验春季(或秋季)三个节气在家乡的习俗与风貌。作业格式可参考下表，对习俗体验的记录也可采取摄影或制作小视频的形式。

春天节气体验活动

班级：　　　　　姓名：

节气	地理方位	物候和习俗	习俗体验记录
春分			
清明			
谷雨			

活动三：小组合作完成校园(家乡)手绘地图。

作业要求：

①分组：每 5～6 人为一组，自愿组合。

②内容：介绍校园环境、社区街道、家乡建筑等。

③成果形式：载有文字、照片、图片等的校园(家乡、社区)手绘地图或海报。

④活动时间：4 周。

参考样例：

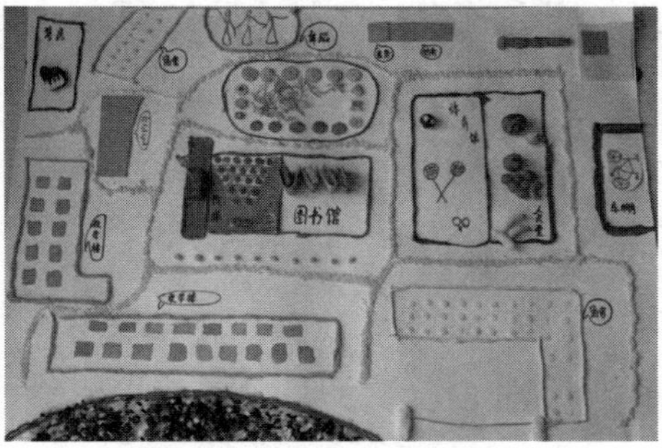

校园手绘地图　作者：周昆等

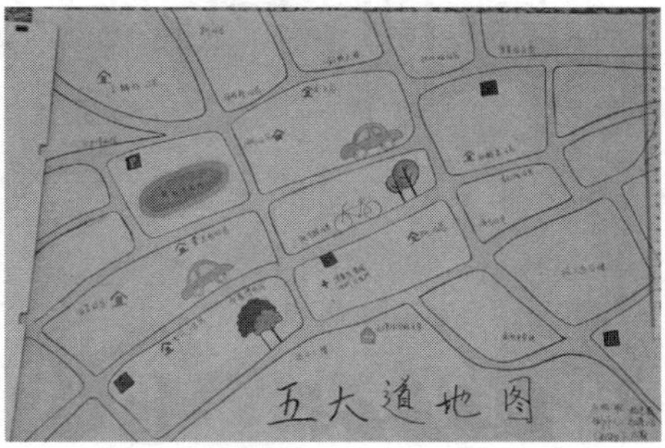

天津五大道手绘地图　作者：刘媛媛等

活动四：入园实践观察。要求观摩记录实习班级教师的社会活动教学过程，分析其中运用了哪些社会教育活动方法。

实习园所：	实习班级：	记录人：　　　　时间：
	活动环节记录	方法分析
导入		
活动 1		
活动 2		
活动 3		
小结		

学习反思

单元三
学前儿童社会教育活动的设计

学习目标

1. 领会学前儿童社会教育活动设计的重要性。
2. 了解学前儿童社会教育活动设计的要求。
3. 掌握学前儿童社会教育活动设计的步骤。
4. 掌握不同社会教育内容的活动设计。

案例导入

陈某某大学毕业后进入一家托幼机构工作。刚开始还怀着满腔热情的她，很快就被班上的小朋友来了一个“下马威”，工作情绪严重受挫。原来，这些小朋友特别调皮，教室里每天都吵闹成一团，她把大部分时间和精力都用来维持纪律，解决纠纷，根本无法开展正常的教育活动。很显然，班上小朋友严重缺乏社会教育：自我控制能力差，不能延迟满足；适应环境能力差，不会分享，不会合作……

问题：

如果你是这位教师，你会如何进行学前儿童社会教育活动？

任务一　理解学前儿童社会教育活动的设计要求

加涅认为，教学可以被看成是一系列精心安排的外部事件，这些经过设计的外部事件是为了支持学习者内部的学习过程。而“教学设计是一个系统化规划教学系统的过程。教学系统本身是对资源和程序做出有利于学习的安排。任何组织机构，如果其目的旨在开发人的才能均可以被包括在教学系统中。”①教学设计好比行程规划，若规划不好，要么寸步难行，要么多走弯路甚至是错路。

学前儿童社会教育是有目的有计划地对学前儿童进行社会教育的活动。学前儿童社会教育活动的设计，包括活动目标、活动准备及活动过程的设计等几个部分。学前儿童社会领域教育活动区别于其他各领域活动的重要特点是其渗透性与生成性，活动过程中学前儿童亲身参与而获得相关经验。因此，在设计学前儿童社会教育活动时应遵循以下要求。

一、学前儿童社会教育活动的目标要正确、明确

目标设计是为活动确定方向。教育的根本任务是立德树人。培养德智体美劳全面发展的社会主义建设者和接班人，是我国教育的根本目标。而学前教育则是要为实现根本目标做好奠基工作。

学前儿童社会教育活动的目标是由国家教育部颁布的学前儿童培养目标决定的，体现了教育的出发点和归宿。学前儿童社会教育活动的内容、方式以及结果的评价等都受到社会教育目标的制约，所以教师在设计社会教育活动时必须做到“心中有目标”。

学前儿童社会教育活动的目标主要有两层含义：一是指学前儿童社会教育活动的设计要遵循《纲要》中社会教育的总目标；二是指专门的学前儿童社会教育活动必须有具体明确的目标。

《纲要》中幼儿园社会教育的目标是，让学前儿童“能主动地参与各项活动，有自信心；乐意与人交往，学习互助、合作和分享，有同情心；理解并遵守日常生活中基本的社会行为规则；能努力做好力所能及的事，不怕困难，有初步的责任感；爱父母长辈、老师和同伴，爱集体、爱家乡、爱祖国。”要想实现这些幼儿园社会教育的总目标，必须将其具体分化到各个年龄阶段学前儿童的教育活动中去。

例如，总目标中提出“爱父母长辈、老师和同伴”的要求，教师只有将它转化成具

---

①　转引自：李晶晶，王琳发．教学设计的构建与生成[M]．北京：教育科学出版社，2013：44.

体的活动目标才能落实，不同年龄班对这个目标的达成程度是不同的。

对小班学前儿童可以组织“我爱我的妈妈”“我爱我的爸爸”等社会教育活动；对中班学前儿童可以组织“老师，我爱你”“我的好朋友是……”等社会教育活动；对大班学前儿童可以在特殊的节日组织主题活动，如“三八”妇女节时组织大班学前儿童用绘画、手工等方式制作礼物送给妈妈。

二、学前儿童社会教育活动的内容要来源于一日生活

内容设计是学前儿童社会教育活动设计的核心环节。

社会教育要追随学前儿童的生活和经验，凡是学前儿童需要的、感兴趣的内容，尤其是随时随地在他们生活和学习过程中产生的，他们急于想知道或解决的问题，如“男孩和女孩的区别是什么?”“小伙伴为什么不喜欢和我玩?”等，都应被及时地纳入到社会教育活动中来。在这样的活动中，学前儿童的经验会受到真正的重视，学前儿童的学习与他们的真实生活紧密地联系在一起。当社会教育活动的主题为学前儿童所喜欢、感兴趣时，学前儿童就会调动全部的智慧、情感和意志去研究探索、发现尝试，并有效适应外部环境，构建新的认知，从而形成新的交往技能与社会品质。

因此，在设计社会教育活动时，教师应首先考虑活动的内容是否来源于学前儿童的生活，是否是学前儿童在生活中常见的或曾经经历过并且留下深刻印象的事物和现象。除了发生在幼儿园、家庭中的典型事件，还应考虑当下社会和媒体普遍关注同时又对学前儿童产生重大影响的社会事件或庆典活动，如汶川大地震、抗击疫情、北京奥运会等，都是可以供学前儿童社会学习的活“教材”。

三、学前儿童社会教育活动的途径与方法要注重实践与体验

途径与方法是确保学前儿童社会教育活动得以顺利完成的桥梁。

学前儿童的学习是以直接经验为基础，在游戏和日常生活中进行的。所以，要重视游戏活动和生活实践的独特价值，创设丰富的教育实践环境，最大限度地支持和满足学前儿童通过直接感知、实际操作和亲身体验获取经验的需要，而不采取“揠苗助长”式的超前教育和强化训练。

因此，在学前儿童由“自然人”向“社会人”过渡的过程中，社会认知、社会规范、社会情感、社会行为技能的形成都不能单靠外界的灌输教育，必须由他们自己在活动和交往中亲身感受和体验。在与周围的人、事、物相互作用的过程中，学前儿童逐步形成对社会行为规范的认识，不断熏陶自己的社会道德情感，最终养成良好的社会行为习惯。

例如，要让学前儿童知道排队的作用，单靠教师讲解并不能取得好的效果，应该通过教师精心设计、组织的活动，让学前儿童亲身体会、感受排队给每一个小朋友带

来的好处，即每个孩子不用挤、不用抢，都可以通过排队，轮流玩到自己想玩的游戏。要让学前儿童在亲身参与的活动中真实地感受到排队能使效率提高，而且更加安全，从而培养学前儿童基本的规则意识。

贯彻这一要求时，教师应注意以下几个问题：

（一）为学前儿童提供充足的活动材料，保证活动的场地和空间

在活动准备时，尽量提供充足的活动材料，减少因为材料数量不足而引起学前儿童间争执纠纷，扰乱活动秩序这种情形的发生。在活动过程中，教师应合理利用空间，布置场地，尽量还原现实生活中的真实场景，从而让学前儿童在活动中唤起日常生活中的体验，并利用生活经验来解决活动中遇到的问题。

（二）为学前儿童创设活动的机会和时间，使他们得到充分的情感体验

学前儿童社会教育中的主体是学前儿童，教师不能因为赶进度、赶时间就一味地运用灌输的方式。教师必须为学前儿童提供活动的机会，保证学前儿童活动的时间。只有让学前儿童有充足的时间和机会参与各种实践活动，才可能使他们逐渐对社会认知达到理解的程度，才能引起他们社会情感上的共鸣，最终将这种共鸣转化成为自觉的社会行为。

（三）激发学前儿童活动的动机，保证活动的效果

学前儿童在社会教育活动中常常因为缺乏相关的经验而显得茫然不知所措，教师应该适当地加以引导。教师在进行活动设计时，各个环节都要充分考虑到学前儿童社会教育活动的目标，在学前儿童需要的时候提供帮助和引导，以使学前儿童保持对活动的兴趣，主动地参与活动，从而真正体验到活动的快乐。

四、学前儿童社会教育活动的对象要兼顾全体与个体

学前儿童社会教育活动的对象是全体学前儿童，因此活动的目标是使全体学前儿童在原有社会性发展水平上有所提高。同时，每个学前儿童的发展水平又是有所差异的，因此还要兼顾因材施教的原则。

例如，要使学前儿童学会主动、自如地使用文明礼貌用语，可以设计两个目标：一个是基本目标，即让学前儿童掌握“你好、谢谢、对不起”这组礼貌用语；另一个是较高要求目标，即让学有余力的学前儿童能够正确地运用这些礼貌用语。提出两个程度略有差异的目标，目的就是既面向全体学前儿童，又照顾个别学前儿童的能力，真正做到面向全体与因材施教相结合。

贯彻这一原则时，教师必须了解自己任教的托幼机构中大部分儿童的特点，尤其是

自己任教的班级里每位小朋友的特点，避免发生“五个手指拉成一样齐”的现象。尊重每个学前儿童的个体差异，要求教师在设计活动时，既要提出活动的基本目标，又要考虑社会性发展水平较高和较低这两部分学前儿童的需要，将目标分出不同的层次。

五、学前儿童社会教育活动的资源要有机整合

在学前儿童社会教育活动的资源上，要注意整合与丰富。整合性原则包括两个方面，一是在进行社会教育活动设计时，要考虑学前儿童的社会认知、社会情感、社会行为三个方面的发展水平，将三者有机地融入教育活动中。二是设计学前儿童社会教育活动时，既考虑托幼机构中各种教育因素的影响，同时还要考虑家庭和社区在学前儿童社会性发展中的作用，充分调动家长的积极性，发挥社会教育资源的优势，三者形成合力，使学前儿童社会教育取得事半功倍的效果。

总之，通过社会教育活动设计，教师能够从整体上把握社会教育活动的基本过程，可以根据活动情境的需要和活动对象的特点确定科学合理的社会活动教育目标，选择适宜的教育方法、教育策略，采用有效的教育手段，创设良好的教育环境，实施可行的评价方案，从而保证学前儿童社会教育活动的顺利进行。另外，通过社会教育活动设计，教师还可以有效地掌握学前儿童的初始状态和活动后的状态，从而及时调整教育策略、方法，采取必要的教育措施，为下一阶段的教育活动奠定良好基础。从这个意义上说，活动设计是社会教育活动得以顺利进行的基本保证。好的活动设计可以为社会教育活动提供科学的行动纲领，使教师在学前儿童社会教育工作中事半功倍，取得良好的教育效果。

任务回顾

任务	应知应会要点	学习应达到的程度
理解学前儿童社会教育活动设计要求	社会教育活动的目标要正确、明确	☆☆☆☆
	社会教育活动的内容要来源于一日生活	☆☆☆☆
	社会教育活动的途径与方法要注重实践与体验	☆☆☆☆
	社会教育活动的对象要兼顾全体与个体	☆☆☆☆
	社会教育活动的资源要有机整合	☆☆☆☆

任务二　掌握学前儿童社会教育活动设计的步骤

在实际的教育实践中，学前儿童社会教育活动有多种形式。例如，专门教育活

动、游戏、其他学科渗透、一日生活渗透，等等。社会教育活动的形式不同，其设计思路、步骤也就大不相同。本任务旨在让学前教育专业学生掌握专门的社会教育活动设计步骤，因此对它加以详细的介绍。

一、选择活动主题

一个社会教育活动在确定之初，应当先列出活动的主题，以及选择相应活动内容的理由、依据。如果活动内容比较多，需要通过一个主题单元来完成，那就需要确定主题单元的名称，以及完成这一主题单元大体需要的时间。这样，才可以清晰地判断这一主题的内容选择是否科学、必要，所占教学课时是否适当、合理等。

学前儿童社会教育活动主题的选择，主要有以下三种方法。

(一)根据学前儿童的现实生活以及相关问题生成主题

学前儿童社会教育活动主题来源于现实生活和环境，因此主题的选择应既贴近学前儿童的生活，又有助于拓展学前儿童的经验，注重综合性、趣味性，寓教育于生活、游戏之中。让学前儿童在自己的生活世界里学习、探索，从而让他们真正度过快乐而有意义的童年，得以健康地成长。例如，班里的某位小朋友生病了，老师可以借机组织一次探望病人或打电话慰问的活动，使学前儿童体会到同伴之间相互关爱的情感。同时，还要针对学前儿童发展中出现的典型问题，及时、灵活地确定主题，选择社会教育内容。这样，才会取得比较好的教育效果。

(二)根据社会热点问题生成活动主题

例如，“天宫一号”发射成功时，老师可以组织学前儿童收集相关资料，收看新闻等，以此增强学前儿童的民族自豪感和爱国热情。再如，汶川大地震发生后，可以借助这个重大的灾难性事件，开展学前儿童地震自救知识教育，也可以组织学前儿童给灾区儿童捐书、捐玩具等献爱心活动。这些都是学前儿童社会教育活动生成的良好契机。

(三)根据《纲要》与《指南》来确定活动主题

例如，《纲要》与《指南》中都有关于培养儿童的积极自我意识的内容，那么就可以从中挖掘出诸如“我是女孩(男孩)” “我的爱好”“我爱我自己”等的主题活动。

二、确定主题单元活动目标

活动目标的确定是活动设计的重要环节，因为活动目标会影响到整个教育活动的方向，对教师在教育活动中的言语、行为起到指引作用，对活动结束后的反思与评价起到指标作用。因此，教师在确定活动目标时应注意以下五点。

（一）以学前儿童的现有发展水平为立足点来确定目标

要制订主题活动的目标，教师必须了解幼儿的原有经验与当前发展需要，立足于幼儿的现有发展水平。目标过高容易使幼儿遭受不必要的挫折，降低学习的积极性；目标过低又容易使幼儿盲目自信，自尊心过强。因此，教师在设计主题目标时要具体分析幼儿的认知水平、知识经验和发展需要与活动主题的关系，根据幼儿的最近发展区制订适宜的主题发展目标。

（二）活动目标应该全面、准确、具体

主题活动的目标应涵盖幼儿发展的多个领域与多种心理层面，如认知、情感和社会性发展以及技能能力方面。同样，活动内容要考虑不同年龄阶段幼儿的认知水平与经验，以准确把握幼儿的发展目标。为更好地表述主题目标，我们常常采用行为目标的表述方式，如使用“学习、练习、感受、喜欢、运用”等动词来表述目标。

例如，幼儿园中班“我的家”活动的主题目标可以是：

①认识房子的种类与结构（认知）；

②分享在家里所做的事情（认知）；

③学习家庭成员的角色与关系（认知）；

④体验家庭生活的乐趣（情感）；

⑤体会家人相互关心照顾的重要（情感）；

⑥练习运用艺术素材进行创作（技能）；

⑦建立良好的生活习惯（技能）；

⑧表达对家人的喜爱与感谢（技能）。

（三）学会分解学前儿童社会发展目标

分解目标时应把握两个角度：第一，从时间角度看，教师可以将学前儿童社会教育活动目标，逐渐具体化为学年目标、学期目标、月目标、周目标、日目标以及具体活动的目标。具体活动的目标应该与幼儿园社会领域教育的总目标、各年龄阶段目标相一致。第二，从教育范围角度看，可以将学前儿童社会教育活动目标，具体化为班级目标、小组目标和学前儿童个体发展目标。

（四）注意目标的连续性和一致性以及与其他领域发展目标的联系

教育目标要与学前儿童发展的规律紧密联系，注意学前儿童发展的连续性和阶段性。要将目标指导教育过程的意识贯穿于幼儿园的各种活动中，使社会领域的教育目

标渗透到其他领域的活动中去；同时，还要注意教育目标在时间上的一贯联系。

(五)具体活动的目标应该与社会领域教育的总目标、各年龄阶段目标相一致

为确保实现幼儿园社会领域教育总目标，教师一定要结合本班学前儿童的实际发展水平、兴趣需要等个性特点，将社会领域教育总目标逐层分解，最终落实到学前儿童在不同阶段的不同具体活动中去。

三、形成主题单元活动网络

活动目标确定后，还要简单拟定主题单元活动网络。教师要考虑组成主题单元的系列教育活动具体有哪些，主要内容是什么，每个活动可能有助于实现哪些单元总目标，等等。如果总目标中的某些条目没有对应的活动，就必须考虑增加相应的内容。教师在实际操作中应当注意：一是活动内容的选择一定要紧紧围绕活动的目标进行，因为活动目标是选择活动内容的重要依据；二是活动内容要贴近学前儿童的生活，根据学前儿童社会性发展的已有水平以及存在的问题选择活动内容。

在设计具体的社会教育活动时，教师可以根据本班学前儿童感兴趣的社会领域的内容来制订活动目标，设计社会教育活动；也可以先确定教育目标，根据目标来挖掘生活中的相关社会教育内容。下面就以“筷子”主题社会教育活动总目标的确定为例，用主题网络的形式呈现如何分解目标(见图3-1)：

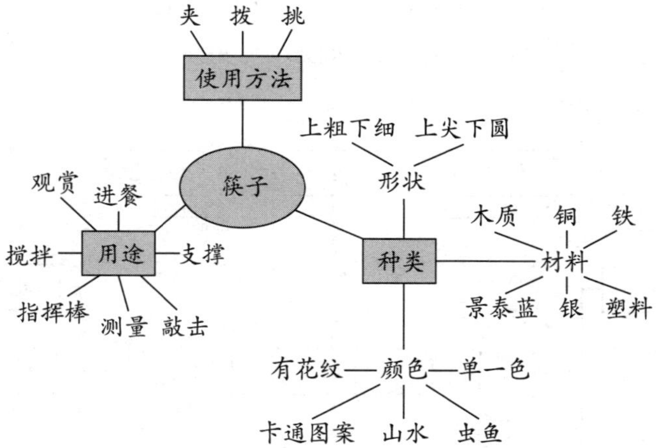

图3-1 “筷子”主题社会教育活动网络

主题单元活动纲要有不同的形式。例如，依据主题的内涵生成的主题网络，可有以下两种形式(见图3-2、图3-3)。①

① 资料来源：台湾地区台北教师研修中心，许明珠.

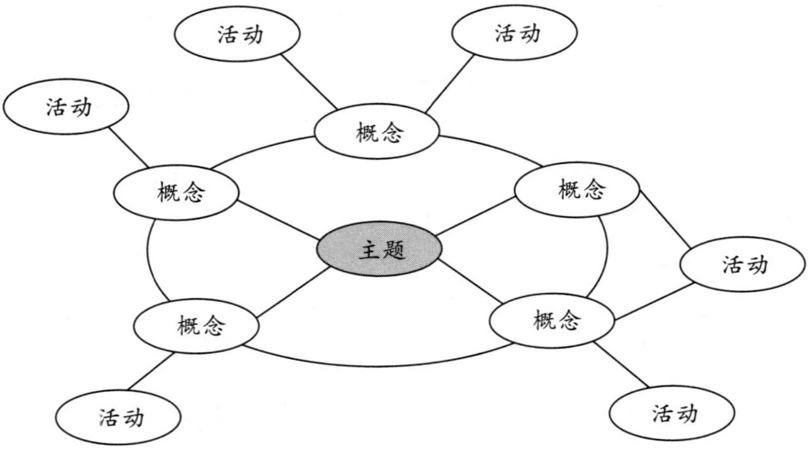

图3-2　依据主题内涵生成的主题网络(一)

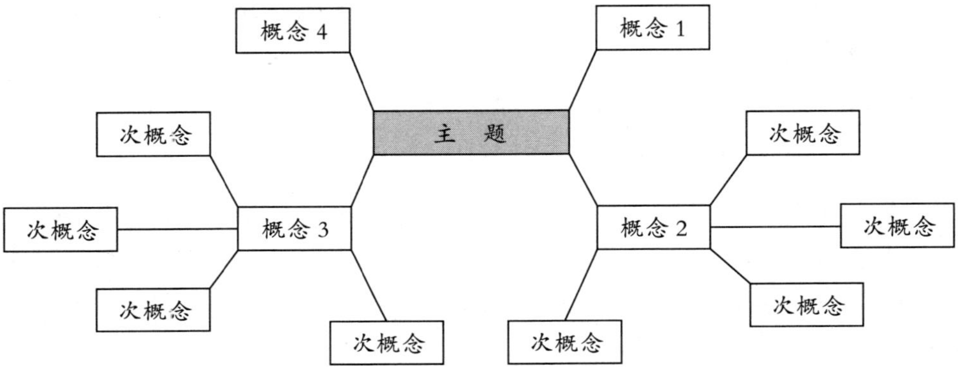

图3-3　依据主题内涵生成的主题网络(二)

根据主题内涵所包含的概念生成主题网络，如“常吃的食物”这一主题网络就是这样生成的(见图3-4、图3-5)。

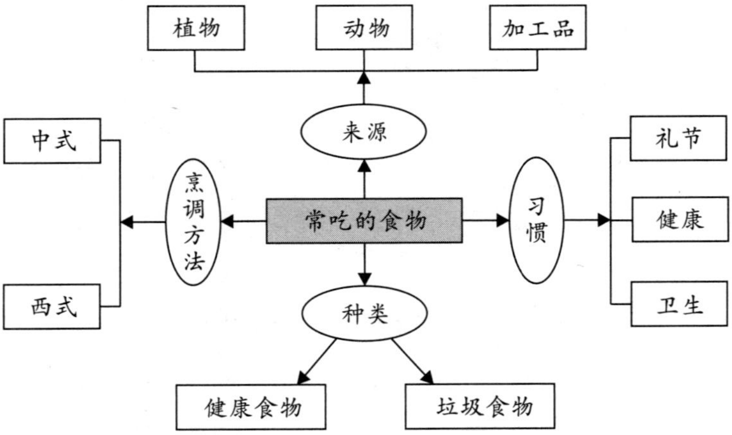

图3-4　根据主概念生成的一级网络

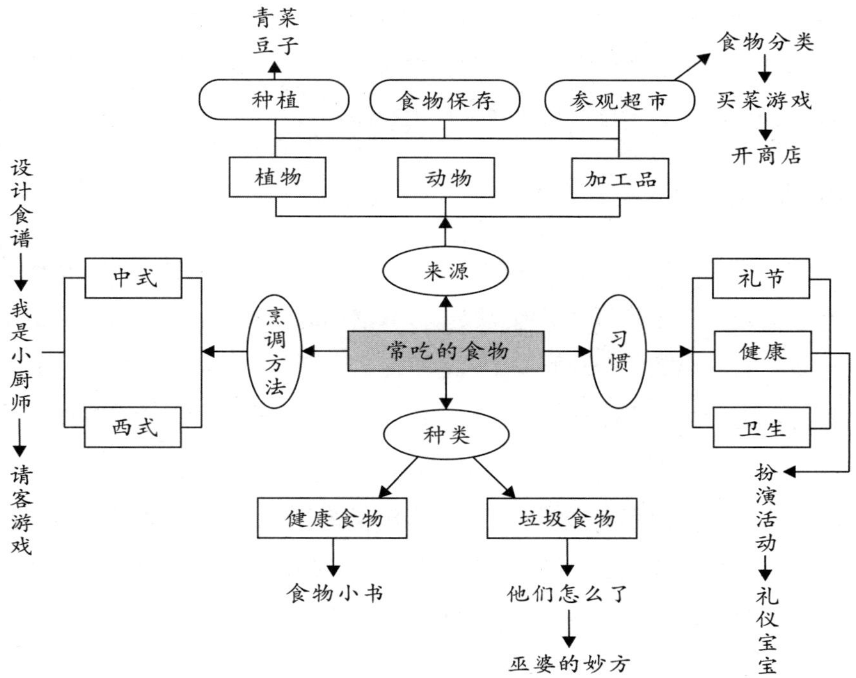

图3-5　根据次概念生成的二级网络

还有的主题网络是按照事物发展的进程而生成的，这样的主题网络通常适合一些有关节日或突发事件的小主题。例如，以新年为主题的活动可按照认识新年、迎新年和庆新年的顺序来进行。

同时，还有的主题网络根据社会教育的基本要素进行架构。按照引发认知—情感体验—实践尝试—经验积累—情境迁移的逻辑顺序来展开主题。例如，围绕“团结友爱好朋友”这一主题而开展的“团结友爱的三只蝴蝶”“我给朋友照张相”“美丽的朋友花”和“交朋友办法多”等活动就是按照这一主题网络生成方式构思的。

四、利用各种教育资源

因地制宜地利用周围的各种资源开展学前儿童社会教育活动，不仅是家庭与幼儿园合作的需要，也是低碳环保教育理念的需要。这些教育资源包括家庭、社区、环境创设等，如家长的配合与支持，可以大大减轻学前儿童教师的工作负担，并提高教育效果；社区资源的利用，可以是参观社区的有关设施，或参加社区的有关活动；环境创设更多的是使幼儿园内或班级活动室的环境布置与当时的社会教育活动内容一致，以提高教育效果。

五、设计具体活动方案

学前儿童社会教育活动方案与其他领域教育活动方案一样，一般都包括活动名称、活动目标、活动准备、活动过程、活动延伸以及活动方案评价等几大部分。但是，在设计学前儿童社会教育活动时，应该注意突出以下两个特点：一是活动目标上，注意从学前儿童实际生活、实际需要出发，使学前儿童能够学以致用；二是活动过程中，注重行为的模仿和练习巩固，多采用情景化教学和实践性练习。

(一)活动名称

活动名称，就是一次社会教育活动的名字。活动名称一要符合学前儿童的认知水平和特点，新颖有趣；二要简单明了地反映出教育活动的主要目的与内容，具体形象。同时，由于学前儿童社会教育活动的具体内容更侧重于学前儿童的实际生活，教育目标也更注重实践性和应用性，所以社会教育活动的名称往往以告诉学前儿童具体做法的形式出现。

例如，一个活动的内容是介绍如何去别人家里做客，目标是学前儿童掌握基本的做客礼貌、礼仪等，那么该活动就可以命名为“学做小客人”。这既符合学前儿童的年龄特点，生动活泼，易于理解；又突出了活动的主要目的和内容——学习如何做小客人。

(二)活动目标

活动目标，是一次社会教育活动所要达到的目的。活动目标的内容应包括获得社会认知和行为方式(知识维度)，形成积极的社会情感(情感维度)，提高适应和参与社会生活的能力(能力维度)三个方面。

活动目标在书面表达上应注意几个问题：

1. 目标表述要简明、清楚

活动目标的重点应放在学前儿童社会情感的发展上，要用特定的术语描述学前儿童在活动前后的变化。

以“交通标志作用大”活动为例，其活动目标可以分为三个方面。首先是学前儿童社会认知方面：认识常见的交通标志，知道它们所代表的意义并能设计一些简单的标志。其次是社会情感方面：学前儿童勇于表达自己的想法。最后是社会行为技能方面：具备一定的遵守交通规则的意识。

2. 目标的表述方式要统一

以小托班社会教育活动“我们都是好朋友”为例，其活动目标一是大家相互介绍自己的特点、爱好等，增进小伙伴之间的了解和好感；二是激发全班小朋友主动交往、相互学习的欲望，增进班级的凝聚力。其中，前者的行为主体是学前儿童，因此它是学前儿童的发展目标；后者的行为主体是教师，因此它是教师的教育目标，这就出现了目标表述的不一致问题。为了目标表述方式的统一，可以修改如下(见表3-1)。

表3-1 “我们都是好朋友”活动目标

从教师教育的角度出发	从学前儿童发展的角度出发
(1)让学前儿童相互介绍自己，以增进全班学前儿童之间的相互了解与好感。	(1)大家相互介绍自己的特点、爱好等，增进小伙伴之间的了解和好感。
(2)激发学前儿童之间相互交流和相互学习的意识，增进班集体的凝聚力。	(2)产生主动跟小伙伴交流和学习的愿望，把自己融进班级大集体中。

(三)活动准备

活动准备，包括物质方面的准备和知识经验方面的准备。物质方面的准备包括教具的准备、环境的布置与创设以及幼儿操作材料的准备等，如多媒体设备、挂图、音像资料等；知识经验方面的准备包括对教育活动内容的相关经验的准备等。

例如，“我们的国旗”的活动准备：

①物质准备：一面国旗，有关升国旗仪式的文字资料、图片或录像。

②知识经验准备：幼儿事先已有参加升旗仪式的经验。

再如，“我的爸爸妈妈”的活动准备：

①物质准备：两幅与教育活动内容相关的挂图，录音机及磁带，图画纸和画笔，每个学前儿童准备一张爸爸妈妈的照片或全家福照片。

②知识经验准备：提前布置作业，要求学前儿童回家观察爸爸妈妈的日常活动。

这里要注意的是多媒体设备与相关材料的准备。一方面要确定设备可用，多媒体是信息传递的手段，为防止活动中出现突发情况，如设备出现故障不能使用，还应当在准备活动中设计好变通方案；另一方面要确保借助多媒体传递的信息与教育活动密切相关，并且多媒体不能喧宾夺主，传递信息的主要媒介还是教师。

(四)活动过程

活动过程一般包括导入部分、展开部分、结束部分三个环节。

1. 导入部分

活动的导入部分，其作用一般在于吸引学前儿童的注意力，抓住学前儿童的兴趣，营造良好的活动氛围。导入部分虽然占用时间很短，但却直接关系到学前儿童是否对活动感兴趣，是否愿意积极参与到活动中去。一般来说，活动的导入部分有以下几种常见的形式。

第一，设疑导入(猜一猜)。疑问可以由教师直接提出，也可以通过谜语、儿歌的形式间接提出。

第二，图示导入（看一看)。教师可以利用彩图、标本或多媒体课件来引出活动，若是能出示实物或模型，就更加形象具体了。

第三，故事导入（听一听）。让学前儿童听一段短小的故事，启发思考，联想到活动的主题，从而自然地引出活动。

第四，情境表演（看一看）。创设一定的情境或利用情境来进行模拟表演，把学前儿童带入到教育活动中来。

第五，游戏导入（玩一玩）。通过一个简单有趣的游戏，由其中渗透的社会教育内容而引出正式活动。

导入部分的注意事项主要有以下两点。

第一，对于学前儿童较为陌生的社会事物，教师应以生动鲜活的社会现象导入，以图片或视频等多媒体手段将学前儿童引入特定的社会教育情境，引导学前儿童进行观察和思考，从而激发学前儿童的学习兴趣。

第二，对于学前儿童较为熟悉的社会事物，或由学前儿童自主引发的非常感兴趣的话题或活动，教师则可以通过简单的语言引导，直接导入活动主题，开始活动过程。

2. 展开部分

活动的展开部分是整个社会教育活动的主体环节和核心部分，它承载着社会教育活动目标的展开与实现。这一部分的核心任务是教师要以多种形式吸引学前儿童参与活动并深入活动，调动学前儿童的各种感官，使学前儿童积极动脑、动口和动手，让学前儿童成为活动的真正主角。

教师在活动方案的书写中要着重写明以下几点：如何引导学前儿童积极主动地参与到活动中来，如何具体落实活动的目标，如何发展学前儿童相应的社会行为技能。展开部分通常可以分“想一想”“议一议”“做一做”三个阶段进行。

第一阶段，想一想。教师面向全体学前儿童，综合运用讲解、演示、游戏等多种方式，启发学前儿童思考。

第二阶段，议一议。在教师的引导下，学前儿童通过小组讨论发现问题，寻找规律，商讨解决问题的办法，并让学前儿童进行个别发言。

第三阶段，做一做。在教师的组织下，创设一定的生活场景，让学前儿童进行实践练习，掌握实际的社会性技能技巧。

展开部分在设计的时候要注意选择恰当的方法与途径，因为不同的教育内容和目标所适合的教育方法与途径是不同的(见表3-2)。

表3-2　不同的教育方法与途径

内容与目标	方法	途径
社会认知	讲解演示法　讨论分享法　观察访问法	专门的社会教育活动 环境渗透及其他领域渗透 随机教育 家、园、社区一体
社会情感	情境体验法　价值澄清法(大班)	
社会行为	角色扮演法　行为训练法　榜样示范法	

3. 结束部分

在活动的结束部分，教师应注意引导学前儿童对活动中获得的经验进行归纳，分享情感体验，以深化活动的效果。教师和学前儿童应共同对活动进行小结，具体结束形式可以是语言总结、作品展示、教师布置任务等。

(五)活动延伸

活动延伸是社会教育活动的延续。活动延伸不仅是为了使活动设计在形式上显得更加完美，而且是为了更加有效地巩固已有的经验，从而为下一次活动奠定良好的基础。可以将活动延伸至活动区，也可以延伸至一日生活各环节，还可以将延伸活动和家庭教育有机结合起来。

(六)活动方案评价

在活动结束后，教师需要进一步对整个活动设计方案、活动过程及活动效果进行思考和自我评价，以利于不断反省与提高。活动评价一般有两种形式，一种是采用文字叙述的形式，直接对活动的情况进行评价和分析；另一种是采用表格的形式。表格一般都是事先设计并打印好的，教师在每次活动之后进行填写即可。

下面两个表格，可以分别作为单元活动和具体活动的评价参照(见表3-3、表3-4)。

表3-3　单元活动的评价参照

单元活动名称：		班级：	
项目	内容	是	否
主题	是否符合学前儿童的兴趣与需要		
	是否包含多方面的教育价值		
	是否涉及各个学习领域		
	是否具有可行性		
目标	是否符合学前儿童社会教育的目的和课程总目标		
	是否符合学前儿童的发展水平		
	是否涵盖认知、情感态度、动作技能三大教育目标领域		
	单元目标与具体活动的目标是否吻合		
内容	是否与目标对应		
	是否符合学前儿童的发展程度(难易度)		
	是否符合学前儿童的兴趣与需求		
	是否涵盖主要课程领域		
	是否动静态的活动均有所涉及		
	是否注意到季节性与地方性		

续表

单元活动名称：　　　　　　　　　　　班级：			
项目	内容	是	否
	是否注意到文化的传承与传播		
	是否存在歧视性倾向(性别、文化、阶层、种族等)		
方法	是否能充分反映内容的特质		
	是否符合学前儿童的学习方式和特点		
	活动流程的转换是否合宜		
	教具或其他教育资源的使用是否合宜		
	对活动过程中可能出现的问题是否有所准备		

表3-4　具体活动的评价参照

项目	内容	是	否
目标	制订是否合理		
教具	准备是否充分		
	是否恰当		
活动主题	活动主题的引出是否自然		
	是否巧妙地激发学前儿童兴趣		
环节设计	是否为实现目标而服务		
	是否循序渐进，环环相扣		
	是否突出重点，突破难点		
总结	是否紧扣活动目标，提升学前儿童的知识经验		
	是否引导学前儿童积极参与，做到师幼共同总结		
评价	活动目标是否实现		
	师幼互动是否融洽		
	是否引导学前儿童积极主动思考		

需要说明的是，之所以采用表格的方式，是为了对所评价的项目做到一目了然。但是大多数情况下，幼儿园教师还是习惯采用文字叙述的方式对活动过程进行逐一的评价分析。在幼儿园教育实践中，教师采用哪种方式进行活动评价，由教师根据实际需要以及自己的能力和水平确定。在下面列举的教育活动设计案例中，主要采用的还是文字叙述式的评析方式。

典型案例

环保小达人(大班主题活动)

一、主题来源

保护生态环境是全人类面临的共同课题。我们要秉持人类命运共同体的理念，尊重自然、保护自然，建设人与自然和谐共生的美丽家园。孩子是祖国的未来，是21世纪的主人，对孩子进行环保教育，增强他们的生态保护意识，意义重大而深远。从小培养幼儿的环境保护意识是我们教师义不容辞的责任。我想，何不开展一次环保月活动呢？通过丰富有趣的环保课堂，增强幼儿的环保意识，强化幼儿爱护、保护地球的行为，使幼儿从小养成环保习惯，并以此带动整个家庭环保，共同关爱我们的地球家园。所以我开展了此次“环保小达人”活动，希望小朋友能够树立环保意识，养成环保的好习惯。

二、活动目标

1. 让孩子根据废旧物品各自的特性，制作出生活、学习的有用物品。

2. 培养孩子的环保意识，让他们清楚地认识到保护环境人人有责以及保护环境能给我们的生活、学习带来许多好处。

3. 让孩子感受与别人合作的快乐，懂得与人协作的生活意义，从而明白在集体生活中学习的快乐。

4. 学会赏识自己，让孩子树立只要肯动脑筋就能制作出精美物品的自信心。

三、主题网络图

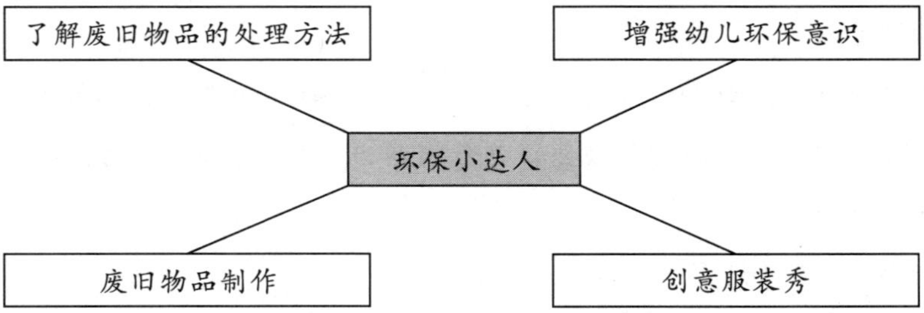

图3-6 “环保小达人”主题网络图

四、教育资源的利用

1. 利用废旧物品，制作属于自己的小玩具。

2. 家园共育，培养幼儿环保行为。

3. 利用图片，引导幼儿认识受污染的环境。

五、教育环境的创设

1. 教师和幼儿共同制作的环保服装的展示。

2. 主题墙饰：环保玩具作品、环保图片等。

六、教育活动方案

活动一：垃圾箱中的宝贝

活动二：创意服装秀

七、主题分析

“垃圾箱中的宝贝”这一主题是针对在平时生活、学习中，有很多物品在我们用完后就被遗弃了这一现象提出的。因为这种现象既影响人们的生活、学习，又有碍环境的美化和保护，甚至还会给人们的生活带来许多麻烦……为了减少废旧物品给人们的生活学习带来的不必要麻烦，减少环境的污染等，设计主题活动，力图让学前儿童在活动中发挥自己的聪明才智，重新认识废旧物品的价值并合理利用废旧物品，让废旧物品变成我们生活、学习中的有用物品。

创意服装秀(具体活动设计案例)

一、活动目标

1. 运用绘画方法设计简单的服装，如坎肩、裙子等。

2. 根据废旧材料的特点，运用剪、粘、拼接等方法设计制作服装。

二、活动准备

1. 各种废旧材料，如报纸、挂历纸、包装袋、塑料袋等；剪刀、胶水、双面胶、订书机；时装表演的视频。

2. 请家长与幼儿一起观察生活中人们的服装，帮助幼儿积累一定的生活经验。

3. 教师事先用废旧材料制作的服装样品 2～3 件。

4. 时装表演的音乐磁带、录音机。

三、活动过程

(一)活动导入

带幼儿进活动室。教师谈话导入：小朋友们，知道老师带你们到这儿来干什么吗？老师要带你们看一场精彩的演出，是什么演出等会儿你们看了就知道了。

(二)活动展开

1. 看视频“儿童时装秀”

幼儿欣赏完，教师提问：这些非常漂亮的服装都是用什么设计的啊？(报纸、塑料袋、挂历等)小朋友们都非常棒，看得也非常仔细。那小朋友们想不想亲自动手给自己也设计一件这样的服装啊？(想)

2. 服装设计

(1)教师展示服装样品

星星幼儿园的小朋友们想去参加时装秀，想请我们小朋友帮他们设计服装，小朋友们愿不愿意帮忙啊？(愿意)我们班小朋友可真是乐于助人的好孩子。瞧！老师带来了自己设计的服装，请我们班的小朋友也设计一件服装送给他们，好不好？(好)

(2)设计服装

教师分发废旧物品(报纸、挂历、彩色的包装袋、塑料袋、剪刀、双面胶等)，并提醒幼儿在操作过程中注意安全。

幼儿操作，教师巡回指导。

(3)时装表演秀

展示制作的服装，比一比谁制作的服装最漂亮。

(三)结束

幼儿穿上自己制作的环保时装跟着音乐节拍进行表演，看谁的时装最美。①

任务回顾

任务	应知应会要点	学习应达到的程度
掌握学前儿童社会教育活动设计的步骤	活动主题的选择	☆☆☆☆☆
	主题单元活动目标的确定	☆☆☆☆☆
	主题单元活动网络的形成	☆☆☆☆☆
	各种教育资源的利用	☆☆☆☆☆
	具体活动方案的设计	☆☆☆☆☆

任务三　掌握不同学前儿童社会教育活动的设计

学前儿童社会教育的内容从教育学的角度可划分为自我意识、人际交往、社会环境、社会规范和社会文化五个方面，前文已经详细介绍，这里不做赘述。本任务主要从活动设计的角度入手，对不同社会教育活动的设计进行具体解释。

一、学前儿童自我意识教育活动的设计

各年龄段学前儿童不同的回答水平，显示了他们不同的自我意识发展水平。在自我意识迅速发展的学前阶段，该如何在幼儿园中进行学前儿童自我意识的教育活动，不断促进学前儿童自我意识水平的提高呢?

(一)准确把握自我意识教育活动的目标与内容

自我意识的内容主要包括自我认识、自我体验和自我控制。学前儿童的自我认识能力还较差，教师必须在活动中对学前儿童做出适当的评价，过高或过低的评价对学前儿童的发展都是有害的。学前儿童的自我体验中最值得重视的是自尊，在活动设计

① 资料来源：天津市河西区青少年宫，郭焕.

与实施中，一定要保护好学前儿童的自尊，尤其注意尊重学前儿童的隐私权。学前儿童的自我控制能力还比较弱，在设计有关学前儿童自控能力的教育活动时，要注意难度不宜过大，以防学前儿童产生挫折感。

（二）选择适宜的方法与途径

一个学前儿童自我意识教育活动的设计，能否在幼儿园教育实践中取得良好的效果，还取决于是否能灵活地选择适宜学前儿童自我意识发展的教育活动形式。

语言活动可以提高学前儿童的自我评价能力。帮助学前儿童掌握与自身有关的语言，是促使学前儿童自我认识的重要途径。教师可以根据本班学前儿童的情况，设计一些“语言区域”活动，如组织学前儿童学习说“我是谁”，从引导学前儿童说出自己的姓名、性别、年龄开始，然后逐渐扩展到说出自己的优点、缺点、兴趣和愿望等。

集体教育活动有利于培养学前儿童的自信心。教师可以采用直接正面的强化评价促进学前儿童自信心的建立，在集体教育活动中鼓励学前儿童大胆表演，因为身体动作的表演比口语表达更能锻炼学前儿童的自信心。同时，在集体教育活动中鼓励学前儿童大胆发言，也是培养学前儿童自信心的重要手段。

体育游戏、区域活动有利于锻炼学前儿童的自我控制能力。例如，游戏“木头人”，要求学前儿童随口令来判断自己需要“动”还是“静”。如果是“静”，就要求学前儿童意志坚强，保持自己的身体姿势一段时间内丝毫不动。经常进行此类型的体育活动，会让学前儿童的自我调控能力从身体到心理上都得到不断发展。又如，“积木建构”区域活动，鼓励学前儿童与同伴一起合作完成积木建构，在共同游戏中体验合作的乐趣。在这类游戏活动中，孩子们之间吵闹的现象少了，合作的机会多了，为了小组共同的建构目标，学前儿童学会了自我约束，相互妥协，自我控制能力得到了不断的提升。对于语言表达能力尚且不足的学前儿童，尤其可以通过体育游戏、区域活动的形式，使他们通过特殊的身体语言来表达自己、证明自己，从而逐步培养起自我意识。

日常生活锻炼也是一种重要的教育途径。例如，在入园离园、盥洗入厕、进餐、喝水、午睡、值日、整理床铺等日常情景里，可以锻炼学前儿童的自我服务能力和简单的劳动技能，让学前儿童从中发现自己的才能，体验成功的喜悦，逐步培养起自尊心和自信心。

此外，还可以充分利用环境资源和其他各学科渗透的途径，帮助学前儿童认识自我，悦纳自我。例如，在阅读角里，教师可以有选择性地让学前儿童欣赏一些绘本故事，像《我爱自己》等，让他们从中感受自我的力量，感受成长的美好，从而促进他们自我意识的发展。

资料卡

《暖房子自我意识养成绘本》系列共有6册，分册名分别为《诺格和鼻子王国》《我看见了龙》《就是喜欢绿》《神秘的远方》《洗澡是场大冒险》《乌龟去学校》。6个图画故事分别表现了建立自信、坚持信念、喜欢自己、学会独立、勇敢面对和克服恐惧几个主题(见图3-7)。这是一套诙谐幽默、奇妙欢乐的绘本，能让孩子在轻松欢乐的阅读氛围中，自我意识渐渐萌芽，逐步摆脱依赖，告别恐惧，建立自信。

图3-7 《暖房子自我意识养成绘本》

(三)自我意识的一般设计模式

1. 运用多种方式引出活动主题

导入过程中可以采用吸引幼儿注意力的方法将幼儿的无意注意转为有意注意，让其带着自己的兴趣进入相应的社会教育活动中。

2. 引导学前儿童认识自我

选择恰当的教育方法引导幼儿了解自我，形成对自己的正确认识。例如，演示观察法，使幼儿通过观察比较视频中的自己与现在的自己，认识到自己从外表到内在的变化。

3. 强化幼儿对自己的正确认识

在正确认识自己的基础上，引导幼儿用语言或行为将这些认识外显出来。同时能够肯定自己的优点，承认自己的缺点，在今后能够扬长补短，用正确的方法表现自己。

例如，“妈妈不在家”这一主题活动的目的是培养幼儿的独立意识，使他们学会独立安排时间，能够独立思考并解决生活中经常遇到的困难与问题。该主题主要通过“抓紧时间不迟到”“小鬼当家”两个系列活动来进行。“我有办法”这一主题想要通过模拟游戏，丰富幼儿社会经验，培养幼儿的自我保护能力。该主题主要通过“流鼻血了”“有人敲门”“过马路时”“小心触电”“百问难不倒”五个系列活动进行。

“这是我的事”这一主题的目的是培养幼儿自立意识和任务意识，使幼儿具备一定的责任心，养成认真做事的良好习惯。该主题主要通过“紧急任务”“转达告示”“我编的故事”三个系列活动来进行。①

① 张淑琼．幼儿园教育活动设计与实施[M]．北京：北京师范大学出版社，2012：95-96．有改动．

典型案例

我长大了(中班)

一、设计意图

对于刚升入中班的孩子来说，他们对于自己能成为幼儿园里的哥哥姐姐而感到兴奋和自豪，对于自己长大了的感受十分强烈。他们渴望进一步了解自己，获得更多的自我体验。在这个主题里，根据幼儿对自己身体变化的感知，引导他们自己去探索其中的奥秘，让他们初步养成良好的生活卫生习惯，并引导他们体会与人交往的快乐。

二、确定单元目标及分解目标

根据《指南》里面，对幼儿自我意识发展的年龄段要求，我们可以预设以下单元教育目标。

(1)对自己身体的变化和年龄的变化感兴趣，愿意尝试生活自理。

(2)喜欢同伴，在成人的引导下，愿意关心自己熟悉的人，学会与同伴分享快乐。

(3)喜欢表达自己的主张和爱好，对自己的行为表现出自信。

(4)关心喜欢自己的老师，主动和老师一起交流和探索。

三、拟订单元活动纲要

表3-5 “我长大了”单元活动纲要

活动性质	活动名称
综合	我真棒、采访朋友
语言	老师的手、朋友船、团结友爱亲又亲
故事	小熊想长高
社会	我长大了
音乐	我们是中班的小朋友、认识你呀真高兴、朋友越多越快乐
美术	我
手工	我的好朋友、送给朋友的礼物
体育	合作真愉快

四、环境创设与资源利用

(1)生活区：可穿脱衣服的玩具娃娃若干个，请幼儿帮助玩具娃娃穿脱衣服。

(2)阅读区：提供有关成长的书籍，让幼儿自由阅读图书感受长大的快乐和自豪。

(3)观察区：幼儿通过观察自己小时候的照片和镜子中的自己，发现自己现在的成长，意识到自己长大的变化，进一步感受成长的快乐。

(4)美工区：提供画笔及美术纸，让幼儿画出现在的自己，体验绘画的乐趣和成长的快乐。

(5)娃娃家：丰富带娃娃、过家家、做游戏等活动情节。

(6)幼儿园：布置体现“我长大了”的墙饰。

五、家园共育

请家长陪同幼儿看一些关于成长的儿童读物。利用各种资源及途径帮助幼儿理解成长的快乐，通过积极引导使他们认识到成为中班小朋友的骄傲和自豪。可建议家长在休息日带幼儿到户外进行观察，学习与人交往的技能，并从中体验交往带来的快乐。

六、具体教育活动设计

我们以主题单元活动《我长大了》里面的一个具体活动案例“我长大了”为例，来具体了解自我意识教育活动设计的方法与要求。①

我长大了(中班)

一、活动目标

1. 通过各种方法感受“我长大了”，体验长大的快乐，体味父母的辛苦。

2. 乐于与同伴交流自己的感受。

二、活动准备

1. 录像：关于胎儿的生长发育及新生儿的养育的录像。

2. 学前儿童小时候的衣物(部分布置在墙上，部分置于桌上)、照片以及玩具娃娃。

3. 学前儿童向父母了解自己小时候的趣事。

三、活动过程

(一)导入部分

欣赏幼儿小时候的照片，教师：今天，我们班上来了许多小宝宝，想知道他们是谁吗?

出示学前儿童小时候的照片，学前儿童纷纷寻找自己的照片并相互介绍。(照片上的浩浩和林林没有穿衣服，大家哄笑起来：“羞！羞！不穿衣服!”林林不服气地嘟囔道：“这是我小时候，又不是现在!”)

(二)展开部分

1. 观看录像。

(1)教师：你们都看到了自己小时候的样子，那你们知道自己在妈妈肚子里的时候是什么样子的吗？我们来看一段录像。

录像把幼儿带入了神秘的生命起源时刻，他们的眼睛紧紧地盯着电视屏幕，不时发出惊叹和议论。直到电视里传出婴儿的第一声啼哭，他们才长长地舒了一口气。

(2)教师：看录像时你们在想什么?

幼儿七嘴八舌地议论开了。“我阿姨肚子里有一个小宝宝，阿姨的脚都肿了。”“我

① 邹卿．中班主题活动：《我长大了》[EB/OL]．[2008-10-27]．http://www.tzhledu.net/Article/2008/20081027150433_17860.html.

妈妈说，每个妈妈怀小宝宝的时候都很辛苦。”“我妈妈说，我在她肚子里的时候，她吃什么吐什么，难受得不得了！”

2. 回忆童年趣事。

教师：你们都听过自己小时候的故事吧？请讲给大家听听，好吗？

幼儿争先恐后地讲着自己小时候的故事，就连平时很少举手发言的孩子也积极参与其中。孩子们有说有笑，活动气氛热烈而融洽。

3. 感受身体的成长。

(1)出示幼儿小时候的衣服。教师：这是什么？请你们来穿一穿。

幼儿笑了起来，纷纷表示“不能穿了，我们长大了，衣服太小了。”

(2)教师：我们身体的哪些地方长大了？

幼儿开始试衣服、鞋子，他们发现自己身体的每个地方都长大了，并一一在玩具娃娃的身上做出相应的标记。

4. 展示本领。

教师：我们的身体长大了，本领有没有增强呢？我们有了哪些本领呢？

先让学前儿童 4 人一组自由交流，互相展示自己的本领，最后再请几个孩子在全部儿童面前进行展示。

(三)结束部分

教师：小时候我们样样事情都要大人帮助，现在我们在大人的关心和爱护下慢慢长大了，本领也变大了。以后，我们的本领会更大、更强！

四、活动延伸

小朋友长大了，就可以帮助别人了。回到家里，请小朋友分别尝试为爸爸、妈妈做一件力所能及的事情，如帮助爸爸妈妈扫地、擦桌子、倒垃圾等。[①]

评析：

本发展幼儿自我意识的教育活动设计，充分考虑了幼儿的兴趣与需要。尤其在活动的导入部分，教师用神秘的口吻、有趣的照片激发幼儿的好奇心，使幼儿很快就被吸引到活动中来。在活动过程中，教师先让幼儿参与“试穿衣服、鞋子”“给玩具娃娃做标记”“4 人一组自由交流”等活动，让他们亲身体验，亲眼看到自己身体的每一部分都在长大，然后再组织幼儿讨论交流自己的感受，从而提升了幼儿的自我意识。

更难能可贵的是，以上活动除了紧扣活动目标，还包含了多个领域的教育价值，如让幼儿讲述自己小时候的故事，不仅能让他们分享快乐，达到良好的师幼互动，而且还能提升他们的语言表达能力、自我情绪情感的感知能力等。

以上活动的不足之处是，教师没有完全参与到活动中去，如果教师也拿来自己童

① 林蓉，林佩．我长大了(中班)[J]．幼儿教育，2004(19)：31．

年的照片，讲述自己童年的趣事，相信活动的气氛会更加热烈、融洽，而且教师的讲述还能起到一定的示范作用，有利于幼儿讲述水平的提高。

二、学前儿童人际交往教育活动的设计

(一)准确把握人际交往教育活动的目标与内容

人际交往教育活动的主要目标是帮助学前儿童掌握一定的人际交往技能技巧，以实际应用为主导。活动内容的选择应遵循“生活化、游戏化”原则，关注学前儿童自身的需要和兴趣，关注学前儿童主体。

(二)选择适宜的方法与途径

教师呈现人际交往技巧的方法可以是直接呈现法，如面带微笑，使用礼貌用语，并使学前儿童感受到这种交往技巧能够给他人带来快乐，从而使他们愿意使用交往技巧；也可以是间接呈现法，即教师通过呈现一些反面事例，引导学前儿童进行讨论，逐步引出正确的人际交往技巧。

交往技巧的重点在于其运用，所以，在学前儿童接触人际交往技能技巧后，教师要提供条件和机会，让他们学习使用，这是人际交往教育活动的核心环节。可以采用角色扮演法、讨论法等进行练习。另外，也可以在游戏中练习人际交往技能。用游戏的方式对学前儿童进行教育既是最自然的，也是最受学前儿童欢迎的。

重视在日常生活环节中提高学前儿童的人际交往技能。日常生活中发生的同伴交往是大量的、真实的、自然的。例如，在晨间谈话、洗手、喝水、就餐、散步、自由活动等交往活动中，教师及时运用随机教育和个别教育对学前儿童进行正面的鼓励和引导也会收到较好的效果。

取得家长的配合，保持家园教育的一致性。交往能力的培养需要一个长时间的连续过程，家长和教师只有一致要求，共同培养，才能取得较好的效果。

(三)学前儿童人际交往教育活动的一般设计模式

1. 创设宽松、平等的交往环境

充分利用幼儿园的各种活动区域，鼓励学前儿童大胆交往，并及时给予肯定，让学前儿童在自由的人际交往锻炼中感受交往带来的愉悦与满足。例如，表演区，可以让孩子自由宣泄自己的真实情感；语言区，提供孩子们自由交流的话题和机会。

2. 引导幼儿学习并应用人际交往技巧

研究表明，活动的开展若只停留在“教师讲，学前儿童听；教师演示，学前儿童看”的阶段，只停留在“纸上谈兵”的水平，对学前儿童的发展将起不到真正的作用。

只有让学前儿童真正参与到活动中去，才能使他们理解教育内容，并在亲自实践中养成良好的交往习惯，在锻炼中习得交往技巧，从而真正提高交往水平。

典型案例

亲亲爸爸(小班)

一、设计意图

父亲节马上就要到了。孩子们在自由活动时间经常七嘴八舌地议论着什么，仔细一听发现，原来他们在说自己的爸爸，有的说："我每天都是爸爸送，爸爸接!"有的说："我过生日的时候，爸爸给我买大大的蛋糕!"还有的孩子说："我爸爸的车很漂亮。"……为了让幼儿在幼儿园感受到"爸爸"的爱，感受到家的温暖，我们班萌发了开展"亲亲爸爸"这个主题活动的想法。本主题的目的是让孩子们初步了解父亲节的由来及意义，知道爸爸从事的职业、爸爸的生日、爸爸的爱好等。小班幼儿年龄小，爱模仿，我们让孩子亲近爸爸，进一步真切地感受爸爸的爱，并通过开展给爸爸制作礼物、帮爸爸画像和为爸爸过生日等活动，激发孩子爱爸爸，关心家人的情感。

二、确定单元目标

单元主题名称可以自拟，写出主题目标。在呈现完整方案时，要说明是如何利用素材实现活动目标的，即整个活动过程的基本框架。例如：

1. 了解自己的爸爸，知道爸爸的姓名、生日、职业和兴趣爱好。

2. 通过亲子活动和家园互动，在欢快的气氛中感受爸爸的爱，亲近爸爸，喜欢爸爸。

3. 在熟悉爸爸的基础上，初步学会用语言来描述生气时的爸爸、有趣的爸爸、好爸爸、坏爸爸等。

4. 观察爸爸的物品，如不同衣服上的扣子，学会对物品进行初步的分类。

三、拟定活动主题网络架构图

现在中国的独生子女们更多的时候只能自己看电视，或者独自玩玩具。家人之间的沟通与交流越来越少，这直接影响到了孩子人际交往能力的发展。所以，本活动敏锐地抓住了"亲亲爸爸"这个温馨主题，来牵引学前儿童的社会教育，从让他们认识幼儿园、家庭、社区开始，逐步让他们更多地关注自己与亲人、朋友之间的关系；并且在本活动中把责任意识、友爱意识、感恩意识都融入主题，从而使枯燥的社会性教育显得别有情趣。

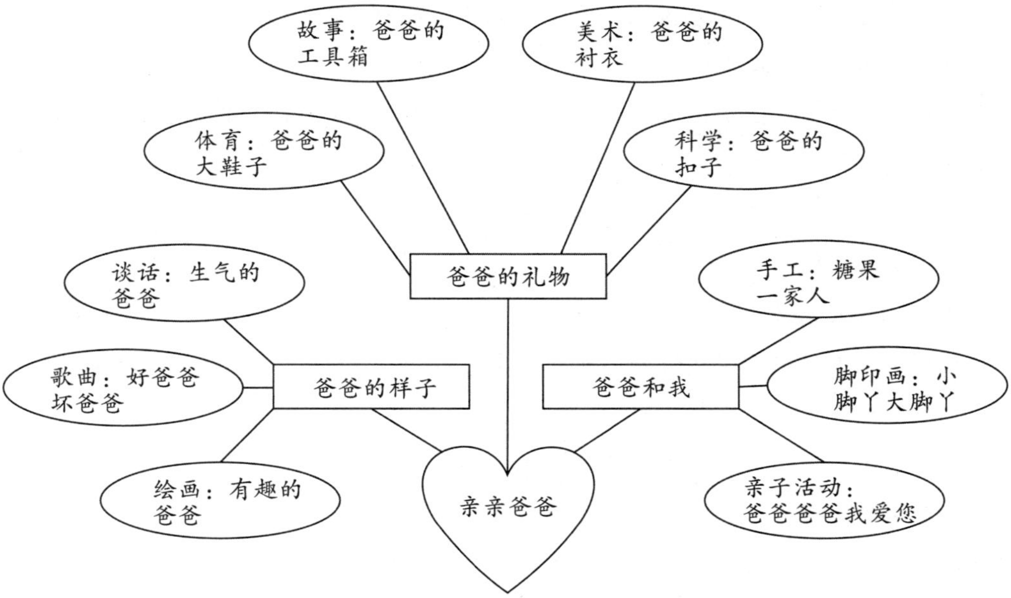

图3-8 “亲亲爸爸”主题网络架构图

四、环境创设

1. 设置“宝宝的家”专栏，把幼儿从家里带来的全家福照片在此专栏中集体展示。

2. 通过开展“亲亲爸爸”大赛，搜集爸爸和幼儿亲密互动时的照片，如爸爸帮幼儿洗澡、穿衣的照片，幼儿为爸爸端水的照片，亲吻爸爸的照片等，并在教室的家园区集体展示。

3. 引导幼儿画出心中的爸爸，为爸爸制作简单的礼物，然后在教室的美工区展示。

4. 在活动室的游戏角设置“我来当爸爸”区域，投放衬衫、领带、手机模型、鞋子等有关爸爸的物品，丰富活动内容。

5. 设置“好玩的扣子”操作区，投放缝上扣子的玩具大树、玩具房子以及玩具娃娃。

五、家园共育

1. 爸爸向孩子介绍自己的一些基本情况，如职业、生日和兴趣爱好等，并帮助孩子填写“爸爸基本情况调查表”。

2. 爸爸可在日常生活中有意识地向孩子介绍各种职业的特点，如通过介绍电视中的人物来帮助孩子了解不同的职业，或者带领孩子参观自己的工作单位。

3. 爸爸在家多与孩子交流、沟通，让孩子感受爸爸的爱，同时其他家庭成员也要注意把父亲与孩子之间最亲密的时刻以照片或视频的形式记录下来，以便幼儿来园分享。

4. 在家鼓励孩子帮家人做力所能及的事情，如为爸爸捶捶背、端杯水、拿鞋子等。

5. 与孩子一起参加幼儿园组织的亲子活动，增加与孩子的亲近感。

六、具体教育活动设计

我们以主题单元活动里面的一个活动案例“全家福”为例，来具体了解人际交往教育活动设计的方法与要求。

全家福（小班）

一、活动目标

1. 帮助幼儿感受大家庭的温暖与快乐，懂得家人之间要相互关心，相互尊重。

2. 引导幼儿了解家庭成员的称谓和关系。

二、活动准备

请家长配合拍全家福照片，布置“快乐一家人”展板。

三、活动过程

1. 请幼儿自由观看“快乐一家人”展板。（引导幼儿感受大家庭的温暖与快乐）

教师：小朋友，我们每个人都有一个快乐而温暖的家，家是什么呢？这里有许多个快乐的家庭，大家自由观看一下，看看你认识这些家庭吗？

2. 请幼儿介绍自己的家庭。

教师：刚刚大家都观看了我们的“快乐一家人”展板，你看到了哪些人呢？你能讲讲你自己家里有哪些人？怎样称呼他们？通常我们在介绍朋友或家人时，要按照年龄大小介绍。例如，爷爷奶奶年纪最大，就先介绍爷爷奶奶，然后是爸爸妈妈，最后才是自己。（引导幼儿了解家庭成员的称谓和关系）

3. 讲故事《愉快的一天》，并向幼儿提出下列问题。（让幼儿懂得家人之间要相互关心，相互尊重）

(1)故事的名字是什么？

(2)兔爷爷和兔奶奶住在哪里？今天他们为什么那么高兴呢？

(3)兔奶奶要去采蘑菇，小兔子怎么说的？

小兔子懂得关心爷爷奶奶，知道他们年纪大了，行动不方便，主动帮助爷爷奶奶做事情，我们小朋友也要向小兔子学习，经常去看望爷爷奶奶，听他们的话，关心他们，帮他们做些力所能及的事情。

四、活动延伸

活动延伸的方式多种多样，可通过游戏或其他形式的活动，也可利用家庭、社区条件，帮助幼儿学习人际交往知识，提高人际交往技能等。

在本活动中，可以让幼儿向同伴介绍自己的爸爸妈妈，感受爸爸妈妈对自己的爱。

五、归纳提升

反思活动方案设计中描述最为清晰的地方及最易表达不清的地方，最后再根据情况，进行针对性的改进，不断完善活动设计方案。[①]

评析：

以上活动方案设计中，应结合所在班级幼儿的情况，引导幼儿向同伴清晰地表述自己家庭成员的情况，感受大家庭的温暖与快乐。幼儿介绍自己的家人时，教师可做相应的示范。在活动过程中，还可开展角色扮演、过家家等具体游戏活动。建议根据幼儿学习的具体情况，完善活动设计方案。

三、学前儿童社会环境与规范教育活动的设计

（一）准确把握社会环境与规范教育活动的目标与内容

真正有效的学前儿童社会环境与规范教育，不仅要重视在认知层面上影响学前儿童，更要重视在情感态度层面感染学前儿童，在行为习惯层面引导学前儿童。同时，绝不能把三个层面的目标割裂开来加以对待，而应当在具体的教育活动中，以综合的方式进行组织和实施。

（二）选择适宜的方法与途径

学前儿童社会环境主要包括家庭、幼儿园和经常接触的社区。因此，相关的教育活动既要有在幼儿园里进行的活动，也要有在幼儿园外的社会场所中的直接感知与体验。

在幼儿园开展学前儿童社会环境与规范教育活动，需要教师在设计学前儿童社会环境与规范教育活动时，重视游戏活动和一日生活活动的独特价值；要科学设计集体教学活动的环节，以保证学前儿童在认知、情感态度和行为方式方面的发展都能得到兼顾；多采用情景模拟等直观手段，以保证活动效果。

例如，在《规则小讲堂》系列主题活动中，我们预想了“我身边的规则”“我来定规则”“我遵守规则”“规则的好处”“做个守规则的好孩子”等分主题。

在“我身边的规则”这一子栏目中，我们将帮助幼儿进一步理解规则的内涵，引导幼儿说出幼儿园的规则和他们知道的幼儿园以外的规则，如游戏规则、活动区的规则、一日生活活动的各项规则、交通规则以及公共场合的规则等。经验共享，让幼儿了解更多的身边常用规则，并让他们对规则感兴趣。

在“我来定规则”这一子栏目中，我们将引导幼儿通过谈话、讨论等活动，自己制定幼儿园里常用的规则。例如，建筑、益智、语言、科学、美工等活动区的规则，游戏规则以及一日生活方方面面的规则，并以绘画、文字、图片等形式张贴到班级的各

---

① 第一幼儿教育. 小班主题：《可爱的我的家》[EB/OL]. [2011-12-18]. youer. 1kejian. com/jiaoan/xiaoban/43736. html. 有改动.

个角落。让幼儿随处可见自己制定的规则，使幼儿充满成就感，从而产生遵守规则的意愿。

在“我遵守规则”这一子栏目中，我们将在日常活动中通过谈话、表扬鼓励、情景再现、相互提示提醒等方法不断将幼儿已有经验内化。通过这一栏目巩固幼儿遵守规则的意识，提高幼儿遵守规则的自觉性。

在“规则的好处”这一子栏目中，我们将在孩子们遵守规则的基础上展开。随时随地随机地把幼儿遵守规则、按规则做事情的好处提出来，让幼儿获得遵守规则的积极情感体验，最后通过讨论进行汇总。

在“做个守规则的好孩子”这一子栏目中，我们将开展“守规则小标兵”“礼仪小明星”的评比活动，随时捕捉生活中孩子们遵守规则的画面，激励幼儿主动地遵守规则，使其具有初步的自律意识。

在真实社会场所中开展的社会环境与规范教育活动，需要教师采取充分的安全防范措施，如邀请家长一起参与、统一学前儿童的着装等，防止出现学前儿童意外伤害或走失事件的发生。同时，还要准备好紧急安全问题处理预案，做到有备无患，以防万一。教师需要提前做好与特定社会环境有关的部门或人员的联系与沟通工作。例如，到医院参观，需要先取得医院的同意，还需要医院方面为保证教育效果适当做些准备和接待工作。

一般来讲，在真实社会场所开展的活动与在幼儿园开展的活动不是单独进行的，而是有机衔接、互为补充的。

一方面，在学前儿童前往真实的社会场所参与活动之前，教师应当已经在幼儿园中开展过一些先行活动，帮助学前儿童做好经验准备，保证学前儿童对将要前往的社会场所有一定的了解，同时又有一定的疑问，从而带着目的参与活动。另一方面，在真实社会场所的活动结束后接下来的几天，教师最好在幼儿园继续组织几次活动，教师应当设计出与学前儿童的现有发展水平和特定的社会场所相符合的实践活动，尽可能给学前儿童创造充分的实践练习机会，避免将活动简单地停留在“走马观花式”的观察层面上。

（三）社会环境与规范教育活动的一般设计模式

1. 运用多种方式引出活动主题

活动开始时就要告诉幼儿活动的主要目的，告知的形式可以根据学习内容的不同而有所不同。尤其是在幼儿园采用观察演示法或在真实场景中时，要使幼儿有目的地学习。

2. 引导幼儿充分观察

相较于其他活动，这种类型的活动中干扰幼儿注意力的因素很多，所以活动过程中教师要注意随时使用关键性提问引导幼儿观察学习对象。

3. 组织幼儿自由表达自己的感受

观察结束后请幼儿用自己的表达方式说出观察的结果，并对其进行判断。

4. 引导幼儿正确认识社会环境和规范，使幼儿学会遵守社会规范

通过观察，幼儿对社会环境和规范有了正确的认识，但认识不能停留在口头上，尤其是社会规范。幼儿必须在日常生活中去模仿、学习并遵守这些正确的社会规范。

例如，“参观食品店”的活动过程设计：

第一步：通过谈话，引起幼儿参观食品店的兴趣，并提出参观要求；参观食品店里卖什么东西，营业员又是怎么卖东西的。

第二步：带幼儿参观食品店

①引导幼儿参观食品店里的食品，告诉他们每种食品的名称。

②引导幼儿观察食品店除了卖糖果、糕点，还卖什么，从而使他们知道食品店是卖吃的东西的地方，建立食品店的正确概念。

③引导幼儿观察食品店里营业员和顾客的活动。请幼儿记住营业员和顾客之间的简单对话，并思考以下问题：

食品店里有什么人？他们在干什么？

营业员是怎样卖食品的？他们是怎么对待顾客的？

④请幼儿仔细观察营业员是怎么放置食品的，使幼儿知道不同的食品要分开放置，建立初步的分类概念。

第三步：幼儿在教师带领下进行购物活动，感受营业员对大家的服务热情。

第四步：参观活动结束后，幼儿与营业员礼貌道别，组织幼儿回园。

第五步：回园后组织幼儿进行谈话活动。

①请幼儿回忆食品店里卖什么？

②请幼儿自由讨论“没有食品店会怎样？”

典型案例

宝宝爱上幼儿园(小班)

一、设计意图

活动设计要根据学前儿童一日生活的内容展开，尤其是从学前儿童的兴趣点出发，从学前儿童的发展需要出发来设计活动主题，往往会产生良好的活动效果。

主题来源：小班幼儿刚入园，离开最亲最近的爸爸妈妈来到陌生的环境中，往往会出现哭闹行为。为了稳定幼儿的情绪和缓解家长的焦虑，并且根据幼儿的年龄特点和身心发展规律，特生成此主题。为了帮助小班幼儿尽快适应集体生活，让他们愿意上幼儿园，愿意与同伴交流，愿意与教师相处，设计了“宝宝爱上幼儿园”主题活动。这一主题活动涉及健康、语言、社会、科学、艺术五大领域的内容，从不同角度促进幼儿情感、态度、能力、知识、技能等方面的发展。

二、主题目标

根据《指南》里面对幼儿在社会环境和规范方面的学习要求，预设以下单元教育目标：

1. 能很快地适应幼儿园的生活。

2. 能认识自己班里的老师和小朋友，愿意与老师和小朋友交往，并喜欢上幼儿园。

3. 愿意与中大班幼儿共同游戏，体验上幼儿园的快乐。

三、活动网络框架

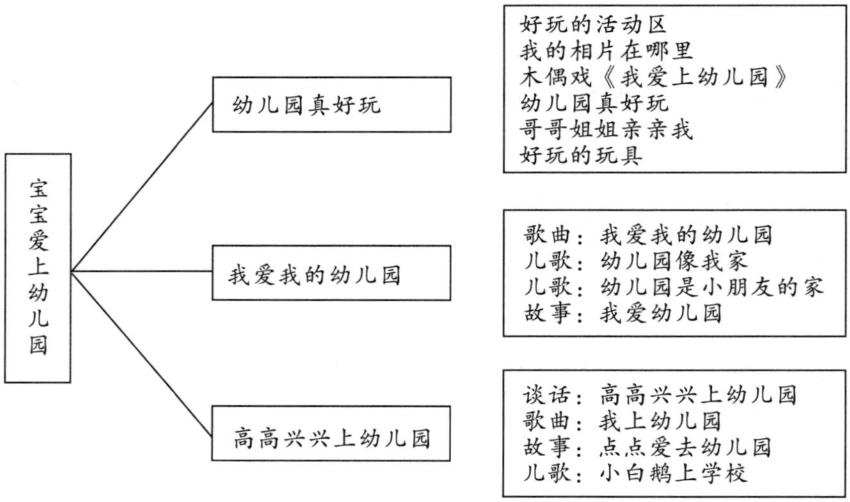

图3-9 “宝宝爱上幼儿园”活动网络

四、环境创设

1. 为幼儿创设温馨、自由、宽松的教育环境，让幼儿感受老师的爱。

2. 创设欢乐的活动环境，如悬挂拉花、彩旗等。将每位幼儿的照片贴在“爱心树”上。

3. 创设娃娃家、海洋球角、图书角、建筑区等活动角。

4. 充足的玩具、小红花、小贴纸等。

五、家园共育

1. 收集全家福照片，让幼儿参与教室墙面的装饰与布置，使教室环境让幼儿既熟悉又有新鲜感。

2. 创设家长园地，积极与家长携手共育。

3. 让家长共同参与主题活动，一起收集相关照片、资料，如全家福照片等。

4. 开展亲子游戏开放活动，增进幼儿与父母的感情。

六、具体活动案例

我们以主题单元活动里面的一个活动案例“高高兴兴上幼儿园”为例，来具体了解社会环境与规范教育活动设计的方法与要求。

高高兴兴上幼儿园(具体活动案例)

一、活动目标

1. 了解幼儿园中不同的活动场所。

2. 学习使用“老师好”“你好”等问候语，并会做简单的自我介绍。

二、活动准备

1. 选择好幼儿园中参观的地方。

2. 图片。

三、活动过程

(一)谈话、游戏

教师：你们来幼儿园最喜欢干什么？喜欢玩玩具吗？今天老师带你们去玩一玩，大家来吧！

1. 将学前儿童带到操场上，请他们参加溜滑梯、荡秋千等活动。

2. 请学前儿童说说自己想玩什么。如果有很多人同时想玩同一样玩具，请学前儿童说说这么多人想玩怎么办。

3. 让学前儿童一个接一个地轮流玩。对于个别不太善于和同伴一起玩的学前儿童，教师要鼓励他们与同伴一起游戏，体验和别人一起玩的乐趣。

(二)参观

教师：我们的幼儿园可大了，还有很多好玩的地方，你们和老师一起去参观，看看会发现什么喜欢的东西。

1. 让幼儿排好队，带他们参观幼儿园，如警卫室、厨房、各班活动室等。鼓励幼儿向遇到的老师说“老师好！”

2. 请各部门的教师简单介绍他们从事的工作。

(三)请幼儿说一说我们的幼儿园①

评析：

以上案例属于典型的在真实社会场所开展的幼儿社会环境与规范教育活动，其优点如下：

一方面，选择的活动主题和场所对幼儿社会性的发展很有价值。幼儿园是与幼儿的日常生活密切联系的生活教育活动场所，符合幼儿社会性发展的水平和需要。

另一方面，在活动目标的设定上，较好地体现了社会认知、社会情感、社会行为技能三方面的统一。

四、学前儿童社会文化教育活动的设计

(一)准确把握社会文化教育活动的目标与内容

在实践中，教师需要根据学前儿童的发展特点与教育的环境条件，对学前儿童社

---

① 资料来源：天津市南开区第十三幼儿园，戴淑梅.

会文化教育的目标进行分解，并选择适宜内容来具体展开社会文化教育活动。正确把握社会文化教育活动的真正内涵，是实现社会文化教育目标的重要前提。丰富多彩的社会文化教育活动应以培养幼儿热爱本民族的传统节日、感受传统文化的精华与魅力、理解传统节日的价值并尊重自己的民族文化为基础，进而使学前儿童理解其他民族的节日文化，尊重其他不同民族的人。

(二)选择适宜的方法与途径

社会文化以多种形式存在于幼儿的生活中，潜移默化地影响着幼儿的社会性发展。因此，在设计社会文化教育活动时应注意多种途径的选择。

社会文化教育活动，既可以是教师组织的任务明确、计划翔实、组织严谨的专门的社会教育活动，引导更多的学前儿童同时参与到活动中来，从而提高教育的效率；也可以是教师与幼儿在教育活动中创设的各种环境。例如，在活动室贴上中国地图、世界地图，放地球仪，插国旗，供幼儿指认；在表演区摆放不同肤色的玩具娃娃，悬挂不同民族特色服装，供学前儿童欣赏、触摸、佩戴以及表演时使用，如“我爱京剧”的主题墙饰就丰富并渗透着京剧文化。

除此之外，还可以通过开展亲子活动、社区活动，促进学前儿童对社会文化的了解。我们国家以及我国各民族的重要节日、纪念日，如中秋节、春节、清明节等，都是宝贵的社会文化教育资源，幼儿园应适时加以利用。很多节日庆祝活动都是跟家庭、社区密切联系的，幼儿园要充分调动家庭的教育力量，鼓励并帮助学前儿童的父母运用多种方式，如亲子阅读、亲子游戏、家庭参观、家庭旅游以及带孩子参加社区组织的各种活动等，与孩子互动，使学前儿童亲身体验并了解丰富多彩的社会文化。

(三)社会文化教育活动的一般设计模式

1. 引出活动主题

社会文化的内容丰富多彩，其中既有幼儿在生活中已经熟知的，也有幼儿生活中不常见到但却极有价值的。可以采用观察演示法或回忆联想的形式引起幼儿的学习兴趣。

2. 引导幼儿感知与体验社会文化

社会文化的学习内容既有幼儿通过已有经验所熟悉的，又有需要其付出努力才能了解的新的文化内容，这就需要教师发挥引导作用，增进幼儿对社会文化的感知与体验。

3. 组织学前儿童自由表达对文化的理解

教师要在学前儿童学习相关文化知识的基础之上，组织其用自己的方式表达出对所学文化的理解，并根据幼儿表达出的内容了解其学习水平。

4. 总结梳理幼儿体验与理解的经验

在活动结束时，要对所学内容进行系统有逻辑的总结，要求总结内容全面具体。

典型案例

多彩的民族(大班)

一、设计意图

帮助大班幼儿了解民族文化、世界文化的多样性，使他们对丰富多彩的文化做到理解与尊重，进而传承中华优秀传统文化，是幼儿园社会文化教育活动的重要目标。从这一教育目标出发，设计了一组以认识和了解几个主要少数民族的文化为目的的单元活动，总共包括三个分活动，历时一周，具体占用时间约为两天。

二、确定主题活动总目标，并合理地分解教育目标

主题总目标："多彩的民族"主题活动的设计，希望从展现丰富多彩的民族文化的角度，通过认知探索活动、社会活动、亲子实践活动等不同的形式，使原本抽象的各民族文化在幼儿眼中变得具体而生动起来，从而帮助大班幼儿更好地理解各民族的文化，进而培养他们热爱我们这个多民族国家的情感。

主题总目标可以分解为以下三个层次的分目标：

第一，从认知层面上初步了解和区别各少数民族，如能够辨认不同民族的服饰、音乐以及特色小吃等。

第二，从社会实践的角度，带领幼儿走出幼儿园，参观民族村，更加直观立体地认识和感受各少数民族的文化。

第三，从社区教育、亲子活动的角度，让幼儿参与各少数民族的民族活动，体验少数民族的民族风情与独特文化，加深对各少数民族文化的理解。

三、拟定主题活动纲要

活动一：集体教学活动——"认识少数民族"，一次集中教育活动时间。

活动二：社会参观活动——"走进民族村"，半日或一日活动。

活动三：社区教育活动——"亲子游园"，半日活动。

四、环境创设与教育资源

1. 环境创设

(1)角色区：在活动中反映民族生活，如设立烤羊肉串摊点，制作朝鲜族打糕，让幼儿在活动中体验民族生活的多样化。

(2)美工区：教师提供纸筒、纸盒、乒乓球、手工纸、毛线以及碎布，让幼儿进

行民族娃娃的制作，表现维吾尔族、蒙古族、朝鲜族和藏族等各民族的衣着特征。

(3)表演区：让幼儿表演少数民族的舞蹈、音乐，展示少数民族的服饰，以增强识别力。

2. 教育资源：民族村、民族民俗游园

五、家园合作

1. 配合主题活动，更换“家长园地”的内容。告知家长“多彩的民族”这一主题活动的内容。

2. 通知家长幼儿园将在适当的时间带孩子去民族村、民族民俗游园参观，有时间的家长可以一起去。

3. 鼓励家长与孩子一起收集不同民族的材料与信息，并与孩子进行交流分享。

六、具体活动的设计

我们以主题单元活动里面的两个活动案例为例，来具体了解社会文化教育活动设计的方法与要求。

活动一：认识少数民族

一、活动目标

1. 能辨认维吾尔族、蒙古族、朝鲜族和藏族。

2. 初步了解维吾尔族、蒙古族、朝鲜族、藏族的生活习惯和民族特征，感受这些民族的文化风情。

3. 用自己喜欢的方式进行民族艺术表演活动，体验民族歌舞的魅力。

二、活动准备

1. 展现维吾尔族、蒙古族、朝鲜族、藏族民族风情的音像、图片等资料。

2. 环境创设：将活动室设计成富有多个民族的民俗特征的环境。

三、活动过程

1. 看录像、幻灯片、图片等资料，辨认少数民族。

教师请幼儿欣赏少数民族相关音像资料的同时，引导幼儿谈谈不同民族的特点，比较各民族之间生活方式的不同，并鼓励幼儿讲述自己对此的原有认识。

2. 听音乐、看舞蹈，辨认少数民族。

引导幼儿根据自己的认识，从服饰、食物以及音乐、舞蹈等方面入手，对少数民族的文化特征进行识别判断。

3. 玩游戏“小小旅行家”，模仿、表现不同民族的文化。

四、活动延伸

1. 家长和孩子一起看中国地图，寻找少数民族地区在地图上的位置。

2. 有条件的家长和孩子一起去熟识的少数民族家庭做客。

活动二：亲子游园

一、活动目标

1. 选择自己喜欢的少数民族活动并参与进去，体验其中的快乐。

2. 进一步加深对各少数民族文化的理解，尊重各民族文化。

二、活动准备

1. 与社区合作落实活动场地与时间。

2. 向家长发放游园通知单。

3. 参与人员的民族服装准备。

三、活动过程

1. 幼儿一起做方案规划。教师引导幼儿讨论：怎么让我们的节日过得既开心又有意义？

2. 与社区合作，确定开展游园活动的时间、场地。请社区保安协助维持秩序，保证幼儿的人身安全。同时，向家长发放游园通知单，使其了解活动的意义、项目及规则。参加活动的人员均着富有特色的少数民族服装。

3. 中华民族大舞台表演。身着傣族、维吾尔族、蒙古族、藏族等服饰的幼儿同台表演具有民族特色的舞蹈，并用歌声来歌颂幸福的生活。

4. 民族民俗游园。

(1)民间艺术——糖画。请社区制糖的老艺人现场制作，让幼儿在观赏、品尝的同时了解传统的美食文化。

(2)民间艺人——制作麦秆饰物的艺人。学前儿童学用麦秆皮制作小动物(蝴蝶、蚂蚁、蜻蜓等)，体验用不同材料制作手工艺品的快乐。

(3)民间窗花秀。请会剪纸的老人现场展示剪窗花的本领，让幼儿感受民间艺术的美。

(4)民族游戏——竹竿舞。请家长做竹竿舞的驾竿人，老师带孩子一起跳，节奏可根据幼儿兴趣做适当调整。

四、活动延伸

让家长有机会带幼儿去少数民族地区旅游，真切感受少数民族丰富多彩的文化。

评析：

“多彩的民族”主题活动充分利用社区的文化教育资源并吸引家长主动参与，全方位地帮助幼儿在实践中体验祖国文化的丰富多彩，从而激发幼儿热爱少数民族、热爱祖国的情感。并且，该主题活动还能够积极支持和帮助家长提高教育能力，从而优化家庭教育环境。①

任务回顾

任务	应知应会要点	学习应达到的程度
掌握不同学前儿童社会教育活动的设计	学前儿童自我意识教育活动的设计	☆☆☆☆
	学前儿童人际交往教育活动的设计	☆☆☆☆
	学前儿童社会环境与规范教育活动的设计	☆☆☆☆
	学前儿童社会文化教育活动的设计	☆☆☆☆

思考与练习

1. 学前儿童社会教育活动设计的基本要求有哪些？
2. 学前儿童社会教育活动主题产生的方式有哪些？
3. 学前儿童不同社会教育内容的活动设计的要点有哪些？
4. 学前儿童社会教育活动设计的基本环节有哪些？
5. 思考学前儿童不同社会教育内容在活动设计上的差异。

拓展训练

活动一：搜集以学前儿童社会教育的五大内容为主题的活动案例并对案例进行具体分析。

活动二：尝试自行设计一个社会领域的主题活动方案并进行互评。

活动三：从某个学前儿童社会教育的主题单元活动方案中，选择一个子主题进行集体活动方案设计并进行个体交叉评价。

活动四：搜集整理适合学前儿童参与的各种中国节庆活动的信息，并尝试介绍每个节日所蕴含的文化内涵，搜集积累与这些节日相关的主题教育活动设计案例。

---

① 吴慧明．幼儿教育教学活动设计[M]．北京：北京大学出版社，2005：132-134.

学习反思

单元四
学前儿童社会教育活动的组织实施

学习目标

1. 掌握多种专门的社会教育活动的组织实施。
2. 学会社会教育的环境熏陶及一日生活中的随机教育。
3. 学会家、园、社区一体化社会教育组织实施。
4. 扎根中国大地，厚植家园情怀，树立开放的教学观。

案例导入

实习前，老师留了实习实践的社会领域作业，要求同学们观摩幼儿园教师在社会教育活动中运用了哪些教育方法，幼儿的社会性发展的状况怎样。另外，还要求同学们组织实施自己设计的社会领域的活动方案。实习中许多同学反映实习园所老师没有组织社会教育活动，因此没法观察、观摩。还有的同学反映实习园所的老师没有相应的计划，或是正在忙于进行其他的教育活动而没法组织实施社会教育活动。甚至有的同学认为社会领域的教育活动不好组织，不如语言领域或是艺术领域的活动容易进行。

问题：

是否只有写进教师活动计划中的内容才是社会教育活动？怎样组织实施社会教育活动呢？社会领域的教育活动的实施到底有哪些途径？

任务一　掌握专门的社会教育活动的组织

幼儿园的教育活动是教师以多种形式有目的有计划地引导学前儿童生动、活泼、主动地活动的教育过程。根据教育活动中是否针对幼儿社会性发展，可以把教育活动分为专门性的社会教育教学活动和渗透性的社会教育教学活动。

专门性的社会教育教学活动是指教师根据社会教育的目的和要求，结合本班幼儿身心发展的规律和特点，选择恰当的社会教育内容，借助合理的教育方式和方法，对幼儿进行专门社会教育的活动形式。专门性的社会教育活动又可分为综合性社会教育活动和社会领域的集体教学。

一、综合性社会教育活动的组织

综合性社会教育活动是目前许多幼儿园社会领域的教育方式。这不仅是因为学前儿童的学习和发展具有综合性，学前儿童在建构社会知识的时候是全身心投入的，在发展社会能力时是全方位参与的；同时也是因为社会领域教育的资源和内容具有综合性，它涉及历史学、地理学、经济学、人类学、政治学、社会学、心理学、法学等学科知识，追求多门学科的彼此渗透和相互补充。

综合性社会教育活动主要有两种类型：一种是由教师预设的课程设计方式。例如，单元取向或主题取向的教育活动。另外一种是由教师与幼儿互动建构的课程设计方式，如方案取向的教育活动。综合性社会教育活动的形式可以是集体活动、小组活动，也可以是个别活动。活动的最终目的是促进幼儿社会认知、社会情感以及社会行为的发展。

知识链接

表4-1　单元取向、主题取向与方案取向的教育活动差异比较①

	单元取向	主题取向	方案取向
师生主导性	教师＋幼儿	教师＋幼儿	幼儿＋教师
教师角色	设计、教导	暗示、引导（情境与材料引导）	等待、协助（提供材料与技能、协助学前儿童解决问题）
主题一致性	同一阶段单一主题	原则上单一主题	同一时间段可能多个主题

① 资料来源：台湾地区台北教师研修中心，许明珠.

续表

	单元取向	主题取向	方案取向
活动内容的产生	教师专业判断、选择和组织，以增进学前儿童的知识和经验	偏向于方案教育活动内容的产生方式	依学前儿童的兴趣针对某一主题做深入的探究，多是幼儿自行发展，也可以是师生共同讨论或由教师设计
活动进行的实际内容	事先安排，按部就班，教师可预知活动进行的内容	事后记录方能确知活动进行的内容	事后记录方能确知活动进行的内容

(一)主题教育活动的组织

主题教育活动的组织分为以下几个环节：

1. 选择恰当的主题

教师在选择主题时应考虑以下几点：首先，主题是否有可能达到预定的教育目标，学前儿童是否具有相应的知识、经验、技能和能力。其次，主题是否有必要进行，是否有助于学前儿童的社会性发展。再次，主题是否与学前儿童的现实生活有关，是否有助于学前儿童把幼儿园内的学习迁移到幼儿园外去。最后，主题是否是学前儿童感兴趣的，是否能满足所有学前儿童的需要。①

2. 构建主题网络

教师在构建主题网络时，可以和同事、学前儿童一起，采用头脑风暴法等，从不同角度进行思考，记录每个人的想法，并不断加以完善，丰富主题内容。我国台湾地区洪尧群老师的"飞机"教育活动的主题网络，可以很好地说明这一点。

典型案例

飞机②

一、教师的预设主题网络

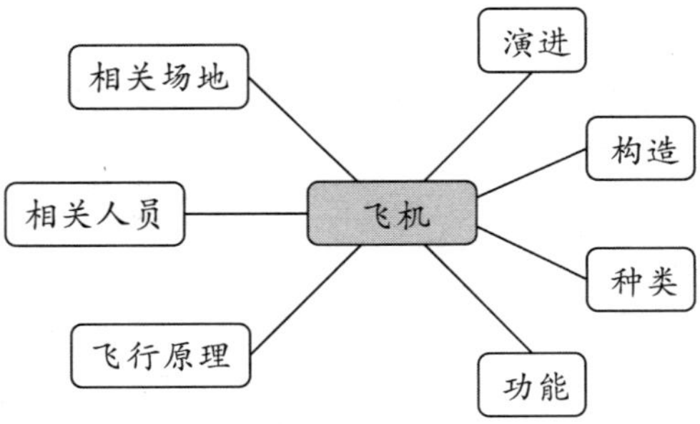

图4-1　教师预设"飞机"主题网络

---

① 李生兰．幼儿园社会教育路径探寻[J]．幼儿教育，2005(12)：12-13.

② 资料来源：台湾地区台北市，洪尧群．有改动.

二、幼儿对飞机已经具备的知识

- 飞机
  - 发明与演进
  - 构造
    - 飞机有机翼，两边都有（笠尧）
    - 飞机有轮子、机翼、尾翼（泰元）
    - 飞机有窗户、驾驶舱（泰元）
    - 飞机有引擎、机翼（齐翰）
    - 飞机有两个大机翼还有引擎（子钰）
  - 种类
    - 飞机有战斗机、直升机、一般载客用飞机（庠榛）
    - 飞机有战斗机、直升机、超音速飞机、螺旋桨飞机（宗佑）
    - 飞机有喷射机、战斗机（资涵）
    - 有螺旋桨的飞机、有大客机、有战斗机（昕恩）
  - 功能
    - 飞机的用途可以载人、载货（宗佑）
    - 飞机可以载人旅行、运输货物、打仗、救人（顺泰）
    - 飞机可以载人到世界各地旅游，战斗机可以打仗（宥元）
    - 大飞机可以载很多人（国成）
    - 坐飞机可以去国外玩（英泰）
  - 飞行原理
    - 飞机有机翼、燃料、驾驶员才能飞行（妊枫）
  - ☆ 飞机的操控
    - 飞机只要设定好仪表就可以无人驾驶自动飞行，如果要紧急降落才需要驾驶操纵（宥元）
  - ☆ 飞机上可以做的事情
    - 空中小姐会推餐车，送餐给旅客吃（笠尧）
  - 相关人员
    - 飞机里由机长负责开飞机，空中少爷、空中小姐帮客人服务（博玄）
  - 相关场地
    - 机场（英泰）
    - 飞机要从跑道上起飞（泰元）
  - ☆ 其他
    - 飞机飞行时声音很大（国成、昕恩）
    - 跟家人一起坐过飞机（子慧、志洋）

没有坐飞机经验的幼儿：恒真、明颖、宜臻、承恩、宗佑、宥元、睿妤、国成、昕恩、仲平

图4-2 幼儿对飞机已经具备的知识

三、幼儿希望探索学习的方向

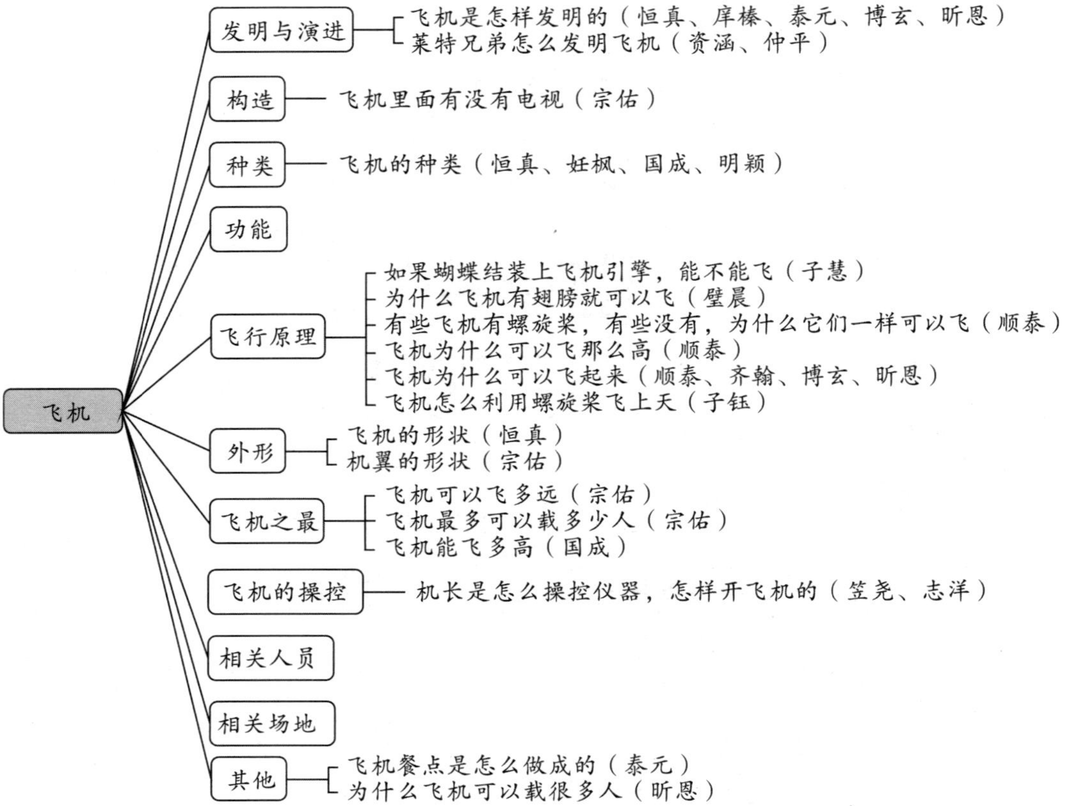

图4-3　幼儿希望探索学习的方向

四、综合师生意见后的主题概念网络

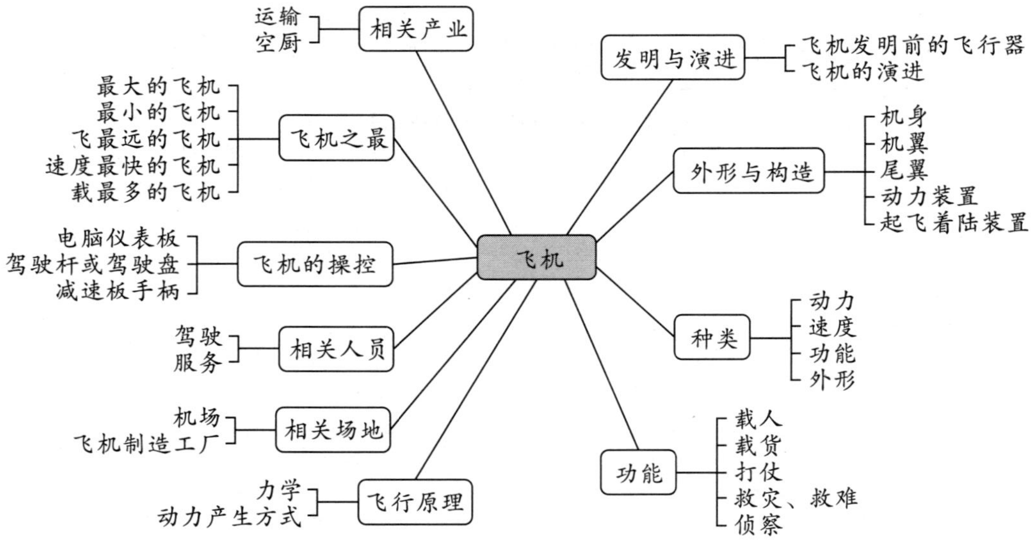

图4-4　综合师生意见后的“飞机”主题网络

3. 适时地导入主题

教师应把握引入主题的时机，使主题教育活动顺利地开展起来。

4. 亲师合作，共同教育，引发幼儿探究精神

在幼儿园一日生活中，教师可以以主题网络图为依据安排具体活动，促使幼儿在活动中积极提问，探索创造。可以根据幼儿的兴趣将他们分为同质合作小组和异质合作小组，然后再一起分享学习。幼儿父母及其他家庭成员、社区人士都是极其宝贵的人力资源，教师可以通过多种方式鼓励他们参与学前儿童主题教育活动，和学前儿童一起探索，共同成长。这一点可以从下表呈现的某幼儿园开展主题活动的时间安排中得到很好的体现(见表4-2)。

表4-2　教学活动作息

时间	活动内容
08：00～08：50	个别辅导、自由探索时间
08：50～09：20	律动、爱眼健康操
09：20～09：50	点心时间
09：50～11：30	主题教学活动
11：30～12：00	户外活动
12：00～12：40	午餐
12：40～13：00	环境整理
13：00～14：30	午休
14：30～15：10	团体活动、小组时间
15：10～15：40	点心时间
15：40～16：00	放学
备注	1. 推动“亲子共读” 活动，每周四为借书时间，每周二为还书时间。 2. 每周一开展“母语日”“性别平等”“安全教育”活动。

5. 发展性地评价主题

在主题教育活动开展的过程中，教师要随时注意观察儿童在活动中的各种表现，跟踪记录儿童的言语、行为、表情，定期做出纵向的、发展性的评价，并以此为基础评价主题对儿童发展的适宜性，使儿童通过主题教育活动更好地成长。

典型案例

表4-3　主题活动：商店①

主题名称	商　店	适用年龄	5～6 岁
活动目标	1. 观察与探究周遭人、事、物的相互关联，学习合宜的文化参与行为。 2. 尝试新的问题解决技巧，发展合宜的学习行为，享受学习的乐趣和成就感。 3. 了解行为规范的意义，兼顾自己与他人的需求，尊重并遵守行为规范。 4. 维护环境整洁并节约资源，尊重周围人、事、物及活动。		

① 小学名师教师网. 幼儿园主题教学之探析——概念、理论与模式[EB/OL]. [2012-02-18]. hbteachers. cn/ye/yl/83409. html. 有改动.

主题名称	商　店	适用年龄	5～6岁
设计理念	商店是幼儿生活中时常接触的场所，也是他们与外界互动的媒介。探索“商店”这个主题，可以为幼儿提供探索环境、进行互动的机会，使其了解自己与他人、与环境之间的依存关系，学会调整自己的行为，进而产生尊重他人、爱护环境的态度。在活动过程中，教师安排团体、小组、个人等不同类型的活动方式，并设计故事讲述、经验分享、户外教学、美劳创作、扮演游戏等多元活动，让幼儿有机会观察及体验自己与环境的关系，发展与他人协商的技巧，并保有自由选择的机会以发展个人兴趣，同时亦借由活动的进行发现人我异同、建立自我概念及学会欣赏他人特质，从而培养他们与周遭人、事、物和谐共处的能力。		

活动流程	教学提示	学习评量
第一周 (一)上街买东西		
活动一：买东西 (故事、学习单、经验图表) 1. 故事分享：第一次上街买东西。 2. 经验分享：请幼儿先与家长讨论购物经验，然后写在学习单上。 3. 根据幼儿学习单上的内容，教师整理经验图表，总结幼儿购物经验，并将购物经验统计图(商店类型)张贴在语文区。 4. 进行投票活动，以确定教室内扮演区的商店类型及数量，并将其作为探索活动及环境规划的依据。	教师利用故事联结幼儿的生活经验，使用亲子学习单让家长参与活动或在有准备的状态下发表意见，教师可从中发现幼儿的共同生活经验，并将其作为活动设计的开端。	1. 能觉察生活事物的特征。 2. 能清楚表达自己的购物经验。 3. 能理解投票活动规则及其理由，并遵守共同决议。
活动二：走！去商店(户外教学) 1. 集体讨论：依据投票活动结果决定户外活动地点，并进行参观前的注意事项讨论。 (1)户外活动参观内容。 ①商店里有哪些人？在做什么？ ②商店里有哪些东西？放在哪里？怎么放？ ③想问商店老板哪些问题呢？ (2)户外活动的安全与礼仪注意事项。 2. 户外活动。 (1)教师分发户外活动通知单，邀请家长参与并协助照料幼儿。	1. 运用集体讨论建立规则，让幼儿明白规则建立的理由与重要性，并培养幼儿遵守规则的态度。透过探索活动幼儿可实际参观主题相关环境，借由与商店人员的互动更能拓展幼儿对生活中人、事、物的认识与理解。 2. 邀请家长参与活动，亦可让家长了解幼儿的学习历程，建立亲密的亲师关系。	1. 能觉察生活中常接触的商店人员所从事的工作，并探讨其与自己的关系。 2. 能探究周遭商业活动及其与自己的关系。 3. 能主动和参与户外活动的人员打招呼。 4. 能主动向协助户外活动进行的人员表达感谢之情。

续表

活动流程	教学提示	学习评量
(2)幼儿实际走访商店，并邀请商店工作人员进行导览与疑问解答。 活动三：空间魔术师(环境规划) 1. 幼儿分组进行户外活动记录的故事书创作，请他们画出故事封面及内页(什么人、去哪里、看到什么、大家在做什么)。 2. 在集体活动时间进行作品分享与赏析后，将作品放置在语文区。 3. 依据幼儿的绘图内容，找出共同的、重要的人、事、物，建立图表，确定商店名称后师生共同绘制商店平面图。	 1. 提供小组分工合作的活动方式，采用图文并用的方法让幼儿总结户外活动经验，再利用集体活动时间进行作品分享。 2. 将活动二与活动三中学前儿童的作品与行为表现做联结与比较，找出学前儿童的学习改变。 3. 分享过程中肯定学前儿童的学习成果，并将其作为环境规划的依据。	 1. 能依照分组活动分配的工作进行户外活动记录，并专注地完成活动。 2. 能画出户外活动的观察内容并进行总结整理。
第二周 (二)我是小老板 活动四：教室变装秀(环境布置) 1. 将与幼儿讨论的结果做成记录，找出已有的材料，其余利用通知单请家长帮助解决，家长无法解决的，则自行利用分组或学习区时间制作。 2. 依照师生共同讨论的平面图及所搜集到的材料，进行扮演区的改装与布置。 活动五：老板和顾客(制定游戏规则) 1. 利用集体讨论的方式制定规则。 (1)一次可以几个人进入扮演区？角色如何分配？ (2)老板的工作内容有哪些？ (3)顾客应做出什么行为？ (4)游戏进行时若发现问题，该怎么办？ (5)游戏结束时，清理的工作由谁负责？ 2. 将游戏规则写下来，张贴在扮演区。 活动六：开店啰(扮演游戏) 1. 幼儿依制定的规则进行游戏，教师进行观察记录，找出问题，思考集体讨论内容。	 1. 善用家长资源、教材及生活中常见素材，供幼儿进行集体创作，并提供解决问题的机会。 2. 教师视需要进行团体、小组及个人等时间规划，完成学习区布置。 集体讨论前教师应：(1)事先拟定讨论大纲，根据幼儿的反应再予以扩充和修改。(2)适时利用重述以厘清与整理幼儿想法，并给予充足思考与应答时间。(3)事后将讨论结果记录张贴，可作为日后解决类似问题的依据。 1. 提供幼儿自由游戏时间，让其展现自我的想法与感受，教师可从中观察他们的行为	 1. 能珍惜与节约使用教室物品与资源。 2. 能依自己的兴趣或能力，选择与承担扮演区的布置工作。 1. 能与他人共同协商游戏规则，并遵守共同的决议。 2. 能了解维护环境的重要性。 1. 能在游戏互动中了解对方的需求，做出适切的回应。

续表

活动流程	教学提示	学习评量
2. 当游戏结束时，请幼儿说出对整个游戏的感觉，也可利用下列问题来引导： (1)当什么角色最好？当什么角色最不好？为什么？ (2)真的商店和扮演区还有哪些不一样？ (3)你有什么话想对商店老板或顾客说呢？ 3. 教师将幼儿发现的问题进行汇总，并与幼儿一起讨论解决方法，将讨论结果记录下来，可作为日后发生类似问题的解决参考。	表现。 2. 利用集体讨论发现游戏中产生的问题，进行教学反思与改进，同时亦可与幼儿讨论问题解决方法，培养幼儿问题解决能力与日后遇到相似情境的学习迁移能力。	2. 在集体讨论过程中能与人协商，共同解决游戏中遇到的问题。 3. 能分工合作完成游戏后的清理工作。

(二)方案教育活动的组织

方案教育根据学前儿童的生活经验和兴趣确定活动的主题，并以活动主题为中心加以扩散，编制主题网络，将概念予以分化、放大，进而让学前儿童通过自己的学习，探索概念的内涵。它可以是学前儿童的单独活动，也可以是小组活动、全班集体活动。它可以只探索一个方案，也可以多个方案齐头并进。它实行的时间长短不一，可以从两三天延伸到一周，也可以从一周扩展到几个月。

1. 选择主题

方案教育活动主题的选择依据是所选择的主题应与幼儿的生活相贴近，能引起幼儿的兴趣。而且，要能够让幼儿在方案的提议、选择和决定上发挥主要的作用。此外，还应考虑能否充分运用幼儿园或者社区所具有的可利用的资源。主题可由教师选择，也可由教师和学前儿童共同决定。

凯茨等人曾给幼教工作者提供了一个主题的基本分类系统，它们是：

①儿童的日常生活，如家庭、孩子、食物、玩具等；

②社区，如居民、医院、商店、交通等；

③节日与重大事件，如国庆节、名人来访等；

④地理，如河流、山川、森林等；

⑤时节，如季节、日历、钟点等；

⑥自然环境，如天气、植物、动物、水等；

⑦抽象概念，如对称、形式等；

⑧普通常识，如船、车、太空旅行等；

⑨其他，如帽子、宠物等。[1]

2. 编制主题网络

主题网络由许多与主题有关的子题编制而成。就如前面的“飞机”主题网络的生成一样，既有教师的概念网络，也有与同事和幼儿一起生成的活动网络。在主题已被确定和主题网络被编制以后，下一步就可以开展方案活动了。

3. 方案活动实施

(1)讨论与表达，形成初步目标和大致活动步骤

方案开始时，教师要组织、参与幼儿的讨论与表达。讨论应给儿童留下深刻的印象，引发儿童的好奇和兴趣，调动他们与所定主题有关的原有经验，从而使他们对活动中可能出现的问题、需要的知识技能以及可能的行动计划有一个充分的准备。

(2)非结构化活动探索，获取直接经验

提供给学前儿童相当比例的与主题有关的非结构化活动，这些非结构化活动可分成三大类，分别是建构活动、调查活动和戏剧扮演。这些活动让学前儿童获取第一手的直接经验。在一步一步接近主题的变化的情节过程中，幼儿验证自己的假设，探讨问题和事实的真相，对客观环境加以有目的的改造。此后，幼儿便以活动本身的结果进行游戏、表演或其他自由表达活动(如绘画、图像剪贴游戏等)。

教师在本阶段的任务是提供丰富而恰当的资源，教师的指导往往是暗示性和建议性的。家长和社区各类人员也能为儿童提供大量的物品和信息，这对于主题的开展与深入都十分有益。

(3)活动的结束与评价，展示与分享

活动结束时，要展示与分享幼儿个别的、小组的和集体的活动结果与作品。这些作品不仅是幼儿活动的记录与见证，也是教师了解幼儿以及幼儿之间相互学习讨论的宝贵资源。同时，有助于接下来新的兴趣的产生，能够直接引发下一个方案教学主题的选择。

展示可以分阶段完成，也可作为一个全程的系统反思过程融入整个方案教育活动中。展示有多种活动形式，如学前儿童个别讲述、开集体报告会等。

幼儿在此过程中锻炼了以别人感兴趣和能理解的方式讲述事件的能力，培养了在他人面前大胆讲述的自信心，发展了清晰、完整思维的习惯。同时，该环节也要求教师形成积极反思的良好作风。这种评价形式发自参与者本人，强调表达、反省和体验。

---

① 朱家雄. 方案教学的理念与实践[EB/OL]. [2007-08-17]. www. yejs. com. cn/yjll/article/id/17891. htm.

典型案例

玩具(节选)[①]

一、活动目的

认识玩具的种类，认识玩具的购买地点、程序和外观，认识制造玩具的地方和过程，知道玩具的安全守则，懂得处理和保存玩具的方法，认识中国的传统玩具，知道怎样利用废物做玩具。

二、活动计划

1. 选取学前儿童在生活上常接触和有兴趣的主题。

2. 拟定主题网。

3. 确定儿童实际进行的主题网。

4. 选取合适的环境进行实地参观和学习。

三、活动过程

1. 利用不同的玩具与儿童进行谈话，引发儿童对主题的兴趣。

2. 教师建构玩具主题网及预设每天学习的内容。

3. 教师进行资料搜集，如实物、图书、图片、宣传单，并选取合适的环境进行实地学习。

4. 利用脑力激荡法，鼓励儿童从谈话和讨论中引发学前儿童对主题的兴趣、知识的疑问。在探究、记录及整理所得的资料后，建构学前儿童实际进行的主题网。

5. 通过不同的活动，如实地参观、访问、资料搜集、操作玩具、故事、音乐活动、建构主题网、触摸等，启发学前儿童的创造能力、探索精神、解难能力、与同伴互相分享和互相学习的技巧。

6. 教师每天评估活动效果，并设定第二天学前儿童感兴趣的活动内容。

7. 与学前儿童一起总结经验。

8. 与学前儿童一起观摩和分享学习成果。

四、活动收获

1. 勇于尝试，如发问和探索。

2. 能够运用观察和触觉力。

3. 学会讨论的技巧。

4. 懂得分析的作用。

5. 学会与同伴分工合作。

6. 懂得与他人交流和分享意见。

---

① 资料来源：edu6. teacher. com. cn/tkc142a/ztxx/rt43. htm. 有改动.

7. 懂得做记录。

8. 懂得用不同途径去找寻资料。

9. 懂得分享学习成果。

10. 运用思考来建构知识。

11. 增强自信心。

12. 懂得从失败中学习如何解决困难。

13. 提高各项学习技能，如表达、绘画、做报告、书写等。

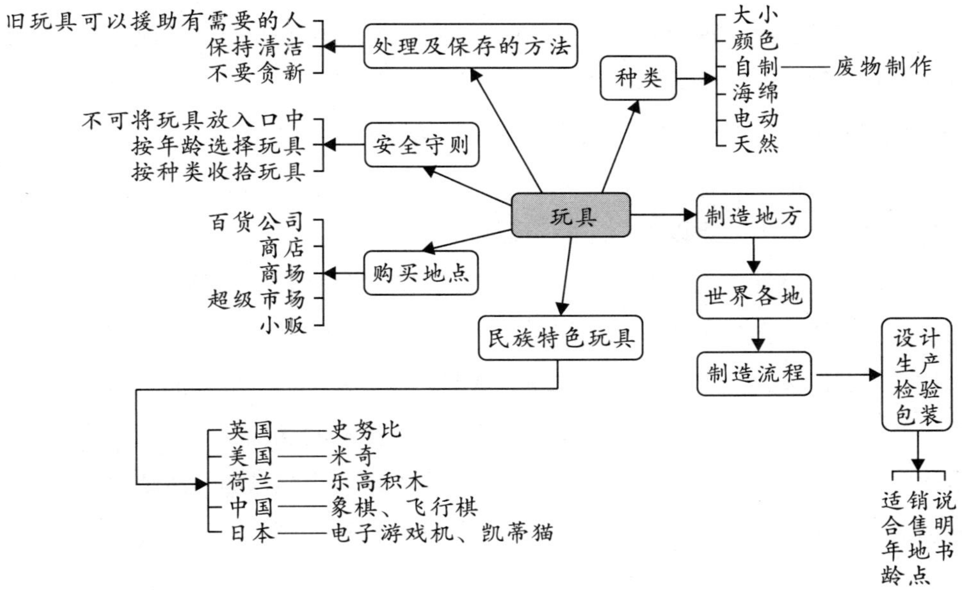

图4-5 “玩具”主题网络

二、社会领域集体教育活动的组织

幼儿社会领域的集体教育活动是指在幼儿园以社会领域内容为主的教育活动，目标明确，计划周密，内容是系统和集中的。活动形式以集体活动为主。它既可以是综合性社会教育活动的一部分，也可能发生在以其他领域为主题的教育活动中。

与综合性教育活动中常见的建构活动、调查活动、戏剧扮演等类型相对应，专门的社会领域的集体教育活动的组织实施主要有三种类型，即生活感知式、角色扮演式以及实践练习式。

(一)生活感知式的集体教育活动的组织

生活感知式的集体教育活动是让学前儿童直接深入社会生活，可以开阔学前儿童的眼界，丰富其感性经验，培养其热爱他人、热爱生活的情感；帮助其掌握相关的社会行为规范，实践有关的社会行为。这种类型的活动分为感知幼儿园生活情境的活动和感知社会生活(参观)的活动。

1. 感知幼儿园生活情境的活动的组织

感知幼儿园生活情境的教育活动的组织包括以下几个环节。

(1)活动的开始

活动的开始部分，教师通过提供多种感知媒介与情境，让幼儿感知相关的媒介与情境，在此基础上，教师提出问题引发儿童的思考。

例如，小班的社会活动“轻轻”中，教师让孩子们充分感受了“噪音”和“安静”两种环境的对比，引导幼儿说出各自感受后，及时揭示了“噪音”的制造者原来是幼儿自己。对此，孩子们都很惊讶，也萌发了对安静环境的喜爱和期盼，从而自发地学会轻轻走路、轻轻说话和轻轻放物品。所以，在社会活动教学中，教师应尽量提供宽松的认知环境和更多的学习机会，让孩子们身临其境尽情发挥。

(2)活动过程

在这个环节应该注意以下几方面问题。

第一，精心设计讨论问题。教师在组织该类教育活动时，要精心设计讨论题目，要由浅而深地逐步地提出 2 至 3 个问题，这些问题包括“为什么”和“怎么做”等。可以说，讨论问题的设计是影响活动效果的最重要因素。为了提出恰当的问题，引发有效的讨论，教师在备课时应该充分考虑教育活动的目标，明确规则的内涵；围绕所设立的目标，设计出既适合教育目标又适合学前儿童年龄特点的方法及活动细节。

例如，小班的社会活动“轻轻”中，感受了“噪音”和“安静”两种环境之后，教师提出“两种环境有什么不同?”“你的感受是什么?”“我们应该怎样做?”等问题让大家讨论。

第二，实践－讨论－再实践－再讨论。讨论之后，根据幼儿的建议与想法，教师可以引导幼儿尝试实践，在实践后进一步让幼儿分享彼此的认识与体验。然而，活动开始时由实践引发的讨论问题，幼儿还不一定能够立刻理解，对“为什么”“怎么做”等问题的认识可能还不清晰。因此，在讨论后增加再实践环节和再讨论环节也是非常必要的。

在“轻轻”的活动设计中，教师安排了让孩子们再实践的环节，根据孩子们提出的建议，让大家再玩一次。通过这个过程，让幼儿进一步掌握应该怎样做。通过实践、讨论、再实践、再讨论的过程，可以使幼儿较清晰地理解“轻轻”的规则。

第三，教师巡回指导。在整个活动过程中，教师的巡回指导是非常必要的。巡回指导可以帮助教师了解幼儿的规则掌握情况，及时发现幼儿规则理解上的问题。同时，教师通过巡回指导，可以及时发现即时发生的问题，给予快速的解决。

(3)活动延伸

每个教育活动设计都要有相应的活动延伸部分。活动延伸就是要在教育活动“教会”的基础上，帮助学前儿童形成良好的行为习惯。例如，“轮流玩”的活动设计就安排了“带学前儿童到户外玩滑梯、转椅、秋千，提醒他们要排好队伍轮流玩”这一活动延伸环节。通过教师带学前儿童到户外做游戏这一环节，让学前儿童进一步掌握和实践轮流的规则。①

典型案例

我们的幼儿园(小班)

一、活动设计思路

小班幼儿从家庭进入到幼儿园，面对陌生的环境，有些孩子不愿来园，有些孩子不愿晨检。设计“我们的幼儿园”活动，让小班幼儿在了解自己所在班级的基础上，体验幼儿园每天必不可少的游戏，如晨检活动等，使小班幼儿了解幼儿园的活动，增加愉快的体验，形成对幼儿园的归属感。班级是孩子在幼儿园生活的真实环境，但它也是一个抽象的概念，因此教师利用生动的方式——喜羊羊班级标志牌，让孩子学会辨认自己的教室，增加一份安全感和对班级的期待。

二、活动目标

1. 知道自己所在的班级，能辨认自己教室的位置。

2. 认识幼儿园的部分设施，增强对幼儿园的归属感。

三、活动准备

1. 入园初期进行此活动。

2. 喜羊羊班级标志牌一个，将其贴在教室门外明显的位置。

3. 小兔子手偶一个。

4. 事先向保健室、游戏室教师说明参观意图和需要配合之处。

四、活动过程

1. 以手偶小兔子来看望小朋友的情境引出活动。

教师出示手偶小兔子，并以其口吻与小朋友交流：“特别想来小八班做客，可是我一到幼儿园，发现有这么多的班，哪个是小八班呢？我找不到，最后还是请一位老师带我过来的。”

2. 情境谈话，了解从户外回到教室的方法。

小兔子：“你们每天从户外回来是怎样找到教室的？”

教师启发小班幼儿说说自己的好办法。例如，知道自己是哪个班的小朋友，教室在几楼，教室门口有什么标记，等等。

教师以手偶口吻小结：“小朋友想的办法真是太好了，知道我们班的位置，会辨认教室门口的标记，这样一定就能很快地找到了。”

教师带小班幼儿到教室门外寻找喜羊羊标志，再次加深小班幼儿的印象。

---

① 邹晓燕. 幼儿园社会教育的原则及组织形式[J]. 幼儿教育，2010(15)：18-21.

3. 参观园舍，了解幼儿园的主要设施。

找到喜羊羊标志后，沿途介绍园内孩子们经常接触的设施，如“淘气堡”游戏室、户外器械室和大型器械处，请小班幼儿向小兔子介绍这是什么地方，我们在这里做什么等；以此引导小班幼儿感受幼儿园的快乐生活，产生对幼儿园的归属感。

在保健室，引导小班幼儿与保健医生交谈，让他们摸一摸、看一看测量身高体重的器具等，消除他们每天来园晨检时的紧张心理，增加安全感。

4. 尝试自己返回教室。

请小班幼儿给小兔子带路返回教室，要求他们凭借班级位置、教室标志返回自己的教室。

教师以小兔子口吻结束：“谢谢小朋友的帮助，让我认识了你们的幼儿园，还有小八班，也希望小朋友每天都高高兴兴地来幼儿园，快乐地游戏。”

五、活动延伸

在家里，要经常和孩子玩“藏猫猫”的游戏，帮助孩子缓解与家长分离的焦虑。①

六、活动反思

1. 活动以手偶角色的口吻贯穿始终，具有较强的情境性，动静交替，孩子们参与度很高，较好地达成了所设目标，并通过情境游戏、实地参观等策略解决了重难点问题。

2. 通过活动，孩子们能在中心楼若干教室中较快地找到自己的班级。以找喜羊羊的形式来找自己的班级，使孩子们更加感兴趣、更加主动，增加了他们对班级的亲切感和期待。

3. 热情的保健医生为孩子们介绍检查内容，让孩子们亲手抚摸检查设备，有效地缓解了孩子们的紧张情绪，帮助孩子们消除了恐惧感，参观游戏室和大型器械这些孩子们最喜欢游戏的地方，加深了孩子们的快乐体验，提高了孩子们来园的积极性，有效地促进了孩子们对幼儿园的喜爱。

2. 感知社会生活(参观)活动的组织

参观是在社会教育过程中，教师根据一定的教育目标组织学前儿童到学前教育机构外观察社会现象，让学前儿童在对实际事物或现象的观察、思考中获得新的社会知识和社会规范的活动。参观能把学前儿童社会教育活动与社会生活紧密地联系起来，有利于生动、活泼地向学前儿童进行社会教育。例如，组织儿童参观少年宫、敬老院、图书馆、超市以及邮局等。

感知社会生活的教育活动的组织，包括以下几个环节。

(1)参观前的准备

第一，教师的准备：确定参观地点、行走路线以及准确的时间；制定参观的具体

① 资料来源：天津市河北区第五幼儿园，吴广节.

流程与预案；实地考察参观场所，落实方案中的细节；设计与落实互动体验环节；做好物质方面的准备，如餐饮、纸、衣物、车辆、药品等；做好与家长的沟通，取得家长的支持。

第二，幼儿的准备：相关内容的经验梳理，相关内容的经验准备，出行物品的准备，注意事项。

(2)参观的组织

第一，出发前的组织：整队集中检查行装，清点人数，检查所带物品。

第二，出发途中的组织：保证学前儿童的安全，如步行时教师走在马路外侧，坐车时提醒学前儿童不要将手脚伸出窗外。

第三，到达时的组织：重新整队，用提问的方式提出参观时需要注意的事项和参观的目的。

第四，参观过程中的组织：教师与参观地的工作人员合作，组织学前儿童有秩序地参观，请工作人员介绍参观的对象时避免用专业术语。活动体验环节要适合学前儿童的年龄特点和认知水平，并要注意安全。

第五，结束时的组织：选用适当的方法。例如，参观邮局，若工作人员工作繁忙，可自然结束；若不忙，可用联欢和实践的方式来体验和结束。

(3)参观活动的注意事项

第一，参观时间最好选上午，学前儿童精神状态会比较好，兴趣会比较高涨。

第二，组织人员的数量适当增加，外出环境陌生新鲜，学前儿童易兴奋，自我保护意识与能力较差，需要成人的帮助与引导。

第三，参观回来后，可组织谈话。通过谈话可以梳理与分享学前儿童由参观而获得的感性经验，进一步加深他们的印象。

第四，可开设相应的活动区域(延伸活动)。例如，参观邮局的延伸活动可以是“邮票展”“与邮局有关物品展”“学寄信”等。

典型案例

参观小学(大班)

一、设计意图

大班的幼儿很快要上小学了，他们对小学既好奇，又陌生，有许多的问题想要问老师。为了让幼儿们在上小学前做好充分的心理准备，我们组织了参观小学的活动。

二、活动目标

1. 初步熟悉小学的校园环境和小学生的学习生活。

2. 知道自己即将进入小学，成为一名光荣的小学生，激发上小学的愿望。

三、活动准备

联系好附近一所条件较好的小学，请一年级准备一节算术课或一节语文课。

四、活动过程

(一)活动导入

教师："再过几个月，小朋友都要离开幼儿园，上小学读书了，你们想不想去看看小学里的哥哥姐姐究竟是什么样子的呢?"

幼儿："想!"

教师："好，今天我们就一起去实验小学参观，小朋友们要仔细看看小学和幼儿园有哪些不同，看看小学生是怎样升旗、怎样上课的。"

(二)参观小学

1. 参观传达室

(1)一走进校门，就看到有一间房间，这是什么地方?(引导幼儿向门口的老伯伯询问，认识字的小朋友可以读一读牌子上的字。)

(2)传达室是用来干什么的?(请门口的老伯伯做介绍：传达室的作用是保护小学生的安全，不让外边的人随便进来，也不让小学生随便出去。)

2. 参观操场

(1)让小朋友从操场的这头跑到那头，感受操场的大。

(2)教师："小学的操场和幼儿园的操场，哪一个更大?为什么小学的操场那么大?"(小学生比幼儿园小朋友多)

(3)看一看操场上有些什么运动器械。

(4)教师总结："小学操场上的运动器械比幼儿园的多，比幼儿园的大，有的运动器械还很高。有跳高、跳远用的沙坑，有打篮球用的篮球场，有向上爬的竹竿，还有双杠、单杠等。有的是高年级的哥哥、姐姐锻炼身体用的，有的是一年级小朋友玩的，玩运动器械时一定要注意安全。"

(5)观看小学生升国旗、做早操。

引导幼儿观看小学生如何在操场上排成整齐的队伍，观察升国旗时戴红领巾的小学生是怎么做的，戴绿领巾的小学生又是怎么做的，观察小学生做操时的精神和动作。

3. 参观小学的教室，并将其同幼儿园活动室做比较

(1)小学的教室比幼儿园的大，所以说是"宽敞的教室"。

(2)小学的课桌椅同幼儿园的不一样，是两个人同用一套桌子和椅子，称为"双人课桌椅"。

(3)教室里两块大黑板，一块是老师教小学生学算术、语文、绘画时用的，一块是小朋友自己写字画图时用的。

(4)教师："幼儿园的活动室里有玩具橱，小学的教室里为什么没有?"(启发幼儿发言后老师作小结：因为小学是小学生上课学习的地方，他们上午和下午都要上课，下午不睡午觉，每上完一节课休息一会儿后又要上第二节课，小学生玩的时间要比我们幼儿园小朋友少很多，所以教室里就没有玩具橱了。)

4. 观看小学生上课

(1)听一听小学生上课前要响几次铃。第一次铃声响过之后告诉幼儿这是预备铃，并告诉他们小学生是怎样准备上课的。

(2)提醒幼儿见到老师主动问好，引导他们像小学生一样坐端正，并让他们观察课桌上的学习用品摆放的位置。

(3)听小学老师讲课，看小学生怎么动脑筋举手回答老师的提问，如何注意听讲等。

(4)观察下课后小学生干什么。(有的自由放松一会；有的去厕所小便，然后做下节课的准备工作)

(三)回到幼儿园

教师："今天我们参观了什么小学？看到了什么？应该怎样准备做个小学生?"(请幼儿交流)

五、活动延伸

可以请几位本幼儿园去年毕业升入小学的哥哥姐姐来园开个见面会，让幼儿向小学的哥哥姐姐提问题，从而使他们对小学的生活和学习有更进一步的了解。

评析：

上述参观小学的活动，能够使幼儿对小学产生清楚的感性认识，萌发进入小学学习的愿望，也能够使幼儿做好进入小学的心理准备，帮助其适应小学生活。在大班下学期，幼小衔接工作是一个重点，在社会活动中，通过参观这种形式，帮助幼儿了解小学的相关情况，会让他们对进入小学学习产生好奇，一步步了解之后会让他们对自己即将成为一名小学生感到骄傲。

(二)角色扮演式的社会教育活动的组织

角色扮演是一个人设身处地去扮演另一个在实际生活情境中不属于自己的角色的行为过程。角色扮演式的社会教育活动，目的是帮助幼儿了解人际关系及不同角色身份，使其学会以适当的行为方式进行人际沟通，从而掌握互助、合作等友好交往技能。这种教育活动的组织环节如下：

1. 活动开始

活动开始时，教师要用语言向幼儿介绍表演场景(什么地方)、角色和扮演者，以引起幼儿观看表演的兴趣，并向他们交代任务，提醒他们仔细观察表演者的表情、动作，记住表演内容，以便在观看后讨论。

2. 角色表演

角色表演可以是现场的表演，也可以是事先录制的情景表演。无论哪种形式，都一定要注意兴趣性，要能够吸引幼儿的注意。情境创设应力求真实、生动、有人有景，可以用电化教具配合，也可以用画板或挂图代替。场景布置及使用的道具应尽量简单；在化妆上只要突出人物身份的主要特点，能使幼儿看懂就行。如果需要幼儿扮演角色，应首先物色人选，然后组织排练。

3. 讨论分享

教师将事先设计好的问题让幼儿讨论，激发他们的内心体验，引发他们的思考。

教师在组织幼儿讨论时应该注意分组。一般来说，小班幼儿以 2 人一组为宜，中班、大班可以 3～4 人一组。虽然对小班幼儿来说讨论较难进行，但是教师可以加以引导，逐步提高小班幼儿的讨论意识和参与讨论的能力。教师在分组时要注意小组成员间的能力强弱搭配，以便更好地促进教学活动中的讨论。

4. 经验强化

角色表演和讨论分享可以使幼儿了解某种情境中应该怎样去做，但由于教育活动无法将生活中的很多类似情境一一再现，因而此环节可以适当用图片或录像片段的方式将生活中类似的各种可能情境再现出来，还可以通过角色扮演练习相应的行为模式，让幼儿利用刚刚获得的知识和能力进行强化。

5. 经验迁移

在日常生活中引导幼儿表现正确的行为，并对他们的正确行为及时予以表扬强化，使其正确行为得以巩固。

典型案例

表4-4　魔术套箱①

活动名称	魔术套箱		
领域	社会	活动形式	小组
年龄班	中班	幼儿人数	15 人
活动设计思路	随着中班幼儿人际交往方面需求的不断增长，“学会合作”成为一个重要的社会领域目标。有效的合作蕴含“共同的目标意识、诚信、共享、分工与协作”等多种特质。我设计的“魔术套箱”这一活动，就是期待孩子们能够充分体验为了共同完成一件事情，分工与协作的重要性，体验什么样的分工和协作更为有效。我以幼儿非常喜爱的“变魔术”这		

① 资料来源：天津市河西区第十六幼儿园，李树静.

续表

活动设计思路	一生动情境为主线，让孩子们在自主发现、自主体验、自主展示的过程中，使合作变为他们自己的需求，给他们充分观察、讨论、思考以及体验的机会。我沿着唤醒经验、梳理经验、提升经验这一层层递进的线索，让幼儿在变出、变没纸箱的反复操作体验中积累、丰富感性经验和认识，潜移默化地传递给他们一种与人交往、合作的意识和方法策略，将合作的经验逐渐内化为幼儿自己的意识与行为，进而逐步促进他们经验的主动建构，使他们自然而然地领悟到合作的重要性。
活动目标	1. 在多次尝试、操作、讨论中体验共同完成一件事情所需要的协商、分工与协作。 2. 懂得只有通过合作，才能省时、省力地完成“工作”，萌发合作意识，初步培养合作能力。 3. 在游戏过程中体会与人合作的重要与快乐。
活动重点	在套、摆纸箱的过程中，体验完成共同目标需要和同伴分工与合作。
活动难点	共同讨论商量，合理分工，相互配合，协调活动。
活动准备	1. 物质准备：套箱 5 套(见图4-6，每套有 5 个大小不同的纸箱，5 个箱子按从小到大的顺序分别贴上 1～5 数字编号)，地面贴与纸箱颜色一致的彩色贴纸，魔术挡板两块，背景音乐一段，照相机一台和投影设备一套。  **图4-6　套箱** 2. 幼儿经验准备：会按照物体大小特征正确排序，能较清楚地表达自己的想法和愿望。
活动组织过程	(一)自主发现 观看“魔术师”表演“纸箱变变变”，在游戏情境中引发幼儿自主发现排序上的“秘密”。 指导策略： (1)教师以魔术师身份将一个纸箱变成许多个纸箱。 (2)引领幼儿观察、发现魔术的秘密。 (3)教师再次以魔术师的身份，将许多纸箱变回一个纸箱。 (二)自主体验 学做小小魔术师。 1. 用“纸箱只有 4 套”的游戏情境引导幼儿自然分组。 指导策略：启发、协调幼儿分组过程中的具体问题。

活动组织过程	2. 幼儿第一次尝试操作，将一个纸箱变成许多个纸箱。 重点提问：你们组是怎么做的？你做了什么？ 指导策略： (1)教师强调规则：也像老师那样排成一排。魔术师的动作要非常快，才会让人们感到神奇。音乐停止时，魔术时间结束，每组魔术师要马上回到座位。 (2)观察幼儿操作中的表现。 (3)开展讨论，帮助幼儿归纳合作经验。(本环节为活动重点) (4)运用图片提示幼儿变出纸箱的合作点。 预想结果： (1)三组都成功。请每组幼儿分别表述自己小组是怎么做的。教师在幼儿的表述中提炼成功的经验，如要按一定的顺序拿(1～4 号或 4～1 号)；组里的每个小朋友都做事情，大家一起做；每个人做的事情不一样，有帮助打开纸箱盖的、有拿纸箱的、有摆纸箱的…… (2)有成功有失败。 ①成功组说做法。 ②失败组讨论：遇到什么问题？(幼儿之间相互指责、时间不够、忙乱……)怎样解决这些问题？ (3)三组都失败。讨论同上。 经验提升：几个小朋友只有做好分工、认真执行、相互合作，才能又快又好地完成。 3. 幼儿第二次尝试操作，将多个纸箱变回一个纸箱。 重点问题：在变回纸箱时几个人是怎样合作的？ 指导策略： (1)运用刚才讨论中得到的经验，小组内进行协商。 (2)教师认真观察，将幼儿操作中表现出的分工、协作行为进行现场抓拍记录。 (3)再次讨论。鼓励、肯定幼儿的良好协同行为，并将其协同行为与音乐(控制时间)、成功相联系，进一步巩固经验。 (4)运用图片提示幼儿变回纸箱的合作点。 经验提升：小朋友要商量分工、遵守约定、默契配合。 (三)自主展示 魔术表演，再次进行纸箱变出、变回的游戏。 重点问题：我们在进行魔术表演时怎样合作？ 指导策略：表扬肯定幼儿的协同行为，使幼儿体验到分工协作，共同完成一件事情的快乐。 经验提升：当大家要一起做一件事情时，千万不能着急，要先商量一下怎样做，每个人都干什么，要分好工，只有这样才能让事情做起来不忙乱，既省时又省力。 (四)活动延伸与扩展 1. 在活动区投放本次活动的材料 1 套，让孩子们能够继续在游戏情境中探索与同伴合作

续表

<table>
<tr><td>活动
组织
过程</td><td>的新方法、好策略。
2. 在生活中随时发现和捕捉幼儿间相互合作的瞬间，及时进行策略交流。（见图4-7）

图4-7　幼儿的相互合作</td></tr>
<tr><td>活动
反思</td><td>幼儿在教师的引导下较好地完成了“合作”的任务，而且也通过自己的亲身实践感受到合作的重要和成功的喜悦。活动的全过程注意把握了以下几点：
1. 牢固把握社会领域的学科要素，支持幼儿在深入体验中内化经验
今天我设计的“魔术套箱”这个活动，就是期待孩子们充分体验为共同完成一件事情分工与协作的重要性，体验如何分工和协作更为有效。在活动设计时，我们牢固把握社会领域的学科要素，明确让幼儿体验的“行为意义”是什么，要沿着怎样的学科线索让幼儿获得更深入的体验和不同角度、层次的经验，以支持、引领幼儿以亲身体验为基础的学习过程。我们以变魔术的生动情境贯穿始终，不仅让孩子们真的过了一把当魔术师的瘾，更重要的是，在教师情境化的引导下，调动幼儿在变出、变回纸箱的反复操作体验中，将合作的经验逐渐内化为自己的意识与行为。
2. 关注幼儿经验建构过程，为幼儿的原有经验与新经验架构桥梁
让孩子们在体验中学会合作是我们本次活动把握的关键所在。孩子们的体验，更多地自然融入“做”和“玩”中，因此我将教育目标透过“纸箱”这一可操作的游戏材料以及“变魔术”这一有趣的游戏情境，将合作变为孩子们自己的需求，给孩子们充分观察、讨论、经历和体验的机会，帮助幼儿积累和丰富感性经验和认识，逐步促进幼儿主动建构经验，使幼儿自然而然地领悟到合作的重要。
虽然幼儿的“学”，是自身的主动建构，但其年龄特点又决定了他们需要教师的引领与帮助。因此，在活动环节的设计上，我们力求层层递进。第一环节的“纸箱变变变”唤醒孩子对物体大小、排列规律、取放方法的原有经验。第二环节的“学做小小魔术师”在幼儿充分感知、游戏的基础上，通过经验交流、问题讨论等教学策略，引领幼儿动脑思考，帮助幼儿梳理各种经验，包括要在规定时间内完成任务，小组成员之间要商量、调整、做计划，有时还需要服从，在行动上要知道自己负责的具体任务，有始有终，还要互相关照，出了问题要解决等。同时，在梳理经验的过程中也将经验归纳整理，得以提升。正是随着唤醒经验、梳理经验、提升经验的层层递进，引领着幼儿在可知可感的活动中向目标迈进。
3. 活动体现了社会领域教育“潜移默化”的特点</td></tr>
</table>

活动反思	幼儿在合作能力、合作意识等方面的原有经验和发展水平都不尽相同，所以我认为教师应给幼儿的学习留有一些空间和时间，正如《纲要》中所提到的“社会学习是一个漫长的积累过程”，要以长远的眼光看待孩子的发展。也许在活动中孩子没能用恰当的语言来表达想法，或者小组成员之间的配合还不够默契，但这只是一个20多分钟的教学活动。作为教师，我相信我所要传递给孩子的是一种与人交往、与人合作的意识和方法策略；相信这些已经在孩子的头脑中留下了痕迹；相信在日复一日的生活中，他们会逐渐积累既有实效又具有长远价值的社会性经验，并将其内化为良好的社会品质。

评析：

上述案例中教师通过三个情境体验，指导幼儿在不同的情境下学习合作与分享。情境是幼儿感兴趣的，他们能比较直观地从中获得模仿的策略，并通过强化而获得交往技能。

(三)实践练习式的社会教育活动的组织

在社会教育活动中，教师常常组织学前儿童进行一些行为练习，让幼儿在“做中学”，培养幼儿良好的生活习惯及交往能力，帮助幼儿内化道德规范和行为准则。教师要对活动的主要内容和幼儿的练习情况进行小结评价，同时，向幼儿提出活动后的练习要求，使教学延伸至课外、园外。只有这样，幼儿良好的行为习惯才能逐步形成。

这些活动的组织包括以下几个方面。

1. 练习前的准备

一方面，选择恰当的内容。实践练习的内容应该是学前儿童生活中常接触的、感兴趣的、比较容易操作的、力所能及的事务。例如，照顾自然角、剥豆、擦桌椅、收拾玩具、整理生活用品或去超市购物等活动，就可以成为学前儿童实践练习的内容。

另一方面，做好活动前的准备。在组织实践活动前，教师要仔细考虑实践过程中各个环节的操作和衔接，安排科学的活动程序。同时，教师要吸引学前儿童一起参与到活动的准备过程中来，让幼儿做些力所能及的事情。要避免教师每一环节都准备就绪，再让幼儿参与实践的形式主义。

2. 练习过程的组织

首先，教师要通过一些方法引发学前儿童愉快的情绪，激起学前儿童行为练习的愿望，调动学前儿童的有关经验。其次，示范。示范动作要慢，每个步骤都要示范清楚，让学前儿童看到，示范时配合语言讲解，语言应浅显易懂。再次，要求学前儿童进行行为练习。学前儿童在行为练习时教师要巡回指导，发现有问题或进行不下去时，教师要给予指导，不一定要把答案告诉学前儿童，而是要引导他们一步一步接近答案，并最终得出答案。行为练习时教师要参与其中，一方面做无形的指导；一方面调动学前儿童参与的积极性，提高其行为练习的效果。最后，让学前儿童分享行为练习的成果，以巩固行为练习的效果。

3. 注意事项

行为练习的要求应前后一致，应长期坚持，以便学前儿童能持之以恒形成习惯。

典型案例

我在图书馆看书

一、活动目标

1. 了解借阅图书的流程，体验借阅图书游戏的乐趣。

2. 感受阅读的乐趣和分享的快乐。

二、活动准备

1. 创设、布置“图书馆”场景，收集、增添大量图书等。

2. 邀请 2～3 名幼儿家长与孩子们分享活动。

三、活动过程

（一）了解借书流程，体验借阅图书的乐趣

1. 观看借书录像。录像中的小朋友是怎么借书的？先做了什么？再做了什么？

2. 教师出示相应的图片记录借书流程。办卡—选书—借书—看书—还书。

3. 教师出示一本图书馆借来的图书，简单介绍标签、藏书章、条形码等标记。

（二）家长自我介绍，和孩子们分配角色，参与游戏活动

1. 玩“借阅图书”情境游戏。幼儿相互交流共同创设的“图书馆”情境，家长参与，和幼儿一起玩借阅图书的游戏。

2. 游戏过程中教师观察并适时参与游戏，提醒幼儿注意在图书馆借阅图书的规则，体验借书、看书、还书的乐趣。

3. 活动结束，教师简单小结，鼓励幼儿多去图书馆借书、看书，做一个知识渊博的小博士。

四、活动延伸

1. 区域活动：继续丰富“图书馆”游戏区，贴上标记，提醒幼儿遵守规则。

2. 家园共育：鼓励家长带孩子去图书馆办借阅卡，和孩子一起去借阅图书。

评析：

上述活动所选择的内容是幼儿在生活中能够接触的，易于操作的，且是幼儿感兴趣的。首先，活动材料准备得非常充分，幼儿在进行操作前便已通过讨论对如何借阅图书有了初步的感知。其次，通过操作、再讨论，使学前儿童进一步掌握图书借阅的

流程。最后，通过与家长的互动练习，使幼儿逐步了解图书借阅的规则与技能。①

任务回顾

任务	应知应会要点	学习应达到的程度
掌握专门的社会教育活动的组织	综合性社会教育活动的组织	☆☆☆☆☆
	社会领域集体教育活动的组织	☆☆☆☆☆

任务二　掌握环境渗透与随机教育的实施

社会生态学家布朗·芬布伦纳认为，发展来自于人与环境的相互作用，相互作用的过程设定了人的发展路线。个体发展的环境是一个由小到大层层扩散的复杂的生态系统，每一个系统都会通过一定的方式对个体的发展施以影响。这些环境以学校、家庭、社区、整个社会文化以及个体与环境之间、环境与环境之间的相互作用与联系等不同的形式具体地存在于个体发展的过程中，在个体发展的不同时期在不同方面给予个体不同的影响。所以，环境，尤其是幼儿园的环境在学前儿童的社会性发展中起着重要的作用。这种作用和幼儿园专门的社会教育活动不同，是通过潜移默化的渗透来实现的。

一、社会教育的环境渗透

影响学前儿童社会性发展的环境，既包括家庭环境，也包括幼儿园和社会环境。在此主要探讨如何创设良好的幼儿园环境，通过积极环境的渗透来促进学前儿童的社会性发展。有关家庭环境和社会环境的渗透，我们在本单元任务三中再做详细介绍。

不同的环境造成学前儿童不同的学习与行为。不同的环境可诱发不同的社会行为。积极的环境能诱发、维持、巩固和强化积极的社会行为。具有社会教育价值的环境应有如下特征：在物质上是丰富和多样的，在气氛上是宽容和接纳的，在制度上是明确和必要的，在设计上是具有某种倾向性或暗示性的。总之，良好的社会教育环境要具有支持性、秩序性。因此，通过环境渗透来影响幼儿社会性发展，应做到以下几点。

(一)创设健康而丰富的幼儿园物质环境

幼儿园的物质环境，包括幼儿园室内用房和户外活动场地、各种设备、用具材料

① 资料来源：天津市和平区第五幼儿园，李佳姝.

等。发展学前儿童的社会性，幼儿园物质环境的创设应注意以下几点。

1. 创设的环境要美观、安全、卫生

幼儿园室内外的布置和摆设应以美观、简单、和谐为原则。有时，带有过分刺激性色彩和过于复杂、美观的布置会引起幼儿烦躁、不安的情绪以及其他不适行为。你喜欢下图中展示的哪种环境呢？(见图4-8、图4-9)

图4-8　幼儿园楼道

图4-9　幼儿园教室

2. 活动空间的密度、大小要适当

在创设环境时，要注意空间密度是否适当，以避免产生过分拥挤的状况。活动空间的大小、开放性程度应符合幼儿的多种需要。创设的环境中，既应当有适用于全班集体性活动的大型空间，又要有能让几个幼儿一起活动的中型空间，甚至还要有适合个别儿童单独活动的、安静的私密空间。私密空间在满足幼儿独处的需要和其他一些情绪情感的需要上是相当重要的。

3. 投放的活动材料要充足并有差异性

活动材料丰富与否，将影响到学前儿童表现出来的竞争性、侵犯性和破坏性行为的程度，因此要提供数量充足的活动材料。不同年龄的幼儿游戏活动水平不一，因此要分别提供适宜种类和数量的活动材料。例如，小班幼儿大都处于平行游戏或独自游戏的阶段，教师就应多准备一些相同种类的玩具和其他材料。而到了中、大班以后，教师应更多地为他们准备、提供适宜于发展合作性游戏的活动材料。

(二)营造宽松而温馨的幼儿园精神环境

幼儿园的精神环境，主要指幼儿园里的人际关系及一般的心理气氛等。具体体现在教师与幼儿、幼儿与幼儿、教师与教师间的相互作用、交往方式等方面。营造良好的精神环境，应注意以下几点。

1. 教师要以支持、尊重、接纳、民主的态度对待幼儿

教师在与幼儿交往时，应对幼儿表现出支持、尊重、接受的情感态度和行为。这种态度与行为是建立师生间积极关系的基础，也是进一步培养幼儿良好社会性行为的基本条件。教师应以民主的态度对待幼儿，善于疏导而不是压制；允许幼儿充分表达自己的想法和建议，而不以权威的命令去要求他们。这不仅可以使幼儿积极主动、大胆、自信，而且有利于幼儿自我接纳和自我控制能力的发展。教师在与幼儿交往时，要尽量采用多种适宜的身体语言动作，如微笑、点头、注视、肯定性手势、抚摸以及轻拍肩膀等。恰当的面部表情的使用也能让幼儿对教师的情绪状态和对自己行为的反馈有更为明确、深刻的体会。

2. 教师与教师之间要和谐，互相支持与尊重

教师是幼儿社会性行为的指导者。除了教给幼儿正确的、适宜的行为方式与规则以外，教师自身对待幼儿的情感态度和其榜样作用是巨大的。教师的以身作则，使其成为幼儿良好的观察模仿的榜样。教师间如果相互关心、相互帮助，会给班、园带来一种温情的气氛，容易激发出幼儿积极的社会性行为。

3. 形成关心、友爱的氛围，学会情感的表达与反馈技能

在班级中，建立同伴间相互关心、友爱的班级气氛。引导幼儿向同伴交流自己的思想和感情，有利于同伴了解他人的各种需要，进而产生帮助、合作等行为。并且，也能使得到帮助的幼儿学会正确的反馈方法。

4. 明确而必要的规则制度

除了人际环境以外，幼儿园的日常规则制度也是幼儿园精神环境创设的重要部分。例如，幼儿在教师讲课时要注意听讲，使用玩具时要分享、谦让，接受别人的帮助后应当道谢，等等。这些规则和要求在教育活动中从一开始就要非常明确，并要一贯地执行下去，使幼儿在具体、真实的交往活动中得到运用和体验，必要时让幼儿自己讨论制定规则，以提高幼儿遵守规则的自觉性。

例如，某班幼儿要进行自制陀螺的比赛，教师引导幼儿自制比赛规则。幼儿经过讨论制定出他们的比赛规则：转动会很漂亮，设计有对称，外表看起来很特别。

5. 环境创设应具有某种倾向性或暗示性

环境创设是幼儿园环境教育的重要组成部分，是丰富幼儿园教育环境，优化教育手段，提高教育质量的一个重要途径，承载着教育意图，它对幼儿的学习成长有着潜移默化的影响。环境创设主要有活动区、功能室(区)和主题墙饰儿方面，如益智区的棋区规则(见图4-10)、图书角的阅读指导说明(见图4-11)等。

根据不同年龄幼儿社会性发展的需要，不同年龄班的活动区的创设，环境的装饰和内容可分别有所侧重。大班的棋类区背景墙饰可以包括棋的种类、各种棋类的不同规则以及一些习惯方面的要求。针对初入园的小班幼儿，可以在区域环境中侧重渗透入园教育、常规教育等。例如，可以鼓励小班幼儿把自己喜爱的玩具带到幼儿园来，并在活动区域中和其他小朋友共同分享，通过分享，尽快让幼儿彼此熟悉起来。在大

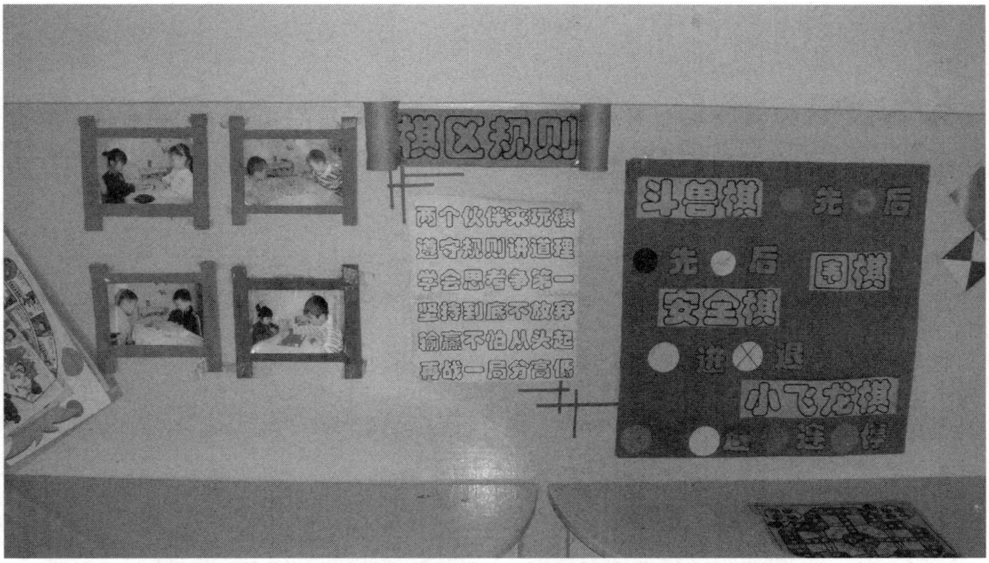

图4-10　幼儿园棋区规则

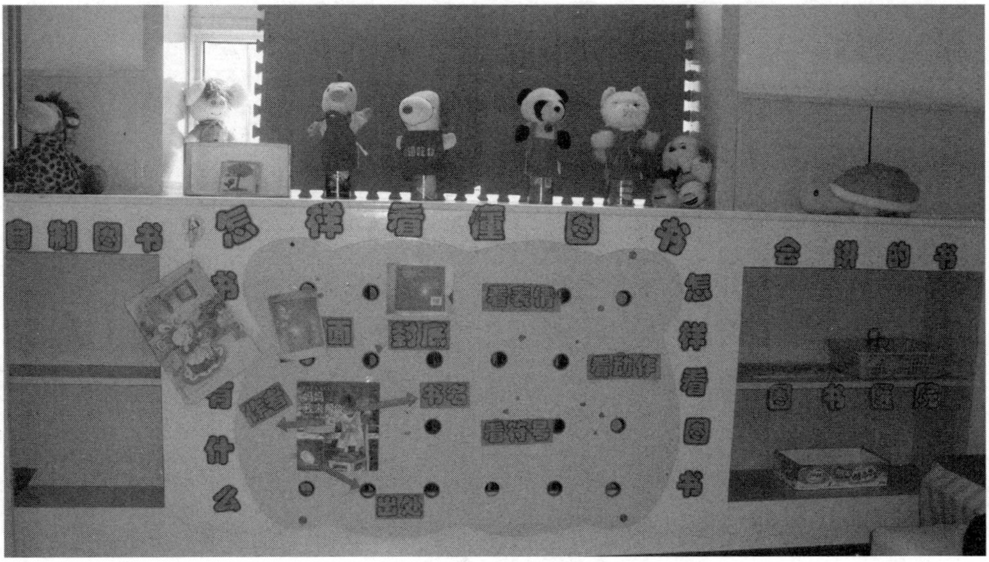

图4-11　幼儿园图书角阅读指导说明

班，可以侧重互动、合作方面的内容，增加操作性强的半成品以及活动幅度较大、难度较大的材料，使幼儿之间增加合作和沟通的机会，学习分工与合作。到了大班末期，可以渗透幼儿园衔接小学的教育内容，在区域中展示小学的环境设施以及小学生一日生活的实物或情景图片，让大班幼儿了解小学的生活和学习状况，激发大班幼儿对小学的向往，减少对小学的陌生感和神秘感。

班级内的主题墙饰是幼儿园重要的教育资源，主题墙饰应该在与幼儿的互动中创设与形成，并能够发挥适宜的教育作用，促进幼儿的发展。幼儿园在布置教室的主题墙时，需要准确把握幼儿在相应年龄阶段的兴趣和需求，根据幼儿的年龄特点创设他们感兴趣的主题墙饰，同时不断融入有价值的教育内容，引导幼儿积极、主动并且有效地学习，使幼儿获得符合他们年龄阶段的关键经验。

例如，小班在开展主题活动“好玩的娃娃家”时，让孩子们说说自己喜欢的玩具、照片等，让孩子们充分体验生活中的美好。然后收集相关的素材，把这些孩子们喜欢的东西加入到主题墙饰中，作为组成元素。这样的主题墙不仅有效激发了幼儿的兴趣，还可以丰富他们的情感体验，可以说是一举两得。(见图4-12)

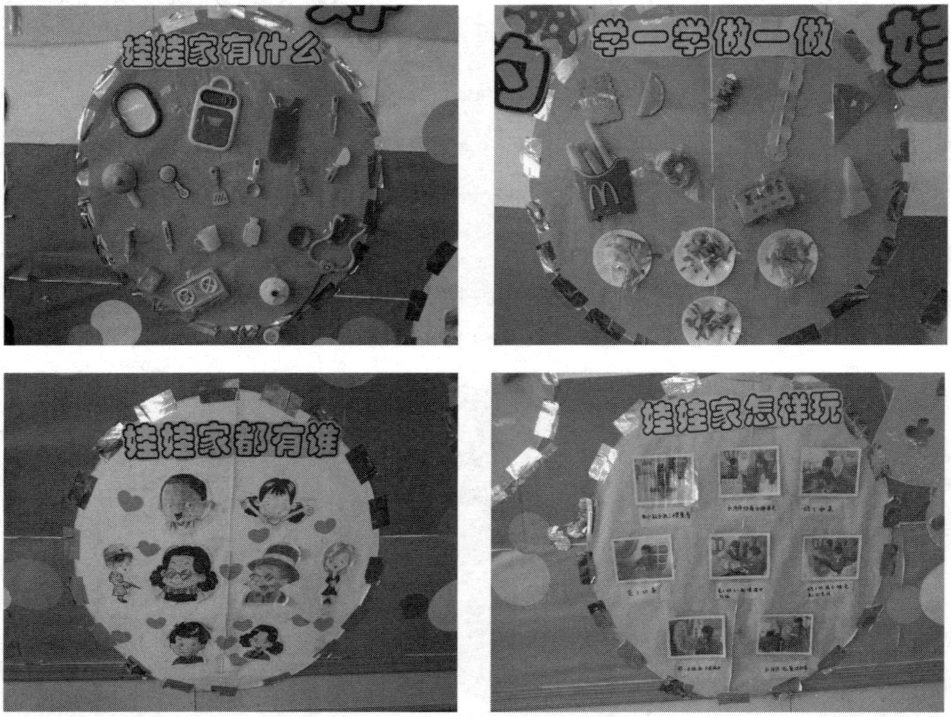

图4-12 “好玩的娃娃家”主题墙饰①

此外，主题墙的创设要明确教育意义，凸显主题背景，与幼儿教育课程的设置相配合，与幼儿的活动相一致。一成不变的主题墙环境会让孩子们觉得无趣，所以教师可随着主题目标和实际需要的变化进行调整、变换和更新，墙面的布置应随着活动的开展而逐步产生、发展和完善。记载着幼儿们成长的点点滴滴的原有主题墙内容，则可以用照片的形式予以保留，以后可以和孩子们一起慢慢回顾，看看过去的活动主题，锻炼孩子们的记忆能力，加深他们对幼儿园生活的美好印象。

例如，“环保小卫士”的主题墙饰上面，有幼儿收集的各种环保标志，展示了幼儿的垃圾分类活动，还展示了幼儿的变废为宝活动等(见图4-13)。

---

① 照片来源：天津市华夏未来第一幼儿园.

图4-13 “环保小卫士”主题墙饰①

通过创设并有效利用环境，让空间、设施、活动材料和常规要求，引发幼儿的主动探索精神和幼儿间的交往交流。教师可以很好地利用这一教育平台，及时观察了解幼儿的心理及情绪情感变化，捕捉幼儿社会性发展的教育契机，给予其适当的引导，帮助幼儿养成规则意识、掌握交往方法，最终促进他们社会性的发展。研究证明，丰富而适宜的环境会促进幼儿神经系统的发展，进而促进幼儿的全面发展。

① 照片来源：天津市津南区第九幼儿园.

二、一日生活中的随机教育

生活是幼儿社会教育内容的重要来源，幼儿的生活活动中存在着大量的社会教育资源。另外，幼儿社会性学习与发展的特点，一是具有渗透性和伴随性。它渗透于幼儿的一日生活中，在各种学习活动中相伴随而发生。二是具有模仿性和潜移默化性。幼儿往往在与家长和老师的长期接触中，通过观察和模仿成人的行为，在不知不觉中学习和发展出相应的人际交往、社会适应的态度、知识和技能。因此，在一日生活的具体情境中去体验、观察和模仿是社会性学习的重要途径，应该重视日常生活中随机进行的社会性养成教育。

(一)养成教育的内容

养成教育主要分为两个部分：一是培养学前儿童言谈举止、待人接物的良好行为习惯。例如，养成生活中应有的礼仪和态度；洗手、喝水时学会轮流和等待；入厕时通过男孩女孩的分组，认识自己的性别，建立性别意识等。二是培养学前儿童的社会公德意识、社会责任感等。在我们中国的传统节日到来时，幼儿园将节日食品，如元宵节的汤圆、端午节的粽子、中秋节的月饼等放入进餐环节，使幼儿了解中国的传统物质文化和精神文化，提升幼儿的民族意识，增强民族认同感。

在养成教育中特别要注意的是家、园的一致性，教师要经常与家长沟通交流，确保学前儿童在家、在园要求的统一性，避免出现行为上的倒退。

(二)一日生活环节的社会教育价值

一日生活环节的社会教育，可以使学前儿童自然地进行社会学习。

社会教育渗透在一日生活各环节中，如早晨来园可以进行礼貌教育；晨间劳动可以进行爱劳动、做事认真的教育；晨间洗手可以进行讲卫生、排队意识、节约用水的教育；值日生劳动可以进行做事公正、服务他人意识的教育；进餐环节可以进行爱惜粮食，文明进餐的教育；入厕环节可以进行生活自理能力，文明如厕的教育；午睡环节可以进行穿脱衣服正确方法、正确睡姿等生活自理能力的教育。

(三)一日生活中实施社会教育的要点

1. 重视师生互动的质量

教师主动关心幼儿，尊重幼儿，鼓励幼儿自主探索，给予幼儿恰当的肯定，为幼儿营造温暖、宽松、积极的心理氛围，这是幼儿社会性发展的重要基础。它有助于幼儿发展人际交往的意愿，获得自尊自信的体验，获得尊重和接纳他人的品质以及安全感和归属感等。

2. 重视同伴交往

同伴是幼儿非常重要的教育资源，教师不能以过多的集中教育活动随意挤占幼儿自由活动、同伴交往的时间，应给予幼儿充分的同伴交往的机会，让幼儿在同伴交往中学会人际交往。

3. 结合具体情境引导幼儿换位思考

幼儿换位思考的能力和同情心是其诸多社会行为和社会情感产生的基础，培养幼儿换位思考的能力，不能靠说教，而必须在一日生活的具体情境中通过引导实现。

4. 要重视社会学习的累积效应

社会性的发展不是到某个年龄阶段就自然而然实现的，需要从小开始培养，需要在幼儿每日的生活中点点滴滴地渗透和积累。

5. 杜绝虚假，提倡真诚教育

传统的社会性教育过于强调价值观的灌输，而忽略幼儿在面对道德选择或判断时的内心真实体验。例如，一味地强调谦让，而忽视了孩子们其实都有“我想要更好的那一个”的内心需求。在这种冲突下，很多孩子都为了得到老师的赞扬而违心地做出谦让行为，并没有真正认识到谦让的意义，因此教育的效果难以持久，有的孩子甚至从中学会了欺骗。社会性教育应允许孩子面对自己内心真实的想法，用公平的手段获得自己想要的东西，不能再用老师的表扬去强化那些违心的或者弄虚作假的行为。①

三、区域活动中社会教育的指导

幼儿园是学前儿童集体生活的地方，也是学前儿童游戏的小天地。区域活动作为集体教育活动的补充，能在最大限度上满足学前儿童的内在需要，是发展学前儿童社会交往的重要途径。在区域活动中，幼儿可以自主选择、自发活动、自由交往和自由表现，幼儿以小组活动的形式，相互协商、配合，基本上没有精神上的压力。因此，要加强对学前儿童的交往能力的培养，就应当为学前儿童创设可供交往的游戏环境，并利用这一资源，使学前儿童在与环境的互动中，产生交往的意识，学习交往的方法，掌握交往的技能。

（一）区域活动社会教育随机指导

随机教育与指导发生在幼儿区域活动的方方面面，需要教师的敏锐观察与教育机智。区域活动中教师的指导契机有：幼儿之间发生冲突时，幼儿在操作学习遇到持续性问题时，幼儿遇到困难不知如何反应时，幼儿不知材料整理归放的规则时，等等。

---

① 管琳. 在一日生活和各领域活动中渗透社会教育[J]. 教育探究，2013(2)：4.

有学者归纳出如下指导方式：

1. 平行式指导

教师在幼儿附近，和幼儿操作相同的活动材料，起暗示指导作用。

例如，强强在手工区遇到了小麻烦，他不能很好地做“馄饨”(一种折纸活动)。强强生性好强，爱面子，若教师直接去教，会伤害他的自尊(因为昨天手工课教师已经教过，且大部分幼儿已经掌握)。于是，教师坐到强强的旁边也做起“馄饨”，边做边自言自语“将这个角与这个边粘在一起，然后用力捏两下……”。这种方法不仅让旁边的强强间接掌握了动作要领，同时也顾及了他的感受。

2. 交叉式指导

当幼儿有让教师参与活动的需要或教师认为有指导的必要时，教师以角色的身份参与幼儿的活动，通过师幼互动发挥指导作用。

例如，几名幼儿正在下棋，一名幼儿推着自己刚插好的“手推车”嘟嘟嘟地向棋区开来，马上就要干扰别人的活动了。教师及时地挡住他：“请问你有通行证吗?”幼儿说：“没有。”“没有通行证不得进入，请你回去取通行证，再看看哪个区需要你的车子。”教师用游戏的口吻很自然地制止了幼儿的干扰行为，并向其提出了活动的建议。

3. 垂直式指导

当幼儿在活动中需要教师的直接指导或在活动中有违规、攻击性行为时，教师就要以教师的身份对幼儿进行直接干预。例如，幼儿在活动中发生争斗，教师就需要及时出面制止。

(二)区域活动角色游戏的指导

角色游戏对学前儿童社会性发展具有特别重要的作用。娃娃家、小超市、美发厅、烧烤店、小医院等社会模拟场景中，学前儿童需要进行一系列的角色扮演活动。在扮演中，学前儿童需要与其他同伴交往，互相交流不同的想法、意愿，学习如何分配角色、扮演角色及怎样在集体中与同伴相处，在具体的活动中体验有朋友的快乐及与朋友相处的乐趣，学会合作与分享，学会向同伴学习，并且习得礼貌、轮流、助人、分享和合作等社会技能。教师在指导学前儿童的角色游戏时要注意以下几点：

1. 以角色身份介入游戏

以角色身份参与学前儿童游戏，是教师指导角色游戏最直接的方法。教师可以扮演一个适宜的角色，如“娃娃家”的客人、“蛋糕店”的顾客、“小医院”的病人等，用角色的语言、动作等参与游戏，了解学前儿童的想法和游戏的情况，还可以设置疑难情境，帮助学前儿童扩展情节或者解决问题，提高他们的创造力和想象力。教师以角色身份介入游戏，既使幼儿易于接受，又能起到“润物细无声”的效果。①

2. 丰富学前儿童的相关经验

角色游戏离不开想象和模仿，学前儿童模仿和想象的素材来自他们的生活经验，丰富学前儿童的生活经验，并将其运用到角色游戏中去，能够丰富角色游戏的主题、情节和内容。另外，学前儿童在角色游戏中积累的经验对其适应生活、健康成长也能起到积极作用。所以，一方面，教师要通过参观、讨论、阅读等多种方式丰富学前儿童的相关生活经验，促进游戏深入发展。另一方面，教师应及时发现、归纳学前儿童在游戏中获得的经验，如在游戏中如何与同伴合作，如何大方自信地表演等，引导学前儿童将其运用到实际生活中，以使游戏的功能得到更充分地发挥，促进学前儿童健康发展。

3. 以游戏材料为媒介进行指导

在角色游戏中巧妙、恰当地运用游戏材料，可以激发学前儿童的游戏兴趣，给学前儿童带来游戏灵感。因此，教师应该充分发挥游戏材料的作用，以游戏材料为媒介指导学前儿童游戏。

在游戏进行中，有的学前儿童不使用游戏材料，有的学前儿童因不会使用而随意摆弄游戏材料，教师应让学前儿童知道游戏材料的用法，并使其能够在游戏中正确、灵活地使用。有的学前儿童没有合作游戏的意识，具体表现为不参与游戏，或者游离于游戏情节之外，或者虽参加游戏但与别人缺乏交流，只顾着自己一个人玩等，教师应鼓励这些学前儿童和同伴合作游戏。

例如，在小班表演区的“手偶剧场”游戏中，经常可以看见有的幼儿抱着好几个手偶漫无目的地玩耍。他们感兴趣的只是手偶而不是表演，自然也就谈不上合作了。为此，教师可以通过以下规则进行干预，引导幼儿合作表演。

(1)每次游戏只选一个最喜欢的手偶，扮演一个喜欢的角色。

(2)找一个小动物手偶做自己手偶的好朋友。

(3)对好朋友说一句好听的话，一起玩一个好玩的游戏。

这些规则使学前儿童在选择手偶时有了取舍，他们在教师精心布置的故事背景的提示下，自编角色间的对话，丰富表演情节，从原来的自娱自乐逐步走向合作表演。

4. 组织学前儿童进行讨论

学前儿童之间进行的讨论不仅是分享经验的过程，也是发现问题、解决问题的过程。组织讨论时要注意面向全体学前儿童，让每一个孩子都积极参与讨论。可以让学前儿童先自发讨论，鼓励他们把自己的想法完整地表达出来，教师适时参与讨论、点拨，推动讨论不断深入，充分发挥讨论的教育作用。

---

① 唐金华. 浅谈幼儿园角色游戏的指导策略[J]. 学前教育(幼教版)，2010(9)：14-15.

例如，一次全园混龄区域活动“美丽的拖鞋”，要求小、中、大班的三个幼儿为一组合作制作拖鞋。刚开始，大多由中、大班幼儿合作制作，小班幼儿则站在边上观看，无所事事。教师发现这一情况后及时引导幼儿讨论如何分工合作，哪些事可由小班幼儿来做，哪些事由中、大班幼儿来做。后来，他们进行了分工，小班幼儿用印章画制作鞋面，中、大班幼儿先合作搓纸绳，然后由大班幼儿将搓好的绳子粘贴在鞋底上，并将小班幼儿制作好的鞋面粘贴在绳子上，装饰拖鞋。在这个活动中，每个幼儿都担负着整个制作活动的一部分工作，既增强了年幼孩子的观察学习能力及模仿能力，也增强了年长孩子的责任感和自信心。他们友好谦让，共同体验了合作的快乐。

5. 运用多种方式讲评

讲评是角色游戏的重要环节，恰当的讲评能增强学前儿童的角色意识，提高学前儿童的游戏水平，从而引导游戏深入发展。教师应该丰富讲评方式，充分发挥讲评对游戏的指导作用。例如，可以让学前儿童参与讲评，说说自己参与游戏的情况，教师予以肯定或者提出问题，引发全体学前儿童讨论；也可以用摄像机或数码相机拍下学前儿童的游戏情况，讲评时让学前儿童回顾游戏情境，从而发现问题、解决问题；还可以选择游戏中出现的具有共性的、对学前儿童发展极为重要的内容进行讲评，如发生争抢怎么办等。

四、其他领域的渗透

《纲要》中明确指出：“幼儿园的教育内容是全面的、启蒙性的，可以相对划分为健康、语言、社会、科学、艺术等五个领域，也可作其他不同的划分。各领域的内容相互渗透，从不同的角度促进幼儿情感、态度、能力、知识、技能等方面的发展。”这说明，幼儿园各领域的教育是紧密联系的，只有相互渗透才能促进幼儿全面发展。因此，社会领域教育必然渗透着其他领域教育的内容。例如，大班的主题社会文化教育活动“欢欢喜喜过大年”，要想实现这一主题的目标和内容，必然要在活动中渗透其他领域的内容，如艺术领域的“剪窗花”和乐曲“金蛇狂舞”，科学领域的“认识年历”，语言领域的“说说压岁钱”和“谈谈年夜饭”等内容。①

另一方面，健康、语言、科学和艺术领域的教育也必然渗透社会领域教育的目标和内容。这是因为幼儿园的教育活动无不渗透着社会教育的内容和要求，每一领域的教育内容都不同程度地反映了亲近社会和自然，追求关爱和良知、合作与友善、同情与帮助的目标。

例如，在语言领域教育活动中，故事《拔萝卜》渗透着团结互助合作的社会教育；儿歌《小鱼游》引导幼儿认识伙伴交往带来的快乐，进而建立良好的同伴关系；语言活

---

① 刘慧萍．浅谈幼儿园社会教育的途径[J]．太原城市职业技术学院学报，2012(4)：99.

动“金色的房子”中则渗透着幼儿要学会分享的思想。

在艺术领域教育活动中，歌曲《我爱我的幼儿园》萌发幼儿爱老师、爱同伴、爱幼儿园的情感，有助于幼儿尽快适应幼儿园这个新环境；美术活动“粘贴制作国旗”则萌发了幼儿爱祖国的情感。

户外集体游戏。幼儿园的户外集体游戏一般是指由教师组织的，在户外进行的，以发展幼儿体能为目的的集体游戏。这些游戏在发展幼儿体能的同时，也有社会教育的价值，主要体现在使幼儿学会遵守规则、学会去自我中心化、学会合作等方面。

因此，教师应充分挖掘各领域中的社会教育因素，抓住教育的契机，全面进行社会教育。

社会领域教育与其他领域教育的渗透在不同年龄阶段有着不同的中心和重点，如在小班阶段主要是生活适应。生活教育是社会领域教育的重点。小班的教育重在日常生活的引导，重在适应环境。中班社会领域教育与其他领域教育的渗透可围绕解决人际冲突，发展良好的同伴关系等来考虑。大班社会领域教育则可以从幼儿园与小学的衔接，为入小学做准备等方面加以考虑。

知识链接

社会主题绘本与幼儿的社会性发展

社会主题绘本是指作者旨在通过为幼儿呈现有关社会生活、人际交往等话题的故事内容，帮助幼儿接触、认识常见的社会交往问题，引导幼儿恰当地理解、解决相似问题，进而培养自己的亲社会行为习惯的儿童绘本。在儿童发展的理论层面上，社会主题绘本所讲述的故事往往蕴含着社会的价值观、生活规范和各种主题性知识。幼儿可以通过模仿、学习故事主人公的行为方式、处理办法，将绘本中所蕴含的知识内化到自身的行为中。此外，活动形式多样的绘本教学，集视觉与听觉于一体，更加符合幼儿的心理发展特点与学习特点。特别是绘本中承载大量信息的丰富图像，对幼儿具有极大的吸引力，在引起幼儿与绘本故事内容共鸣的同时，更能帮助幼儿将绘本中的信息长时间保留，在轻松欢乐的氛围中达到帮助幼儿学习社会性知识，促进其亲社会行为发展的目标。①

① 杨伟鹏，雷雁岚，陈科成，等. 社会主题绘本教学促进幼儿亲社会行为发展的实验研究[J]. 教育学报，2014(6)：87-94.

试一试

表4-5　你知道哪些品格教育绘本？

序号	品格	绘本名称
1	勇气	《怕黑的猫头鹰》《勇气汤》 《爸爸的红雨伞》《勇气》
2	关怀	《爷爷的肉丸子汤》《热乎乎的三封信》 《先左脚后右脚》《我在吃拉面的时候》
3	耐心	……
4	乐观	……
5	感恩	……
6	孝顺	……
7	合作	……

任务回顾

任务	应知应会要点	学习应达到的程度
掌握环境渗透与随机教育的实施	社会教育的环境渗透	☆☆☆☆
	一日生活中的随机教育	☆☆☆☆
	区域活动中社会教育的指导	☆☆☆☆
	其他领域的渗透	☆☆☆☆

任务三　掌握家、园、社区一体社会教育的组织实施

幼儿园与家庭、社区合作，共同担负起幼儿社会性教育的重任，是现代社会对幼儿教育提出的客观要求，也是实现幼儿教育目标的重要保证。家、园、社区教育各有特色，各有专长，应该互相联系，互相补充，共同致力于学前儿童的社会性发展。

家庭是幼儿社会性教育的第一场所，父母是幼儿社会性教育的首任教师，幼儿的生活是开展社会性教育最好的教材。幼儿生活中的事件、问题，蕴含着丰富的教育契机，家长应从孩子的生活事件中敏锐地捕捉社会教育内容，在生活中加强幼儿社会性教育，提高社会性教育的效果。家庭中社会教育的内容主要包括：品格教育、性别教育、安全教育、生命教育、文明礼仪教育、劳动教育以及社会文化教育等。

一、家庭中实施社会教育的方式

家庭是学前儿童成长的安全港湾。尤其对于0～3岁儿童来讲，他们大多数都没有进入教育机构，家庭中的社会教育显得尤为重要。在家庭中实施社会教育，主要有以下几种方式。

(一)利用生活中的各种契机进行随机教育

家长可以在生活中，诸如衣食起居、家务劳动、出门乘车、购物等各种活动中，随时对学前儿童进行品格教育、性别教育、安全教育、生命教育、文明礼仪教育、劳动教育以及社会文化教育等。通过这种潜移默化的教育，使得学前儿童能够在外出看到长辈时主动打招呼，在外出游玩时自觉爱护环境，在玩完玩具后收拾整齐并放回原处，等等。

(二) 创设融洽、和睦、民主的家庭氛围

家长之间要和谐相处，相知共勉，做孩子学习关爱品质的榜样。当孩子还很小的时候，处处需要依赖家长，家长如果善于聆听，会让孩子倍感安全和信任。随着孩子的不断成长，家长的教育方式也要相应改变。从指令式转为商量式，从家长式转为朋友式，让孩子有更多自由的空间和选择的权利。一些家庭大事要让孩子参与探讨，培养他们为家庭分忧解难、出谋划策的能力，这样有助于培养幼儿的责任感。《指南》提出，"要关注幼儿的感受，要鼓励幼儿自主决定，独立做事，增强其自尊心和自信心。"

(三)家长以身作则，为幼儿树立良好的榜样

《指南》指出，"成人应以身作则，以尊重、关心的态度对待自己的父母、长辈和其他人。"好榜样会给孩子带来无穷的动力与前进的力量。例如，父母在日常生活中热心帮助有困难的人，尊重珍惜别人的劳动成果，向服务员、售货员、邮递员等工作人员为大家提供的便利和服务表示感谢时，把丢弃的废物捡起放在垃圾桶里时，孩子会把这一切都看在眼里，从而懂得尊重、珍惜与感谢。当父母经常问候长辈，孝敬老人，热心帮助、关爱他人时，也就在孩子的心中种下了一颗爱的种子。

(四)拓宽幼儿的视野，积累不同的社会体验

家长可以利用节假日经常带幼儿走出家庭，去认识接触大自然，去领悟体验社会这个大课堂中美好的人与事，适当满足孩子的一些物质、精神方面的愿望，让幼儿在与真实社会的接触中了解社会，感知文化的丰富多彩，在与不同的人交往中提高社会

交往的技能。

二、家园合作进行社会教育的策略

家长是孩子的第一任教师，家长与孩子的关系对孩子的早期学习与发展有至关重要的影响。幼儿园作为专业引导者，应在教育实践中有效地提高家长的教育素养和教育能力，创设平台引领家长学会理解孩子的发展规律，用科学的方法教育孩子。同时，由于家长的职业不同，文化背景不同，因此他们可以为幼儿园提供丰富的教育内容，为幼儿园的教育需要提供多种支持和帮助；幼儿园则可以为家长提供各种教育资讯，并指导家长充分认识家庭、社会环境的教育价值。

(一)增进家园之间信息沟通的方式

1. 家访

家访，在幼儿园与家庭合作实施社会教育的过程中起着重要的作用。家访有助于教师更详细地了解学前儿童的家庭情况和学前儿童在各方面的表现，也有助于增进教师与家长的情感交流。因此，教师有必要经常进行家访，尤其要注意对缺勤幼儿、表现异常幼儿以及个别特殊幼儿的家访。同时，对不同的幼儿家庭，要采取讨论性、交流性、探讨性等不同的家访形式。

2. 家园联系手册

家园联系手册是沟通家庭与幼儿园的桥梁，教师可以把幼儿园的教育内容或幼儿常见的问题在联系手册上呈现出来，从而使家长能够在教师的提示下观察与引导幼儿。家长也可以在联系手册上记录孩子在家的表现，向教师倾诉育儿的一些烦恼和困惑，让教师在园留意一下，共同想办法解决。通过下面某些幼儿园家园联系手册中的表格(见表4-6、表4-7)及家长信可以理解这一点。

表4-6　幼儿园生活记录(由老师记录)

<table>
<tr><td>社会行为</td><td>主动</td><td>被动</td><td>加油</td></tr>
<tr><td>乐于与人亲近</td><td></td><td></td><td></td></tr>
<tr><td>会主动帮助其他小朋友</td><td></td><td></td><td></td></tr>
<tr><td colspan="2">给家长的话：</td><td colspan="2">给老师的话：</td></tr>
<tr><td>游戏时会轮流、等待</td><td></td><td></td><td></td></tr>
<tr><td>能主动加入游戏</td><td></td><td></td><td></td></tr>
<tr><td colspan="2">给家长的话：</td><td colspan="2">给老师的话：</td></tr>
</table>

表4-7 幼儿家庭生活记录(请家长记录)

<table>
<tr><td>社会行为</td><td>主动</td><td>被动</td><td>加油</td></tr>
<tr><td>主动帮助家长做事</td><td></td><td></td><td></td></tr>
<tr><td>会转达老师交付的事物</td><td></td><td></td><td></td></tr>
<tr><td colspan="2">给老师的话：</td><td colspan="2">给家长的话：</td></tr>
<tr><td>能正确说出家庭成员的称谓</td><td></td><td></td><td></td></tr>
<tr><td>餐后能主动整理桌面</td><td></td><td></td><td></td></tr>
<tr><td colspan="2">给老师的话：</td><td colspan="2">给家长的话：</td></tr>
</table>

给家长的一封信①

亲爱的家长：

您好！

时间匆匆，转眼，已是大班的第二个学期。您的孩子已经“走近”小学了，这学期，我们需要从现在开始就共同为孩子做好入学准备。

进入小学，孩子将面临一系列的变化，需要我们共同做的准备大致为两个方面：一是思想认识和心理状态，二是行为习惯。我们把这两个方面结合起来，总结出以下几条，供您参考。

一、帮助孩子了解幼儿园与小学的差异，适应即将面临的变化

1. 让孩子早睡早起，按时上学。

2. 带孩子到小学去看看，熟悉小学环境及作息时间。

3. 让孩子适当在家做些作业，如计算练习、画画等。

二、帮助孩子克服动作拖拉、没有条理的不良习惯，养成动作敏捷、有条不紊的习惯

1. 和孩子一起阅读图书。

2. 和孩子一起整理生活用品、学习用品。

3. 让孩子在家能自己的事情自己做，不拖拉。

4. 和孩子一起玩儿一些体育游戏。

三、帮助孩子克服丢三落四、缺乏责任心和坚持性的缺点，养成做事有恒心、耐心的习惯

1. 和孩子一起制定作息时间表，逐渐养成做事专注、有序的习惯。

---

① 王小英，蔡柯馨. 主题活动与幼儿成长[M]. 长春：东北师范大学出版社，2011：88.

2. 带孩子去公共场合，学会必要的耐心等待。

由于主题活动需要孩子准备的材料较多，还请家长配合，给孩子及时准备主题需要的各种材料。

“走近小学”的今天离“走进小学”的明天已经没有多少时间了。除了上述几方面以外，我们需要从各个方面持续地关注孩子，帮助孩子。有了我们的共同努力，孩子将会顺利地走进小学。

此致

敬礼

大班班组全体教师

3. 电话、“家校通”、QQ群和微信等多种电子媒介

“家校通”、微信等电子媒介的普及使得家庭与幼儿园之间的沟通联系更加便捷，也更具有针对性，能迅速、及时地指导家长解决问题，加深了教师与家长、幼儿的感情。

4. 园所简报(或园刊)

园所简报(或园刊)一般一个月制作、展示一次。它主要介绍园所活动状况以及开展的各种主题教育活动，使家长了解园所开展的活动，做到主动配合与强化。

例如，我国台湾地区某幼儿园某月的园刊包括以下内容：

①师长爱的叮咛(校长、园长寄语)

②家长会讯(家长发言、义工名单)

③家长园地(家长育儿经验)

④教师园地(不同班级教师开展教育活动纪实)

⑤实习花絮

⑥童言童语

⑦童话童画

5. “家园之窗”墙报

“家园之窗”是教师宣传的阵地，教师要积极主动地设计构思，要从幼儿教育实际和家长的需要出发，及时更换内容，充分发挥“家园之窗”互动作用，使家长能及时了解幼儿在园的情况，获取家庭教育知识及其他教育信息，更好地实施同步教育。

6. 入园、离园的零星时间

教师每天与家长接触时间虽然短暂，但三言两语中也能反映出一些问题，这就要求教师灵活运用交谈技巧及说话的艺术。在交谈中把家长当成朋友，把家长放在平等的地位上，只要孩子有进步就及时地向家长汇报，如果幼儿有缺点或犯了错误也要先肯定其优点和进步之处，再提出改进的要求和希望，这样就会取得家长的信任和支持。

（二）家园合作进行课程决策、实施教育的方式

家长可以根据自身的学历资源、工作资源、兴趣资源，参与到幼儿园的日常管理与日常教育活动中来，担当不同的任务角色。有一定教学组织能力的家长还可以参与到教育活动内容的设计和方案的制订中来，提出可行的建议，明确活动的每一个流程及各环节的教育意义，实现活动的教育目的，真正体验教育活动的快乐。让家长由被动向主动，由配合向实施、组织转变，从而使家长在活动中快速提高自身的教育技能。家园合作进行课程决策、教育实施的常见形式有以下几种。

1. 家长手册

幼儿园为不同年龄段的学生的家长，制作并发放不同的宣传手册。每个宣传册的背面都印有学校的教育理念。这些宣传册很清楚地告诉家长，他们的孩子将会参与的活动的内容和目标。这些宣传册为家长和教师沟通提供了条件。

2. 陪园

幼儿园和家庭是两个完全不同的环境。学前儿童刚入园时，对幼儿园里的其他人不熟悉，并且幼儿园的结构、物品的摆放方式、整体氛围都和家庭不同，在这种情况下，最好让家庭中某一成员来幼儿园陪伴孩子。于是，在新的环境里，家庭成员就成了孩子与熟识的家庭环境的联结纽带。如果学前儿童入园的第一天家人就离开，学前儿童会误以为自己被遗弃了。陪园时家长要平静耐心，不干涉孩子，多观察孩子的行为与需要，积极配合教师开展教育活动。

3. 家长开放日

家长主动要求或者受幼儿园的邀请参与幼儿园的开放日、半日活动、节庆活动以及远足活动等。通过这类活动，家长走进幼儿园，走进活动室听课、看活动，直接参与幼儿园的部分工作，从而了解幼儿园一日活动的安排和组织情况，并观察自己孩子在集体中的表现。

4. 家长助教活动

个别家长作为幼儿园的特邀人员参与到课程活动之中，家长直接成为幼儿园活动室里活动的参加者甚至是组织者、重要信息和能力的提供者和展示者。例如，一个刚从非洲回来的家长给幼儿讲述非洲见闻，一个京剧票友家长向幼儿展现京剧的魅力，一个擅长编织的家长让幼儿欣赏编织的美妙。

5. 家长义工日

家长义工日活动由家长自愿报名，分批参与。可以促进家长对幼儿教育的了解，也能充分发挥各行各业家长的优势，给孩子们带来丰富有趣的社会经验、科学知识，教师也能学到很多幼教专业以外的知识内容，开阔视野，可谓一举多得。例如，教玩

具制作义工日，家长们以自愿报名的形式参与其中，不仅体验了一份别样的乐趣，也对幼儿教师的工作有了全新的认识，对孩子的童年生活有了重新认识。

(三) 引导家长提高幼儿教育水平的策略

1. 家长学校

家长学校是针对家长在学前儿童社会教育中的共性问题，请专家或园长举办有关学前儿童社会教育的专题讲座。家长学校采取不定期举行的方式。

2. 家长育儿交流会

家园合作可以提高家长对学前儿童进行社会教育的水平，同时每位家长也有自己的好经验与好方法。幼儿园要为家长提供互相交流的机会和条件。家长交流会是针对每一位家长都有自己的育儿体会和教养心得，家长和家长之间在交流时容易产生共鸣这一情况而开展的教育活动。当家长把自己的亲身经历向其他家长讲述时，其他家长就会在对方的经历中习得一些教养方法，从而改进自己的教育行为。

3. 班级家长博客(或微信群)

班级家长博客(或微信群)也是很好的交流平台。如今进入网络时代，通过网络可以进行有效的沟通。在网上可以发放通知，可以就家园双方关注的话题在网上进行沟通，也可以通过在班级博客(或微信群)上发帖子、发送邮件等多种形式交流育儿经验。

三、社区资源与社会教育活动的组织实施

社区是幼儿社会性形成的第三课堂，要培养造就符合社会需要的人，幼儿教育就必须走向社会，融入社会。社区内有丰富的教育资源，社区中有大量有利于儿童发展的契机。并且，儿童能够在现实生活情境中，通过观察、参与、探究获得丰富的学习体验，萌发积极情感，形成良好的个性品质。为此，我们应充分利用社区中的人力资源、物质环境等，拓展幼儿学习的空间，从而有效地促进幼儿良好社会性行为的形成。那么，社区中有哪些资源，又如何利用社区资源实施社会教育呢?

(一)认识社区环境资源，开展社会教育

社区内的丰富环境资源主要可以分为以下几种类型。

1. 人力资源

人力资源，主要指社区中的居民，包括军人、警察、医生、离退休干部等。根据教育活动的需要，可以邀请他们来园介绍自己的工作，或请他们带领幼儿参观他们的工作场所，了解各行各业工作人员为社会服务的工作情形，让幼儿通过亲身体验，认

识社会中的人和事，体验不同职业的责任、价值和对社会的贡献。

2. 物质资源

物质资源，主要是指社区中的工厂、医院、超市、花园、绿化广场、娱乐设施等。在这些公共场所内，幼儿不仅可以拥有更大的活动空间和更丰富的活动内容，还很有可能在活动中注意和学习到如何与其他人进行交往以及交往中应有的礼貌和态度。

3. 文化资源

文化资源，主要指社区内的各种文化与传统。展览馆、科技馆、少年宫、大中小学校、图书馆等文化设施。幼儿可以参观这些场所，甚至参与这些场所的活动，从而拓展生活学习的空间。此外，当地社区居民的日常生活、文化历史传统与场所，都能让幼儿感受到本土文化的独特气息与价值，感受到祖国文化的悠久历史与博大精深，使幼儿产生对社区文化、本土文化乃至祖国文化的自豪感。

(二)挖掘社区教育资源，开展社会教育

1. 利用社区资源的随机教育

每个家庭和每一所幼儿园都坐落在一定的社区之中，不同家庭和幼儿园所处的社区、周边环境不可能完全相同，所以家长和教师对幼儿的社会教育要从实际出发。可以从家庭到幼儿园的十分钟路途中，找出孩子感兴趣的地点，陪孩子一起观看社区中正在建造的建筑，观察季节的变化，观察工人们的劳动，体验节日和假日的庆祝活动，进而对幼儿进行社会教育，促进幼儿社会性的发展。

2. 走进社区资源，开展社会教育

教师可以根据教育活动的需要，带领幼儿走进社区，利用社区的各种教育资源开展社会教育。让学前儿童直面现实生活，接触真实世界，了解社会中的人、事、物，增强方向感、距离感和位置感，拓宽社会知识和感性经验。这使得社会领域教育的空间发生了巨大变化，由封闭转为开放，从园内走向了园外，把大自然和社会都变成了学前儿童的真实课堂。由此开展的主题活动也非常的丰富多彩。

例如，上海宝山共康社区的小鸽子幼儿园，结合社区特点，创造性地开展了“我在共康路边”的主题活动。先后设计和组织开展了参观(参观共康路、东方明珠电视塔等)、制作(家长指导幼儿利用废弃物品制作共康路边的商店、银行等设施)、展示(在幼儿园楼道里的宣传栏中展示活动内容)、交流(教师之间、家长之间、幼儿之间进行交流)等活动，丰富幼儿的地理环境知识。

有的地方还有专门让儿童体验各种社会角色的体验馆。儿童职业体验馆，就是儿童通过模拟和体验成人的职业和角色来了解和接触真实世界的地方。这种体验馆中拥

有与真实世界相同的形态和景观，有模拟设定的社会规则和文化，具备管理系统、金融系统、安全系统以及社会服务系统等。在这里，孩子们接触“社会”，了解“社会”，并成为“社会”的主人。例如，北京鸟巢儿童职业体验馆、天津希乐城少儿职业探索乐园、昆明金魔方儿童新未来城、南京果壳里儿童职业体验中心、上海的“星期 8 小镇”等，家长或教师可以带领幼儿到这些地方，观察与体验不同的场景，了解活动中角色的行为与规则，提高幼儿的社会认知能力，激发他们的社会情感。

许多地方都非常重视社区资源在学前儿童社会教育中的重要作用。例如，瑞典、新加坡的教师鼓励儿童在玩具图书馆中自由玩玩具和看书。我国大连某社区也成立了社区儿童玩具图书馆。社区儿童玩具图书馆主要面向辖区流动人口家庭、计划生育贫困子女家庭、独生子女家庭开放，专门组织 0～6 岁婴幼儿及家长，在玩具图书馆进行游戏和阅读，开展感觉统合训练、各类主题亲子活动。

3. 引进社区资源，开展幼儿园教育

幼儿园可以通过请进来的方式，把社区中的各种资源利用起来，丰富学前儿童的社会教育。之所以开展“请进来”活动，主要是考虑到“走出去”的毕竟只是少部分学前儿童，不能满足更多学前儿童渴望发展的愿望。“请进来”活动，可以是请懂民间艺术的社区人员来幼儿园向学前儿童传递民间技艺，也可以是请交警叔叔来幼儿园给孩子们做交通安全的指导教育等。教师还可以邀请少数民族的家长来谈谈本民族的特色饮食，请喜欢传统音乐的人和学前儿童一起分享这些兴趣爱好，请不同机构的工作人员给学前儿童讲解不同机构的作用，等等。

4. 幼儿园面向社区组织开放活动

在社区内的儿童中，6 岁以下的婴幼儿占有很大的比例，因此幼儿园可以组织多种形式的开放活动，扩大服务范围，使更多的儿童受到幼儿园的教育。例如，组织散居幼儿有目的、有计划地进行一些教育活动，或者将节日庆祝等活动向散居幼儿开放。以上这些活动可以使在园幼儿接触到幼儿园以外的其他幼儿，学习如何做好小主人。另外，还可以开展手拉手活动，提高幼儿的责任心与自豪感。

典型案例

我要上小学了

一、主题活动来源

学龄前期是以游戏为基本活动的时期，幼儿对父母和老师有很强的依赖性。例如，在幼儿园，无论集体教育活动、户外活动，还是吃、喝等生活活动，都是在老师无微不至的照顾和指导下进行的，他们的主要任务是快乐地玩耍，在游戏中成长。然而，进入小学后，孩子们将以正规的课业学习为主，同时，小学的管理模式、生活制度、学习方法和人际交流等各方面与幼儿园相比，都发生了变化，对孩子的任务意识、规则意识、独立性等方面也都提出了更高的要求。

所以，从幼儿园进入小学，是儿童成长过程中的一个重要转折，帮助他们做好准备，顺利度过这一转折期，是我们幼儿教师的责任与义务。同时，能够顺利度过幼小衔接时期，提前了解小学生活，学习相关技能，也是处于大班下学期的幼儿的迫切需要。所以，班里开展了主题活动“我要上小学了”。

本主题活动从大班幼儿感兴趣的热点问题和自身发展需要出发，分“我想知道……”“小学之旅”“我们要做哪些准备”以及“我心目中的小学”几方面内容进行，让大班幼儿了解小学与幼儿园的不同，向往小学的生活，激发大班幼儿成为小学生的愿望，为他们顺利适应小学生活打好基础。

二、活动总目标

1. 能够意识到自己是一名即将上小学的小朋友，激发对小学生活的向往。

2. 能有目的地参观小学，并通过做调查报告的方式获取自己需要的信息，从而进一步了解小学生活。

3. 了解应该为入小学做好哪些准备工作，学会相应的本领。

4. 积极参与活动，体验自信，感受快乐。

三、探究方法

1. 讨论：通过同伴、小组、班级的讨论，确定自己想要了解关于小学生活的哪些内容，激发对小学生活的向往之情。

2. 做计划：制订参观小学计划，讨论并设计“我是小小调查员”参观计划表，做到有目的地参观。

3. 观察：通过近距离的接触，运用感官进一步体验、了解小学生活。

4. 访谈：通过采访小学的哥哥姐姐，了解想要知道的信息，提高人际交往与语言表达能力。

5. 记录：图像记录、调查表记录以及视觉经验记忆等，都是非常好的记录方法。

6. 分享：分享方式很多元，可以是相机摄影、图像记录、肢体的展现等。

四、主题网络

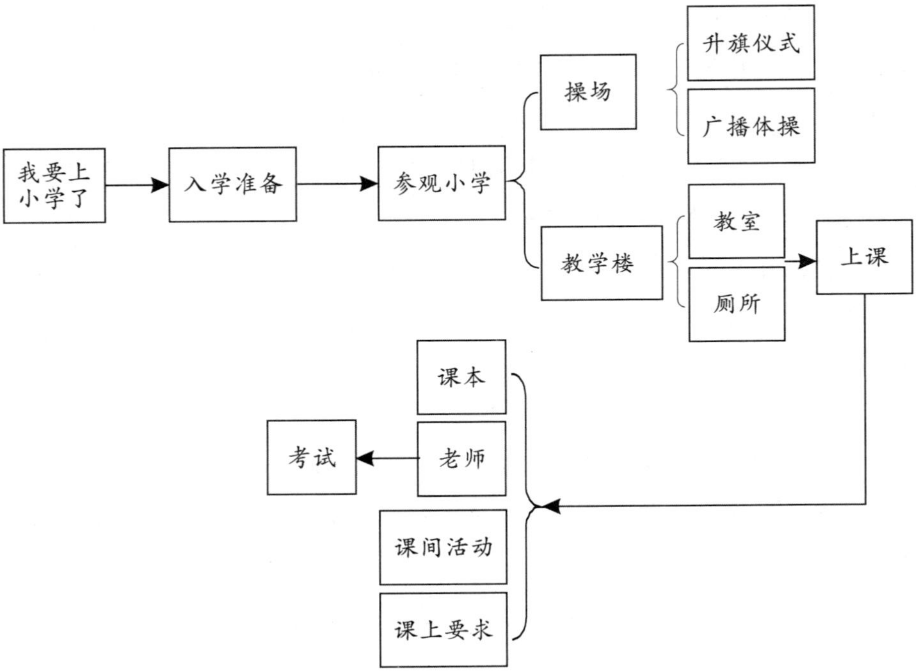

图4-14 “我要上小学了”主题网络

五、家长资源

1. 为幼儿准备书包、铅笔盒、铅笔、橡皮、本子、尺子等文具，帮助幼儿了解学习材料、用具的作用与使用方法。

2. 和幼儿共同搜集与小学生活有关的相关资料，增加幼儿对小学生活的向往之情。

六、主题系列活动

活动一：我想知道……

(一)活动思路

大班下学期了，孩子们似乎对有关小学的话题越来越感兴趣了，这几天他们总会议论与小学相关的话题。例如，“毕业了，你要上哪所小学？”“小学的教室是什么样子的？”“小学要学哪些本领啊？要学几门课呢？”……小家伙们七嘴八舌地议论着，有些问题他们弄不明白时，干脆把我围在中间问个不停。看着他们对小学生活充满好奇的神情，我知道，这将是最好的入学教育时机，此次活动可以进行了。

(二)活动目标

1. 对小学生活充满好奇和向往。

2. 能够大胆发言，提出自己想要知道的有关小学的问题。

3. 与老师一起整理大家提出的问题，制定调查报告，为参观小学做准备。

(三)活动准备

大记录纸、彩笔、“小小调查员”空白表格

（四）活动过程

1. 通过谈话活动提出自己想要知道的问题，激发幼儿对小学生活的向往和好奇。

教师：赵老师发现最近几天，小朋友一直在讨论有关小学的话题。没错，我们小朋友都长大了，很快就要成为一名光荣的小学生了，那么小学到底是什么样的呢？小学和幼儿园一样吗？小朋友肯定对小学生活充满了好奇和疑问。不只是你们，老师也有好多的问题想问呢，那我们就一起来说说我们想知道的问题好不好，看看靠大家的智慧能不能把问题解决。

婉婉：我想知道，小学的教室是什么样的？小学生要在哪里午睡？

嘟嘟：我知道，小学的教室里只有桌椅和黑板，没有小床，中午的时候，小学生只能趴在桌子上睡觉。

佳俊：那没有活动区吗？玩具在哪玩儿啊？

沐沐：那一年级有几门课啊？谁知道？

……

教师：那到底有哪几门课呢？

幼儿：（纷纷摇头，谁都不太确定。）

婉婉：老师，我又有一个问题。每当我路过小学门口的时候，总看见门口有身上披着红带子的小学生，他们在干什么啊？

幼儿：（摇头）

教师：又遇到我们不知道的问题了，那该怎么解决啊？

鲁鲁：找一个一年级的小学生问问不就行了吗。

涵涵：可是我们上幼儿园的时间，他们也在上学啊。

小艺：我们要是能去小学看看就好了，到时候，我们就能解决好多问题了。

幼儿：对啊，要是能去小学就好了。（孩子们纷纷附和）

教师：不错的提议哦，我想是不是能把大家的愿望实现呢。

幼儿：真的可以吗？（孩子们眼中充满期盼）

教师：告诉大家一个好消息，过几天，幼儿园就要带我们小朋友去小学参观啦。

幼儿：太好了！（孩子们欢呼）

教师：这样就能解决我们想知道的一些问题了。可是，我们的问题那么多，到了小学，我们该问哪些呢？要是把问题忘了怎么办？

果果：把我们提出的问题都记下来不就行了吗。

教师：好办法，那么大家来提问，我帮大家把这些问题记在大纸上。

（幼儿提出问题，我用图文结合的方式记录）

2. 将提出的问题进行整理、分类。

除去已经解决的问题，其他问题在我和幼儿的共同讨论下，共分成了“学校设施”

“课本”“各项活动”以及“作息时间”四大类。

3. 制订参观计划

教师：好，我们把想要知道的问题分成了四大类，可是四大类的问题也不少啊，怎么才能记住所有问题，并一一解决呢？

珊珊：一人记一个吧，这样简单多了。

群群：像平时活动一样，我们分小组吧。每组记一类问题。

（群群的意见得到了大家的采纳）

教师：那么我们参观小学的时候，要用哪些方法来解决问题呢？

奕奕：可以观察。

城城：拍照。

轩轩：问问哥哥姐姐不就行了。

教师：没错，可以观察、照照片，还可以问问哥哥姐姐，也就是采访，都是好方法，那么参观小学的时候，我们就又具有了一个不同的身份，那就是小小调查员。小调查员们，快快分组，来整理你们将要调查的问题吧！

4. 发放“小小调查员”空白表格，各组整理问题，确定调查方式，并填画到表格中。

经讨论，除调查上面四类问题的小组外，我们又设立了一个“即时调查小组”，专门负责解决孩子们在参观过程中临时产生的问题。

5. 活动结束

教师：让我们共同期待几天后的“小学之旅”。

（五）活动反思

该活动由孩子们感兴趣的话题产生，再加上根据幼小衔接的需要教师也早有准备，可以说是一次生成与预成相结合的活动。活动中，幼儿能够大胆提出心中的疑问，并且开动脑筋，思考解决问题的办法。另外，该活动还锻炼了幼儿按问题内容进行分类以及做计划的能力，达到了比较不错的教育效果。

经研究，“小小调查员”的表格也经历了几次变身，以求达到最好的活动效果。最初，与孩子们共同商讨制订了“参观计划”（见图4-15），此份表格只涉及了孩子们想要了解的问题以及想了解相应问题的人数，并不能体现出调查结果，所以我们决定对其进行修改完善。进一步讨论之后，新的“我是小小调查员”表格（见图4-16）诞生了。此份表格不仅记录了孩子们感兴趣的问题，更加体现了孩子们了解问题时所要采取的调查方式，并留出了记录调查结果的地方。这样，整个调查过程就能被更好地体现出来了。表格制定完成后，婉婉小朋友又提出了新的问题：“老师，参观小学时，我觉得我们应该记录采访的是谁。”“对，我们还要把想了解的问题和调查方式都提前想好了，记下来，这样参观时就不会忘记了。”轩轩提议道。果果说：“嗯，我们画下来吧！”于是，在孩子们的建议下，确定了“我是小小调查员”的最终表格(见图4-17)。

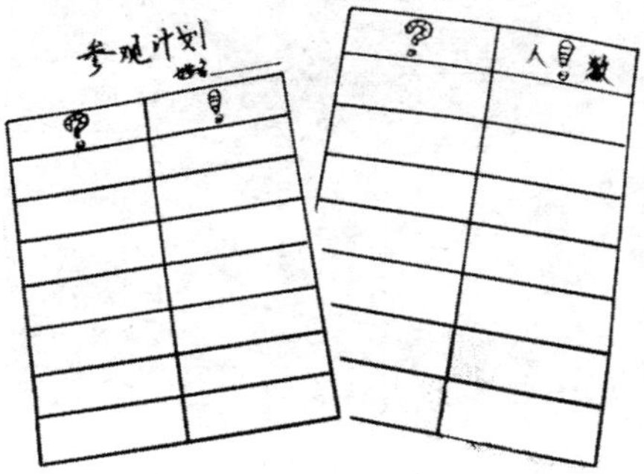

图4-15　参观计划

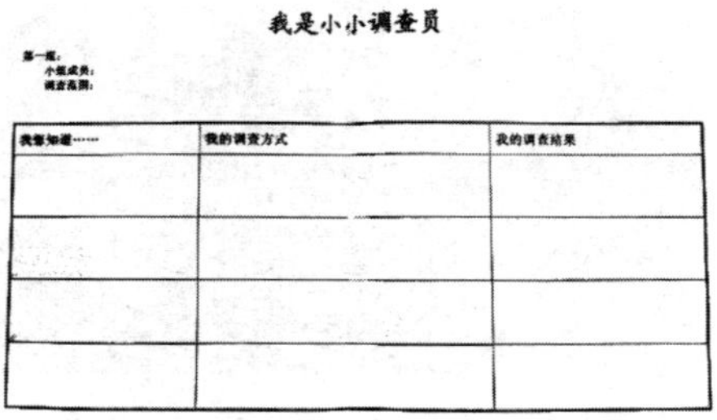

图4-16　“我是小小调查员”表格

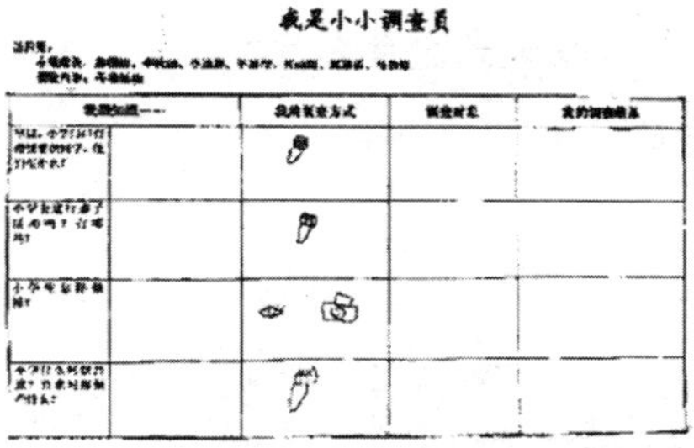

图4-17　“我是小小调查员”最终表格

在参观小学的过程中，孩子们能够很好地运用调查表，并能用绘画的方式做记录。“我是小小调查员”记录表的完成为孩子们做参观后的交流总结工作打下了很好的基础。

活动二：小学之旅

(一)活动思路

《指南》指出：“带领大班幼儿参观小学，讲讲小学有趣的活动，唤起他们对小学生活的好奇和向往，为入学做好心理准备。”该活动对幼儿顺利实现幼小衔接具有重要意义，可以帮助幼儿对即将到来的小学生活有初步的了解，同时，帮助幼儿解决有关小学生活的一些疑问。

(二)活动目标

1. 通过参观小学，初步了解小学生活，激发对小学生活的向往。

2. 有目的地参观，运用观察、采访等方式完成调查任务。

3. 积极参与活动，能够遵守各项参观规则。

(三)活动准备

经验准备：活动前，与幼儿一起再次熟悉“我是小小调查员”表格的内容，明确各小组任务以及小组内成员的分工。

物质准备：带列有不同问题的“我是小小调查员”表格，每组一份。

(四)活动过程

1. 观看哥哥姐姐入队仪式以及操行表演(见图4-18、图4-19)。

图4-18　小学生入队仪式——出旗

图4-19　小学生做广播体操

2. 与哥哥姐姐一同上课，体验一年级课堂生活(见图4-20)。

3. 运用观察、拍照、采访等方式完成各组“我是小小调查员”任务。

(1)小学的厕所是这样的

(2)采访哥哥姐姐

4. 参观结束，回园后交流参观体会，整理“我是小小调查员”表格(见图4-21)。

图4-20　与哥哥姐姐一起做练习题

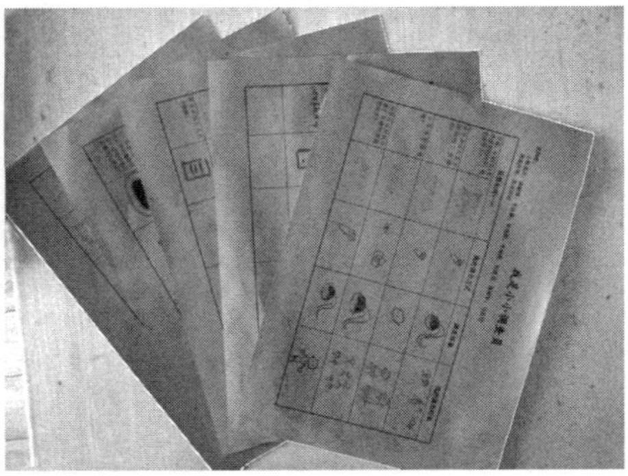

图4-21　“我是小小调查员”调查结果汇总

(五)活动反思

整个参观过程比较顺利。孩子们基本能够遵守参观时的规则，参观过程非常有序。在哥哥姐姐戴上红领巾的时候，孩子们露出了羡慕的神情，几个女孩子还嚷嚷着也想戴上红领巾。看到哥哥姐姐做操时的整齐有力，小家伙们还忍不住学了起来。课堂上，孩子们也能够积极举手，大胆回答老师提出的问题。但无意间，孩子们还是会打破回答问题时需要先举手的小学课堂规则，坐在座位上直接“抢答”，由此，孩子们也认识到了小学课堂与幼儿园活动的不同。参观的过程中，孩子们不忘随时观察，请老师帮忙拍照，下课后还对班里的哥哥姐姐进行了简单的采访，以完成调查任务，弄清楚大家想要了解的问题。通过活动可以看出，孩子们的任务意识、规则意识都在进一步加强。

活动三：我们要做哪些准备

(一)活动思路

参观小学之后，对参观经验做进一步梳理，并分享“我是小小调查员”表格是十分必要的。通过参观，从中获得一些有益经验，唤起幼儿为升入小学做准备的意识，激发他们习得一些升入小学前的本领是我们与幼儿的共同目的。

（二）活动目标

1. 分享“我是小小调查员”表格，加深对小学生活的了解，解决大家心中的疑问。

2. 结合“我是小小调查员”表格内容以及参观小学经验，讨论出上小学之前，大家需要做好哪些准备。

3. 大胆表达自己的想法。

（三）活动准备

“我是小小调查员”表格、画笔、画纸。

（四）活动过程

1. 分享“我是小小调查员”表格，回顾参观小学经验。

请每一组选派出一名小代表，与大家分享自己这组调查的问题、调查的方式以及调查的结果。所有小组讲解完毕，则解决了之前孩子们的所有疑问。

2. 通过分享调查表格，结合参观小学经验，小组讨论入学前应做好哪些准备，并将自己的想法通过绘画的形式表现出来。

3. 分享、交流作品，梳理经验。

幼儿向大家介绍自己的作品，通过作品交流，进行问题的梳理与总结。选取有代表性的作品，将其布置到主题墙上，并提示幼儿这些作品所反映的事情是大家需要注意或练习的。

（五）活动反思

通过此次活动，孩子们能大胆发言，并能用较为流畅的语言介绍自己组的调查表。该活动不仅解决了孩子们之前提出的一些疑问，还使他们意识到入学前需要注意哪些问题，习得哪些本领。绘画作品表露了孩子们的心声，如他们画出了要学会自己整理书包、会系鞋带、会整理衣物等提高自理能力方面的需求，也画出了要合理安排课间十分钟、上课积极举手回答问题等自律方面的要求等。主题墙的布置对孩子们习得良好的习惯也起到了引导和提示的作用。

活动四：我心目中的小学

（一）活动思路

通过前面的活动，幼儿已经在为升入小学不断地做准备，与此同时，他们也更加向往小学生活。为了进一步激发幼儿对小学美好生活的憧憬，特设计了此次绘画活动。

（二）活动目标

1. 大胆作画，能够用丰富的色彩描绘出心目中小学的画面。

2. 激发对小学生活的憧憬与向往。

（三）活动准备

画笔、画纸、轻音乐。

（四）活动过程

1. 自由交谈，说说自己心中的小学什么样子的，激发绘画的愿望。

2. 播放轻音乐，幼儿绘画，教师巡回指导。

3. 作品交流、分享。

（五）活动反思

活动中幼儿大胆作画，用自己的表现方式诠释心目中理想小学的样子。在介绍作品的过程中，幼儿也充分表露了他们对小学生活的渴望，基本达到了活动目标。

七、反思与启示

本次主题活动是以幼小衔接为主线的一系列活动，旨在激发幼儿对小学生活的向往之情，使幼儿能够积极为升入小学做准备，练习并学会相应的本领。

《指南》指出："5—6岁儿童应能认真负责地完成自己所接受的任务。"活动中，孩子们出色地完成了"我是小小调查员"表格的制定以及后期的调查、整理任务。可以说，整个活动培养了幼儿的自理能力（练习整理书包、练习系鞋带、叠衣服、整理小柜子……），规则意识（如遵守参观时的规则、活动时的规则等），语言表达能力以及动手能力等。通过本次主题活动以及日常生活中的相应练习，相信幼儿已经掌握了一些入学前的基本技能，这将为他们升入小学打下良好的基础。

该主题活动也让我充分认识到每日各环节皆是教育契机的道理。活动的时间是有限的，单单的几次活动，并不能将教育目标充分达成，也不能使活动效果达到极致，功夫还要下在平时。此次活动也正是借助每日各个环节的渗透、融合，才达到了比较理想的效果。①

任务回顾

任务	应知应会要点	学习应达到的程度
掌握家、园、社区一体社会教育的组织实施	家庭中实施社会教育的方式	☆☆☆☆
	家园合作进行社会教育的策略	☆☆☆☆
	社区资源与社会教育活动的组织实施	☆☆☆☆

思考与练习

1. 专门的社会教育活动有哪些类型与组织模式？

2. 如何在一日生活中进行社会教育？

① 资料来源：天津市幼儿师范学校附属幼儿园，赵颖颖.

3. 学前儿童是如何在环境中进行学习的？不同的环境对学前儿童的影响是怎样的？

4. 为什么社会教育要渗透于其他领域的教育中？

5. 家长与幼儿园实施社会教育的区别在哪里？如何相辅相成地促进学前儿童社会性发展？

6. 如何有效地发挥社区资源在学前儿童社会性发展中的作用？困难有哪些？

拓展训练

活动一：根据专门教育活动的几种组织形式，分别收集、查阅，采用不同的形式组织社会教育活动，并总结出组织实施的要点。

活动二：在幼儿园中观摩记录，教师是如何在一日生活中进行随机教育的。

活动三：面对班级幼儿共同的行为问题，你通常采用哪些方法和家长进行沟通？请对问题沟通情况作如下记录：

时间： 幼儿的年龄：	地点： 家长参与人数：
工作方式	
工作目的	
事件记录	
工作效果	
教师反思	
备注	

活动四：请结合新学期的开始，设计一个小班家长会的方案。

学习反思

单元五 学前儿童社会教育活动的评价

学习目标

1. 了解学前儿童社会教育活动评价的内容及要求。
2. 掌握学前儿童社会教育活动各环节的评价。
3. 以儿童为本，能够观察与评价学前儿童社会性发展水平。

案例导入

莉莉是一名幼儿园新教师，她从教时间只有半年。有一次，家长开放日，幼儿园有两个老师上公开课。张老师是一位经验丰富的教师，她这次组织的社会教育活动是认识消防车，活动目标设计合理，活动实施也很好地完成了目标。因为张老师在活动之前已经带小朋友参观过消防局，所以这次活动主要采用谈话法进行。另外一个教师是年轻的男老师——李老师。李老师这次课的活动是小鸭子帮助小白兔过河，主要教育目的是让儿童学会帮助别人。李老师把一个个轮胎当作船，伴随着音乐，他带着孩子们在教室里推着轮胎跑来跑去跳来跳去，整个活动画面就像一台大型舞蹈表演。孩子们玩得非常开心，直到最后还意犹未尽。家长们也被动感的音乐和孩子们的欢快感染了。果然，在课后的评课环节，家长们大部分都认为李老师的课更好一些，因为“热闹”，因为孩子们“快乐”，还有的家长说男老师就是不一样，特别能调动气氛。莉莉就纳闷了，难道热闹的、气氛好的就是好的课堂？

问题：

一个好的学前儿童社会教育活动究竟是什么样的？评价标准是什么？评价方法是什么？评价的原则是什么？除此之外，学前儿童社会教育活动的评价还有没有别的内容呢？

任务一　了解学前儿童社会教育活动评价的内容及要求

一、学前儿童社会教育活动评价的内容

学前儿童社会教育活动评价，是以学前儿童社会教育活动为对象，根据一定的标准，采用可行的评价技术和方法，对学前儿童社会性发展的水平、学前儿童社会教育活动的过程及其效果进行测定，做出价值判断的过程。

学前儿童社会教育活动评价按照横向的内容划分，可以分为对课程体系的评价、对教师行为的评价以及对学前儿童行为的评价。对课程体系的评价，涉及社会领域的课程在学前教育整体课程中的地位和作用，还有这类课程的实践性以及为这类课程服务的环境创设(包括人文环境和物质环境)等内容。对教师行为的评价，涉及教师的课程行为以及教师对学前儿童的评价行为等内容。对学前儿童的评价，包括对学前儿童的学习状态和社会性发展水平的评价，其中还要考虑到对特殊学前儿童的评价。对学前儿童社会教育活动的纵向评价，主要包括过程性评价、阶段性评价和终结性评价。综合上述两种划分方法，可以将学前儿童社会教育活动评价的内容概括为以下几点。

(一)在社会教育活动中对教师行为的评价

它又分为活动实施前的评价、实施过程的评价以及活动实施结果的评价。活动实施前的评价，主要包括对活动主题、活动目标和内容、活动准备情况的评价。活动实施过程的评价，主要包括对活动实施环节、社会教育方法选择和使用的评价。活动实施结果的评价，主要包括对学前儿童社会学习状态的评价和对社会教育活动实施中教师行为的评价。

(二)对学前儿童在社会教育活动中的评价

它涉及对学前儿童社会学习状态的评价和对学前儿童社会性发展水平的评价两个方面。

(三)对学前儿童社会教育活动环境创设的评价

对学前儿童社会教育活动环境创设的评价，可从两方面着手：一是对物质环境进行评价，二是对人文环境进行评价。

二、学前儿童社会教育活动评价的要求

(一)评价的目的要为了学前儿童与教师的可持续发展

学前儿童社会教育活动评价不是用来评判学前儿童和教师的优劣或应对上级的检查评估的，而是为了促进学前儿童的社会性发展，提高幼儿教师的社会教育能力和专业化水平。因此在评价时，要紧紧围绕这两个中心。

《纲要》也曾明确指出，“幼儿园教育是基础教育的重要组成部分，是我国学校教育和终身教育的奠基阶段”，它要为“幼儿一生的发展打好基础”。因此，我们在选择教育内容时，应立足于学前儿童一生的可持续发展，体现教育内涵的变革。在《纲要》有关社会领域教育内容的表述中，谈到“引导幼儿参加各种集体活动……养成对他人、社会亲近、合作的态度，学习初步的人际交往技能”“在共同的生活和活动中，以多种方式引导幼儿认识、体验并理解基本的社会行为规则，学习自律和尊重他人”“充分利用社会资源，引导幼儿实际感受祖国文化的丰富与优秀，感受家乡的变化和发展，激发幼儿爱家乡、爱祖国的情感”等，这些都是体现幼儿可持续发展价值的教育活动与教育形式。

教师在实施社会教育活动时，通过自我评价与他评，可以获得更多的组织教育教学活动的经验，从而为教师的专业化发展奠定基础，促进教师职业生涯的可持续发展。同时，社会教育主要是“人”的教育，教师在教育学前儿童的时候实现了教学相长，教师的人格魅力和社会化水平也会得到提升。

典型案例

小严与苗苗

操场上，一群中班的孩子正围着几只可爱的小鸡开心地观察着……突然，小严一把抓起一只小鸡，老师还来不及阻止，小鸡的脖子就被活生生地拉断了。可怜的小鸡一命呜呼，孩子们都呆住了……

苗苗这两天在幼儿园总是闷闷不乐，不愿意参加集体游戏，也不愿意搭理人，只要有一点小事就发脾气或是掉眼泪。经过家访，老师得知，苗苗最心爱的宠物小狗前几天出车祸死了。苗苗非常伤心，有时候半夜里还会做噩梦大哭。家人都小心翼翼的，尽量避免说这些，希望苗苗能够忘记这件伤心事儿，但苗苗的心情却一直未见改善，家人们很苦恼。①

---

① 沈磊. 生命教育从幼儿期开始[J]. 幼教博览，2015(5)：3-7.

评析：

在上述案例中，两个儿童的反应截然不同。是不是弄死小鸡的小严是坏孩子，应该批评他呢？是不是对小严的生命教育不够，才导致他对生命如此漠视呢？小严是一个冷漠的孩子吗？相反，对苗苗的行为又该如何应对呢？是该赞扬她的同情心呢，还是要为她的脆弱内心担忧呢？这个时候，就需要教师运用自己的专业知识和素养对这些孩子进行适宜的评价。不给任何一个孩子贴标签，也不因为一件小事就小题大做，而是针对不同的孩子做出恰当的分析并寻找帮助其改变的策略，评价的目的是促进孩子们的发展。

(二)评价的指标与方法要科学

马克思恩格斯说过："科学就在于用理性方法去整理感性材料。"①所以，要对社会教育活动中幼儿发展的大量事实、感性材料做出评价，就需要科学理性的评价。

1. 要有恰当的社会教育活动评价指标

恰当地社会教育活动评价指标是评价科学性的保证。学前儿童社会教育活动的评价指标体系分为横向维度和纵向维度。横向维度包括对教师行为和学前儿童行为以及环境的评价。纵向维度包括对教育过程中的准备、实施与结束等过程要素的评价。两个维度相互作用，共同构成教育活动评价的体系。

2. 要采用科学的评价方法

社会教育活动的评价主要以质性评价为主，适度结合量化评价。质性评价可以通过参与式观察，谈话，学前儿童作品分析以及与其他工作人员、家长的交流等方式了解学前儿童的发展和需要。在质性评价中，教师应关注学前儿童在经验、能力、兴趣、学习特点等方面的个体差异，避免用整齐划一的标准评价不同的学前儿童。

例如，我们通过下面两幅画可以发现学前儿童的经验与兴趣，了解学前儿童的内心世界(见图5-1、图5-2)。

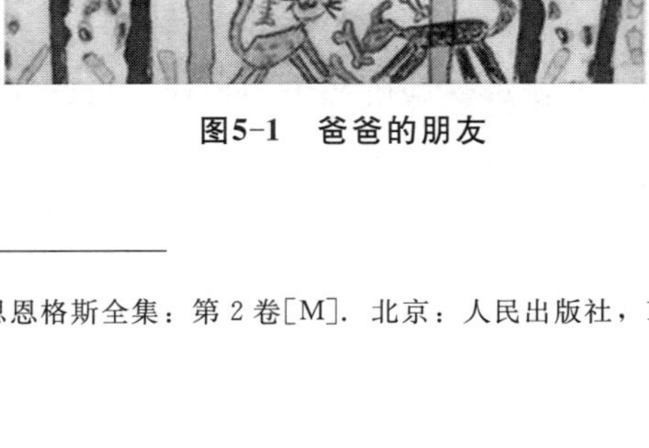

图5-1　爸爸的朋友

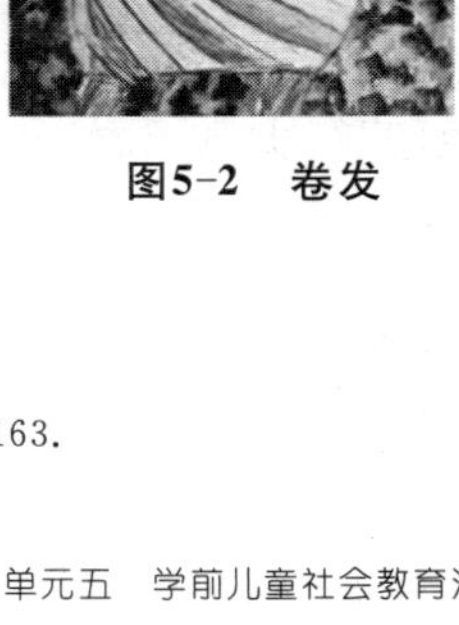

图5-2　卷发

① 马克思恩格斯全集：第 2 卷[M]. 北京：人民出版社，1957：163.

《爸爸的朋友》这幅画中，爸爸和朋友在晚上聚会，灯光下，爸爸和朋友推杯换盏，不亦乐乎。孩子感兴趣的还有家里的阿猫阿狗，它们争相吃着骨头。

从《卷发》这幅画中可以看到，孩子的兴趣在妈妈的卷发上，爱美是人之天性，也是孩子的特点。从这幅画中还可以看出孩子夸张的心理特征，卷发、睫毛的画法都很夸张。

(三)评价主体要多元

评价是教师和学前儿童共同合作进行的有意义的建构过程。《纲要》倡导，儿童既是评价的对象，也是评价的主体。在评价过程中强调儿童的自评，互评，教师、家长以及其他有关人员的参与等多主体的评价。

典型案例

文明宝宝谁来评?

幼儿园开展了系列主题教育活动——做文明宝宝。在“怎样做有礼貌的宝宝”“我的好朋友”“爱护物品”等教育活动中，教师采用集体、分组谈话，让幼儿填写自我评价表，在文明评比栏粘贴小贴片等形式，引导幼儿对自己的行为做出评价和判断，让幼儿懂得哪些行为是正确的，哪些行为是错误的。

在游戏“小鸡去做客”活动中，幼儿扮演小鸡，老师扮成鸡妈妈并带孩子们去小鸭家做客。通过相互观看“小鸡”做客的情景，幼儿集体讨论，评价谁在游戏中是有礼貌的小客人，谁的行为是不正确的，从而学习正确、有礼貌的做客方法。

此外，我们还通过家长调查表、家长联系本等，让家长填写学前儿童在家中的文明表现，对孩子的行为做出评价，并有针对性地对孩子进行文明礼貌的培养。①

评析：

上面案例中，对文明宝宝的评价，既有幼儿自评，也有小组评价和集体评价，同时还有家长多种形式参与评价，充分体现了评价主体的多元化。

(四)评价的形式要多样

学前儿童社会教育活动评价，根据分类标准的不同可以分为不同的评价形式。例如，按照评价主体的不同，可划分为小组评价、个人评价和集体评价。按照评价实施阶段的不同，可以划分为过程性评价、阶段性评价和终结性评价。

在幼儿园的社会教育活动评价中，以过程性评价为主要形式，同时还要结合阶段性评价和终结性评价。关注过程，强调教育过程与评价的整合，使评价自然而然地伴

---

① 蔺慧敏，孙睿，朱鹤. 多元化发展性评价在幼儿教育案例中的应用体会[J]. 儿童与健康，2007(6).

随教育过程的开展而进行，并不意味着不要终结性评价。评价应关注学前儿童主动建构学习的过程，及时发现学前儿童萌发的智慧火花，适时给予鼓励和支持。促进学前儿童学习，让学前儿童真正成为学习的主人。

典型案例

支持引导的评价

宝宝用笔在纸上画了个椭圆形，他在下面分别画了4根线条和4个线条较粗的小圆，他对我说："老师，公共汽车。"我："嘿！这辆公共汽车上一定能坐好多人，如果车轮再大一些，即使人多也会开得很快。"

听完我的话，宝宝拿起笔在4个小圆外又画了更大一些的圆，并用油画棒给车涂上颜色。"这次公共汽车变得这么漂亮，我也要坐上去。那司机叔叔坐在哪儿开车呀？"①

评析：

这个教学情境是我们很熟悉的一幕，其中的两段师幼互动，反映了教师关注幼儿的学习、探索过程，通过评价激发学前儿童学习和创造的积极性。

(五)评价的原则要体现学科特点与学前儿童学习特点

1. 渗透性原则

学前儿童社会教育活动评价，是在真实的教与学情境中评估和了解学前儿童的发展与需要，持续地提供适宜的学习支持，促进并引导其社会性发展的。《纲要》指出，"社会领域的教育具有潜移默化的特点。幼儿社会态度和社会情感的培养尤应渗透在多种活动和一日生活的各个环节之中。"因此，社会教育的评价也具有渗透性。它渗透到其他教育活动中，渗透到日常生活中，渗透到家庭教育中。

例如，中班的一名"快递员"兴奋地把一个个纸盒扔到娃娃家等游戏场景中，却因无人理会而感到沮丧。教师通过观察发现，大家不理会他是因为不了解他的意图，而他却不知道问题出在哪里。"他们可能不知道你送的是什么。"教师的一句提示引发了这名"快递员"解决问题的兴趣，他开始向同伴介绍："这是你家的快递……"

教师在真实的教育情境中，注重对学前儿童发展的问题引导，虽然没有进行直接评价，却促进了学前儿童游戏的发展。这就是渗透性原则的体现。

2. 发展性原则

评价是一个持续过程，包含已有的发展和潜在的发展。评价反映的是学前儿童不同时期的变化和成长历程。因此，学前儿童社会教育活动评价，还应和学前儿童在一

---

① 蔺慧敏，孙睿，朱鹤. 多元化发展性评价在幼儿教育案例中的应用体会[J]. 儿童与健康，2007(6).

日生活中或是在区域活动中的表现、潜在的发展或过程中的情形结合起来，不能仅仅把一次活动中学前儿童的社会性发展状况作为评价学前儿童发展的依据，评价是动态的、连续的。

3. 客观性原则

对每位教师组织的教育活动的形式及特色都要加以充分的考虑，不因个人的好恶和个别数据妄下结论，妄评结果，应该使评价结果真正起到应有的激励与促进作用。

典型案例

谁来演小花猪？

在《三只小猪》的表演中，我们一共设置了猪爸爸、猪妈妈、三只小猪、大灰狼、稻草、木头、砖头、拉幕员和报幕员等11种角色，其中，三只小猪和大灰狼是主要角色，承担了大部分的台词和表演。

一天早晨，小佳的妈妈对我说："马老师，我家孩子想演小花猪，你能不能让他演小花猪呀？"

"可以呀，只要他愿意表演就行。"我爽快地答应了。小佳的妈妈满意地走了。

到了表演的时间，我问："今天，有谁愿意来表演小花猪呀？"可是，小佳并没有举手。

我不禁纳闷起来："究竟什么地方出现了问题？为什么孩子的表现会和家长说的不一样呢？"

带着这样的问题，我开始留意在家长接孩子时的一些亲子对话。我发现，每当孩子对家长说"我今天演稻草的"，大部分家长都只是随口答应了一下；而当孩子说"我今天演小花猪的"，这时候，大部分的家长都会笑眯眯地表扬孩子："真的吗？你真棒！""太好了！"……

原来，问题的症结出现在这儿：受传统观念影响，大部分家长认为主角才是最重要的。一方面，可能是家长认为，演主角是对自己孩子的肯定，孩子能力强才能演主角。另一方面，也可能是家长认为，老师比较关注、喜欢自己的孩子，才会给孩子演主角的机会。这是家长对孩子选择不同角色给予的最初评价，也正是出于这样的评价，小佳的妈妈才会向我提出这样的要求，而这并非是孩子自己的想法。

但是，孩子为什么不去选我们成人心目中的主角，而去选看起来并不重要的配角呢？我觉得有必要了解一下孩子自己的想法，于是和孩子们进行了一次交流。

师：你们为什么喜欢扮演木头、稻草、砖头、拉幕员的角色，而不选择大灰狼、小花猪的角色呢？

幼1：因为扮演稻草、木头、砖头的动作很难，要合作才能搭成房子，而且还要按节奏做动作。

幼 2：跳舞的人很多，如果我不会，我可以看别人。

幼 3：我觉得房子倒下来的时候很好玩。

幼 4：大灰狼太坏了，我不想演。

幼 5：我喜欢小花猪，因为小花猪最勤劳，它盖的房子最牢固。①

评析：

家长习惯性地将结果性评价运用到学前儿童的表演中，而且片面地重视角色的分量，认为演主角强于演配角。但实际上，孩子的眼里并没有主配角之分，他们按照自己的标准来选择喜欢的角色。之所以出现上述案例中教师的邀请没有孩子领情的情况，是因为孩子和家长的角色选择标准产生了冲突。

当教师把孩子的想法告知家长的时候，家长才恍然大悟，“原来孩子是这样想的呀”。可见，在围绕角色选择的对话过程中，教师作为孩子和家长之间的中介，促使家长开始学会倾听孩子的声音，尊重孩子的选择。

任务回顾

任务	应知应会要点	学习应达到的程度
了解学前儿童社会教育活动评价的内容及要求	学前儿童社会教育活动评价的内容 学前儿童社会教育活动评价的要求	☆☆☆☆ ☆☆☆☆

任务二　掌握学前儿童社会教育活动各环节的评价

学前儿童社会教育活动的评价主要分为三步，分别是实施前、实施中和实施后的评价。因此，学前儿童社会教育活动各环节的评价也分为这三个部分。

学前儿童社会教育活动有多种形式，既有一日生活中的社会教育，也有专门的社会教育活动。在此，以幼儿园专门的社会教育活动为例，介绍学前儿童社会教育活动各环节的评价技能。

一、学前儿童社会教育活动实施前的评价

对学前儿童社会教育活动实施前的各个环节进行评价，首先要通过阅读社会教育活动的方案来了解活动的意图，弄清楚学前儿童新旧经验的内在联系，熟知教育内容

① 马骏. 在适宜的评价中共同成长[J]. 学前教育(幼教版)，2013(1)：29-31. 有改动.

的重难点。明确社会教育活动的目标，观摩时只有明确了活动目标，才能看出教师社会教育活动的准备情况。这一阶段的评价主要包括：社会教育活动意图的评价、社会教育活动目标的评价、社会教育活动内容的评价以及社会教育活动准备的评价。

(一)学前儿童社会教育活动意图的评价

社会教育活动方案的确立，要考虑学前儿童的先前经验、家庭背景、年龄特点以及个性特征，必须确定学前儿童在社会教育活动开始前应该习得的经验技能。在此基础上，才能协助学前儿童设立一个适当的情境，以使学前儿童从一开始就参与到问题的探索中来。

例如，“我和我的朋友”教育活动中，教师及时捕捉到班级中有个小朋友因生病好久没来幼儿园这件事。教师就这件事与幼儿交谈的同时，引导他们自发地制作礼物，上门探望生病的小朋友，借助活动让幼儿学会关心同伴。

(二)学前儿童社会教育活动目标的评价

教育目标是教育活动的出发点和归宿。它的制定和达成情况，是衡量一个教育活动好坏的主要尺度。所以，对学前儿童社会教育活动进行评价，首先要对活动目标进行分析。

社会教育活动的具体目标是在了解学前儿童社会教育的总体目标、年龄阶段目标与分类目标的基础上进行设计的，是将学前儿童社会教育的总体目标、年龄阶段目标以及分类目标细化为某一具体教育活动的目标。社会教育活动目标的确定还要以对本班学前儿童的发展水平和原有经验的了解为基础。因此，评价学前儿童社会教育活动目标时，应考虑以下两点。

第一，社会教育活动的目标是否全面、具体、适宜、重难点突出。

全面，指教育活动目标一般按照三个维度(情感态度、能力、知识)来确定。

具体，指知识目标要有量化要求，能力、情感目标要有明确要求，能够体现本次社会教育活动的特点，即在表述时可操作性明显。

适宜，指确定的社会教育活动目标，能以《幼儿园教育指导纲要(试行)》为指导，符合学前儿童的年龄特点和认知规律，关注本年龄段学前儿童兴趣点，且难易适中。

第二，从目标达成来看，要看活动目标是不是明确地体现在每一活动环节中，活动手段是否紧密地围绕目标，为实现目标服务。

例如，“京剧脸谱”教育活动分别从情感、认知和能力三方面入手提出较为全面的活动目标。

情感目标：欣赏京剧片段，知道京剧是我国特有的剧种，有民族自豪感。

认知目标：初步感知京剧脸谱的鲜艳色彩和夸张形象，知道不同色彩的脸谱与相应人物之间的关系。

能力目标：尝试用不同的色彩和对称的图案设计脸谱，并能大胆地戴着脸谱进行表演。

这个活动的目标层次结构清晰，内容全面具体，感情、认知、能力三方面的目标都有涉及，并且表述时可操作性明显，例如，“感知京剧脸谱的鲜艳色彩和夸张形象”就是非常具体可操作的目标。

典型案例

“我想为你做件事”的活动目标

1. 尝试用简单清晰的方式设计计划书，表现离园前夕为幼儿园保教人员做一件事的内容。

2. 实践计划书的内容，大胆运用各种方法解决实施过程中遇到的问题，体验付出的快乐。

重点：计划自己想要为幼儿园保教人员做一件事的内容和方法，并付诸实践。

难点：用简单清晰的方式设计计划书，大胆运用各种方法解决实施过程中遇到的问题。①

评析：

这一活动目标既包括感恩这一情感目标，又包括为别人做事这样的实践目标，还包括解决问题这样的能力目标。在这个目标结构中，重难点一目了然，解决问题对于大班儿童来说显然是一个难点。目标重点就是顺利完成为别人做一件事情这一活动从计划到实施的整个过程。

(三)学前儿童社会教育活动内容的评价

最有效的社会学习内容是根据社会教育的目标确定的，粗浅的、启蒙的、学前儿童感兴趣的、能够直接感知的、具体形象的内容。因此，社会教育内容的选择，既要符合学前儿童的兴趣和现有经验，又要有助于学前儿童形成符合教育目标的新经验；既要贴近学前儿童的生活，又要有助于拓展学前儿童的经验。要按学前儿童的年龄特点，学前儿童的需要，由浅入深，由易到难，有层次、有重点地去选择。因此，学前儿童社会教育的内容评价是要评价社会教育的内容与目标是否匹配；内容是否考虑到学前儿童生活经验与心理发展水平的适宜性等。

---

① 范红芳. 大班生活：我想为您做件事（课例解读）[EB/OL]. [2013-09-18]. www.age06.com/Age06.web/Detail.aspx? InfoGuid=2627ad/a-ba91-47a4-8b3c-25a764ca2831.

典型案例

“我想为你做件事”设计意图

现在的孩子多为独生子女，从出生开始，就成为家人关注的焦点。他们在成长的过程中，习惯性地接受成人对他们的付出，并认为这是理所当然的。久而久之，逐渐形成了强烈的自我中心意识，不懂得为他人考虑，更不懂得要为别人付出，情感意识日趋淡薄。

本次活动围绕“我想为幼儿园的工作人员做一件事”展开，选择在孩子离园毕业前夕进行，旨在让孩子在充分回忆、感受幼儿园老师、阿姨对自己的呵护关爱的基础上自然地衍生出感恩的情感，产生用实际行动来回馈老师、阿姨的想法，并付诸实践，从而感受到回报、付出也是一种快乐，更是成长道路上难忘的经历和体验。

因为考虑到活动涉及幼儿园所有的工作人员，结合在“社会性交往、解决问题、计划做事”等方面对大班孩子的培养目标，我将本次活动的地点从课堂拓展到全园，改变了传统的常规的结构严谨的以讨论、交流为主的活动模式，大胆地将大班孩子融入活动主题中，让他们置身于真实场景中，在为幼儿园的老师、阿姨做一件事的过程中，使他们建构起更直接的交往经验，建立起更务实的解决问题能力。

评析：

上述活动的内容符合大班幼儿的认知水平，适宜他们学习，能结合他们的生活经验，为他们所理解。因此，学前儿童社会教育活动一定要结合具体的情境、具体的事物，要了解学前儿童已有的生活经验，让学前儿童在参与、探索、交往和体验的过程中学习。

(四)学前儿童社会教育活动准备的评价

学前儿童社会教育活动准备的评价主要包括对学前儿童教师的物质、环境创设的准备和学前儿童的经验的准备的评价，有时还包括人员准备评价。

对学前儿童教师的物质、环境创设的准备的评价，主要考虑以下内容。

第一，室内外的环境能否为学前儿童提供有益的经验，是否有利于学前儿童参与。

第二，教玩具及材料提供是否得当、充足；准备的材料种类是否丰富，并且材料的利用率是否高效。材料的提供是否与活动的目标要求、学前儿童的发展水平相适宜，是否具备适宜的结构，有利于学前儿童操作发现，改进创新。

第三，人际交往环境是否民主、融洽，真正做到了解学前儿童，尊重学前儿童，满足学前儿童，为学前儿童营造安全、温馨的心理环境。

第四，是否充分有效地利用家庭、社会中的各种有利因素，帮助学前儿童在与环境的交互过程中得到健康、和谐的发展等。

物质的准备与环境的创设不仅仅指教师单方的创设与提供，还要看学前儿童是否参与了创设与准备。学前儿童直接参与准备环节，有助于学前儿童积累相关的活动经验，并在积累经验的过程中，不断提出问题与分享感受，发展和建构具有个人意义的经验。这一点也是评价的重要方面。

典型案例

“我想为你做件事”活动准备

1. 物质准备：离园倒计时，“我想为你做件事”计划书，多媒体课件，剪辑的视频。

2. 经验准备：熟悉幼儿园环境和人员，有设计计划书的经验。

3. 人员配备：相关的工作人员(如维护幼儿上下楼梯安全的、与幼儿直接互动的幼儿园保教人员)，跟踪拍摄人员。

评析：

一个教育活动能否成功，与活动准备是否充分关系密切。“巧妇难为无米之炊”，活动准备不充分，活动实施就很难进行下去。像上述案例，活动准备就从物质准备、经验准备和人员准备三方面进行，其中的每个准备环节几乎都有幼儿直接参与，从而使得活动准备真正具有教育的意义，而不仅仅是教师做教具。例如，准备“我想为你做件事”计划书，就是要幼儿参与制订。让幼儿真正地参与到这个计划过程中来，从而使幼儿掌握做一件事的完整流程，同时也获得一定的经验积累。

二、学前儿童社会教育活动实施过程的评价

对学前儿童社会教育活动实施过程的评价，应坚持如下标准。

(一)活动思路清晰

活动思路是教师组织教育活动的脉络和主线，它是根据教育活动内容和学前儿童社会性发展水平以及经验两个方面的实际情况设计出来的。它反映一系列教育活动措施，如衔接过渡、详略搭配、操作练习等环节的编排组合。教育活动各环节的排列安排要遵循由易到难、由浅入深、层层递进的顺序，激发学前儿童兴趣，满足学前儿童的学习需要。有时，教师在设计教育活动思路时对活动预设不够，对学前儿童的了解不够，或者教育活动思路不清晰，导致在活动中遇到突发情况无法很好地处理。

例如，“京剧脸谱”活动中，教师通过“欣赏与了解京剧——欣赏与了解京剧脸谱——欣赏与了解脸谱图案”到“创作京剧脸谱”再到“脸谱化妆会”，根据学前儿童认知的需要与规律，由浅入深，由易到难，有层次地组织学前儿童的学习活动，使学前

儿童了解京剧这一社会文化内容。

（二）活动结构合理

对教学活动结构安排的评价主要考虑时间分配和衔接是否恰当，是否有“前松后紧”或“前紧后松”的现象，指导与练习时间搭配是否合理，以及学前儿童个人活动、小组活动和集体活动的时间分配是否合理等。

（三）活动材料适宜

对活动材料进行评价应注意材料是否隐含着教育意图，是否有适宜的结构。用于操作探索的材料应具有定向性(如弹性)，不致产生歧义；用于加工改造的材料要具有丰富的变化可能；提供的原型材料应当具有代表性，以有利于幼儿的探索、发现和创新。

（四）活动方法恰当

社会性教育是以发展幼儿社会性为中心的教育，其内容必然紧紧围绕幼儿的生活，所以在选择教育手段时要注意手段的多样性。一般以亲临社会为直接的手段，让幼儿以游戏方式在做中学，通过主动地体验与活动获得成长与发展。教师在教育活动中选择活动方法时要做到：有目的地创设模拟情境和幼儿主动参与、自发生成与体验相结合，有目的地选择传统教玩具材料与采用现代化视听手段相结合，根据教育内容组织集体活动与分组、个别活动相结合。总之，活动方法应该既符合社会性教育的目标和内容，又能够满足幼儿社会性发展的需要。

（五）不同活动环节坚持不同的评价要点

社会教育活动的环节应大体包括导入部分、基本部分、总结部分与延伸部分。活动环节不同，评价的关注点也不同。

导入部分：这个环节主要评价教师在正式教学活动开始前有没有考虑学前儿童对活动内容的动机水平，有没有采用漫画、色彩卡片、讲小故事、演示等手段吸引并维持学前儿童的注意力。

基本部分：这个环节主要评价两点，一是学前儿童参与、思考的积极性和学前儿童参与、思考的反馈情况；二是师幼互动和学前儿童之间的互动，是否充分而适宜。

总结部分：这个环节主要评价教师的指导是否有针对性，教师的自我监控和调节自觉性如何。

延伸部分：活动结束后，首先要评价教师是否想到了还需要活动延伸，然后评价教师使用的活动延伸方法是否具有可操作性，是否能对该活动的长期发展起到积极的作用。

典型案例

小鸡宝宝去做客

师：今天，鸡妈妈带着你们这些小鸡宝宝去小兔家做客，好不好呀？

幼(戴着小鸡的头饰，排好长队，齐声道)：好——

(师带领幼儿排队，一边听音乐，一边叽叽叽叽叫着，去“快乐地做客”)

师：笃、笃、笃，小兔在家吗？

师：呀，小兔出门了！它留下了一封信，我们看看它给我们留了什么话。

师：小兔说，它家的地毯不好看，要我们给它家的地毯绣花呢。

(师提供花片，让幼儿在地板上摆放)

师：大家来说一说，你给小兔的地毯绣了几朵花？

幼儿分别说自己绣了几朵。

然后，教师带领大家去小猫家做客，如上步骤，小猫不在家，给大家留了信，让大家去地板上找铃铛，找到几个铃铛就去吃几条小虫。最后教师让大家表演节目向小猫表示感谢。

孩子们毫无生趣地进行着活动，现场气氛沉闷。①

评析：

为什么运用故事性的情境、游戏化的手段，孩子们的活动积极性却不高，以致现场活动气氛沉闷？

通过分析会发现，该教育活动中教师对做客的设计很荒谬。奇怪！做客时主人会不在家？主人不在家还要莫名其妙在他家地毯上绣花？给一个从未谋面的陌生人干活，这是怎样的一种安排，孩子喜欢吗？去做客而主人不在家的情景，竟然还会在另一个动物家重演？更奇怪的是，找铃铛和吃虫子间根本没有一一对应关系和前后逻辑关系……显然，活动之所以了无生趣，原因在于活动情境创设这个细节上出了问题。放大细节来看，凸显的问题实质是“情境创设没有孩子，只有任务”。对于幼儿来说，生活中去做客会有热情的接待和礼貌的招呼；在与主人面对面的互动中，才有许多新鲜的事发生，这些与经验匹配的新鲜事，才能唤起孩子的兴趣，引起孩子的共鸣并去参与，进而主动地将课堂外的经验运用到现场学习中，去解决问题，增长经验，体验快乐。在该教育活动中，教师只是毫无逻辑关系地安排幼儿完成一个个任务而已，情境只是摆设，不合情理、脱离生活经验是造成活动无趣的主要原因。

---

① 周金玉.“关键教学事件”与专业判断力：幼儿教育教育的启示[J].学前教育(幼教版)，2013(11)：18-21.

三、学前儿童社会教育活动实施效果的评价

对学前儿童社会教育活动实施效果的评价，主要包括以下两个方面。

(一)对社会教育活动中学前儿童学习状态的评价

对社会教育活动中学前儿童学习状态的评价，具体包括：对学前儿童学习态度、学习能力、学习方法、完成学习任务的质量以及进步程度的评价。

换句话说，我们可以把“投入”作为评价幼儿活动状态的基点。所谓投入，是指幼儿在认识和探索周围世界的过程中，在与教师、同伴以及环境、材料的互动中，其认知、情感和行为呈现出的积极状态。它包括认知投入、情感投入和行为投入三个方面，细化为四个评价要素，即注意、情绪、思维和行为。①

注意：注意力不易转移，一直专注于某个活动，持续时间长，不为外界所动。

情绪：对活动有兴趣，很积极；有发自内心的喜悦，很高兴。

思维：做事有目的，积极地思考问题，主动寻找解决问题的方法，伴随想象和创造。

行为：能用各种感官进行观察，尝试多种方式进行探究，遇到问题能寻求帮助(合作)。

我们也可以借鉴《英国基础教育阶段(3～5 岁)课程指南》，对幼儿在社会教育活动中的表现做出更准确全面的评价。《英国基础教育阶段(3～5 岁)课程指南》指出，“幼儿发起能够促进学习和使他们能够相互学习的活动；幼儿运用动作和所有的感官学习；幼儿有深入钻研自己的想法和兴趣的时间；幼儿有安全感，这有助于他们成为有信心的学习者；幼儿以不同的方式、不同的速度学习；幼儿在学习中建立事物之间的联系；创造性、想象性游戏活动有助于幼儿语言的发展和运用。”②

(二)对社会教育活动中教师行为的评价

对社会教育活动中教师的行为进行评价，应考虑以下几点。

第一，在活动的导入环节能否引起学前儿童参与学习的兴趣。

第二，在活动中能否充分保证学前儿童的自由活动时间。

第三，是否让每个学前儿童有动手操作方面的参与。

第四，能否引导学前儿童顺利开展活动，并提高其解决具体问题的能力。

第五，在学前儿童遇到困难时，能否及时加以示范和指导。

---

① 闵艳莉，周燕，陈红．如何科学评价幼儿的活动状态[J]．学前教育(幼教版)，2013(1)：15-17．有改动．

② 虞永平．过程意识与学前教育质量[J]．幼儿教育(教育教学)，2015(1)：4-6．

当然，社会教育活动中对教师的评价除了以上内容外，还包括对教师本人的教学基本功的评价，这其中包括教态、教师的语言、教师对教具材料的操作等方面。教师在教育活动中的教态应该是明朗、活泼、富有感染力的。教师应做到仪表端庄，举止从容，态度热情，热爱学前儿童，与学前儿童关系融洽。教育活动也是一种语言的艺术。首先，表达要准确清楚，说普通话，精确简练，生动形象，提问有启发性。其次，语调要高低适宜，快慢适度，抑扬顿挫，富有变化。最后，教师要能够熟练运用教具，熟练进行多媒体操作。

典型案例

“我想为你做件事”活动过程(节选)

第一课时：设计计划书

一、看“离园倒计时”，导入话题

看离园倒计时，计算毕业前所剩的在园时间，情感导入，营造惜别的氛围。

二、回忆在园生活，感受浓浓关爱

1. 关键提问

幼儿园里有哪些人一直关心着你，爱护着你？（幼儿回忆在园生活，自由发言）

2. 观看多媒体课件，情感触动

幼儿园的每位老师、阿姨、叔叔、伯伯都把你们当成手心里的宝。看！厨房里的叔叔阿姨每天忙着为你们煮出美味的饭菜，把你们的身体养得棒棒的；保育员阿姨每天为你们清洗玩具、打扫卫生，让你们住得干净舒服，玩得安心卫生；保安叔叔不管刮风下雨还是酷暑严寒，每天都坚守在门口，保卫你们的安全；老师更是用自己的智慧、才干和汗水浇灌着你们，使你们变得更聪明。正是因为有了他们，你们才会成长得如此健康、幸福。

3. 说说分别的话

马上就要离开幼儿园了，对关心过你、帮助过你的老师、阿姨、叔叔、伯伯，你有什么话要说吗？（鼓励幼儿用完整的话表达自己的想法，表达自己的感激之情、祝福之意）

三、设计计划书，体会计划做事的重要性

1. 提出建议

为关心过你，帮助过你的老师、阿姨、叔叔、伯伯做一件表达你感谢之情或者祝福之意的事。

2. 观察、解读空白计划书

关键提问：计划书上有什么？你看懂了什么？看不懂的又是什么？（幼儿根据自己的观察并结合自己的分析，解读计划书）

辅助讨论：计划书上的“照片”是什么意思？“我的姓名”应该写谁的名字呢？“完成情况”什么时候填写？可以怎么表示？

提升解读：做事有计划，想好再做，往往能产生事半功倍的效果。计划书上的“照片”告诉我们你要为谁做一件事；“我的姓名”要写上你自己的名字，因为这是你的计划书；“完成情况”要写明你想做的这件事做到了没有，是做完之后再填写的。

3. 幼儿设计计划书，教师巡回指导

指导要点：让幼儿尽量用最简单清晰的方式表现自己的想法，如标记、文字等；让幼儿根据对象的特点设计适合他做的事情。

第二课时：我想为你做件事

一、寻找对象，兑现想法

1. 根据计划书的内容，寻找做事的对象。

2. 幼儿行动，教师观察指导。

观察要点：观察个别寻找不到对象的幼儿如何解决问题；观察幼儿在与对象互动中的交往能力；观察幼儿是否围绕计划完成事情。

二、交流分享，体会付出的快乐

1. 幼儿完成后返回教室，用自己的方式记录完成情况，教师帮助其记录完成时间。

2. 分享交流完成情况和体会。

核心问题：你为谁做了一件什么事？（幼儿根据自己的实际情况回答，注意语言表述的完整性和清晰性）

辅助问题：过程中有没有遇到问题，你是怎么解决的？（如大胆求助他人、根据提示寻找解决方法等）

3. 观察教师记录的时间，教师提升：这些数字告诉你什么？（完成时间）

你们有的为保安送一张贺卡，有的帮阿姨拖地，有的为老师捶背，等等。有的小朋友只用 3 分钟就完成了，有的用了 6 分钟，最多的也只用了 16 分钟。你们看，如果我们真心诚意地想要为别人做事情，事先考虑周全，只需花上几分钟就能完成，并且能够感动别人。可见，表达谢意、表达心意是如此简单和快乐的一件事。

三、观看视频，掀起情感高潮

1. 今天你们为老师、阿姨、叔叔、伯伯做了一件能表达你们内心感谢之情的事，幼儿园的老师、阿姨、叔叔、伯伯最后也要送你们一件特别的礼物，看看是什么？

2. 观看视频（幼儿园工作人员送给孩子们祝福的话语）。

3. 情感助推：孩子们，这份特别的礼物就是幼儿园所有老师、阿姨、叔叔、伯伯对你们的爱，希望这份爱化为大大的力量，伴你们扬起风帆向梦想的远方起航！

评析：

在这个教育活动中，教师用提问和观看多媒体课件这两种方法导入，从情感和理性两方面双管齐下，调动幼儿的积极性，激发幼儿参与活动的热情和意愿。在活动中，教师给每个幼儿充分的时间去选择自己要感恩的人，并完成为其做事情的愿望。并且，在幼儿做事情的过程中，教师始终暗中观察他们的互动行为和解决问题的能力，在必要时给予他们支持性的教育。活动最后，教师又从情感和理性两方面总结活动，不仅完成了教育目标，还把幼儿的情感推向高潮，使得教育活动进一步升华。

拓展阅读

教育活动评价的误区（节选）

误区一：过分关注现代化教育手段的运用

有些人认为，好的课必须运用现代化教育手段。甚至有些人认为，电脑技术应用水平越高，说明教师的整体水平越高。事实上，电脑只是实现教育目标的一种手段，而不是教育的目标。

误区二：过分追求教育“创新”

有些人过分看重教师在教育过程中有没有创新，即有没有新的教学内容，有没有使用新的教学材料、新的教学方法或新的教学组织形式等。他们认为，教育活动中只要有“新的”就是好的，没有“新的”就是不好的。幼儿教育改革不要仅仅从表面上看有无“新意”，而要看在促进幼儿发展方面有无实际意义，能否减轻教师的身心负担。

误区三：过分强调幼儿快乐

有些人提出了一些简单的评课标准，如“只要孩子快乐了，就可以了。”仅有快乐，没有幼儿其他方面的发展，这样的教育是低水平的教育，是教师的失职。如果只是为了让幼儿玩得快乐而不追求其他方面的教育目标，那么就是把教育活动当成了娱乐活动，把学校当成了游乐场。

误区四：过分在乎活动是否超时

一些幼儿园的评课标准中有这样一条——是否拖堂。一个活动如果可以让幼儿感兴趣进而忘却时间，那么拖延一点时间又有什么关系呢？如果时间到了，但幼儿对正在进行的活动仍然很有兴趣，则说明教师组织的活动很成功，那就没有必要太在意时间的长短。

误区五：只关注教师的表现

我们许多园长在评课时常说，“××教师上课上得好”“××教师的表情丰富”“××教师的教态自然”“××教师的语言流畅”“××教师的基本功不错”，等等。教育的目的是促进幼儿的发展，而不仅仅是“表现”教师的风采。如果教师的“表现”很好，但不能很好地为幼儿提供活动的机会，不能更好地促进幼儿的发展，那么，这种“表现”

是没有实际意义的。所以，我们评课应该更多地关注教师如何引导幼儿的活动，促进幼儿的发展，而不应仅仅关注教师的表现。①

任务回顾

任务	应知应会要点	学习应达到的程度
掌握学前儿童社会教育活动各环节的评价	学前儿童社会教育活动实施前的评价	☆☆☆☆☆
	学前儿童社会教育活动实施过程的评价	☆☆☆☆☆
	学前儿童社会教育活动实施效果的评价	☆☆☆☆☆

任务三　掌握学前儿童社会性发展水平的评价

一、学前儿童社会性发展评价的内容与指标

学前儿童社会性发展的评价内容十分广泛丰富，具体内容可参考单元一中有关学前儿童社会性发展的内容。另外，我国学者孙慧明、沃建中等人编制的幼儿社会性发展量表，把幼儿社会性发展的评定分为自信心、生活独立性、活动独立性、他人责任心、自我责任心、过失责任心、情绪控制、行为控制、分享、合作和助人等11个维度。该量表具有较高的信效度。在此提供给学习者一份社会性发展评价量表（见表5-1）。本份量表中的三个等级标准分别对应幼儿园小、中、大班三个参考年龄。在使用本份量表时，可以根据园所的实际、班级教育计划和学前儿童的实际情况进行选择和修改。

表5-1　学前儿童社会性发展评价量表②

项目	内容	等级标准		
		一	二	三
自我系统	自我认识	知道自己的姓名、性别和年龄	知道自己的爱好	知道自己的优缺点
	自信心	完成简单事情或任务时有信心	完成稍有难度的任务时有信心	完成没有做过或有较大难度的任务时有信心

① 方淑华．幼儿园评课的误区[J]．早期教育（教师版），2007（1）：48-49．有改动．

② 白爱宝．幼儿发展评价手册[M]．北京：教育科学出版社，1999：65．

续表

项目	内容	等级标准		
		一	二	三
	独立性	在教师鼓励和要求下能独立做事	自己能做的事不请求帮助	喜欢独立做事情和独立思考问题
	坚持性	能有始有终做完一件简单的事	能坚持一段时间完成稍有难度的任务	经常能在较长时间内主动克服困难，实现活动目的
	好胜心	在感兴趣的活动中努力做好	在竞赛情境及与他人同时进行的活动中，努力争取好成绩	做任何事都努力争取好结果
情绪情感	表达与控制情绪情感	情绪一般较稳定，经劝说能控制消极情绪	一般情绪状态较好，能用较平和的方式表达情绪；一般能自己调节与控制消极情绪	一般情绪状态良好，能用恰当的方式对待不同情境，做出适宜的情绪反应
	爱周围人	热爱、尊敬父母	亲近班里的老师和小朋友	关心父母、老师和小朋友，喜欢帮助他们做力所能及的事
	爱集体	喜欢幼儿园，愿意参加集体活动	在教师引导下，能关心班里的事，为集体做好事	能主动关心班里的事，为集体做好事，维护集体荣誉
文明行为	礼貌	在成人的提醒下能使用礼貌用语	能主动使用礼貌用语	能在不同情境下主动使用礼貌用语，举止文明
	诚实	不说谎话，不随便拿别人东西	做错事能承认，拾到物品主动交还	做错事能承认，并努力改正，不背着成人做被禁止的事
	合作	能与小朋友一起游戏	喜欢与小朋友合作游戏和做事	能成功地与小朋友合作游戏和做事
	遵守规则	经提醒能遵守规则	能自觉遵守规则	能自觉遵守并维护规则
交往行为	与教师交往	对教师的主动交往能做出积极反应	有时能主动与教师交往	常主动发起与教师的交往
	与小朋友交往	对小朋友的主动交往能做出积极反应	有时能主动与小朋友交往	经常主动发起与小朋友的交往

续表

项目	内容	等级标准		
		一	二	三
交往行为	与客人交往	见到客人不害怕、不回避	对客人的主动交往有积极反应	能主动与客人交往
	解决冲突	与小朋友发生冲突时，经教师帮助能和解	能用适宜的方式自己解决与小朋友的冲突	能帮助解决其他小朋友之间的冲突

对于学前儿童社会性发展的评价，还可以采用等级记录表的形式。例如，下表根据一定的等级标准，把社会行为分成几个等级，教师对照学前儿童的发展水平，在相应的等级后面做出标记即可(见表5-2)。

表5-2　学前儿童发展评价表①

项目	内容	评价	
		能	不能
一、自理能力			
1.	在成人的帮助和指导下会进餐、盥洗、入睡等		
2.	根据自己的需要会如厕、喝水		
3.	会穿脱衣服、使用筷子		
4.	会整理自己的物品，并放在规定的地方		
5.	独立完成日常生活中力所能及的事		
二、认识自己			
1.	知道自己的名字，会应答，能辨别自己和他人的东西		
2.	会自我保护，遇到意外能寻求帮助		
3.	能表现自己的情感，与人分享自己的经验和成功		
4.	能与同伴相处，喜欢参加各种活动		
5.	对自己的行为、言语有初步的评价能力		
三、适应集体			
1.	愿意上幼儿园		
2.	情绪愉快地参加幼儿园的各类活动		
3.	能遵守幼儿园集体生活中的规则，并能控制自己的行为		
4.	在集体活动中会商量提出规则，共同遵守		
5.	在各类不同场合表现大方，不怕陌生		
四、交往合作			
1.	在集体生活中愿意与同伴一起玩		

① 施燕，韩春红．学前儿童行为观察[M]．上海：华东师范大学出版社，2011：117．有改动．

续表

项目	内容	评价	
		能	不能
2.	愿意与同伴共同使用材料与玩具		
3.	理解他人的行为，学会协商		
4.	能与同伴分工、合作完成任务		
5.	会吸取、充实和运用别人的想法		
五、关爱情感			
1.	喜欢教师，亲近同伴		
2.	认同别人的想法与情感		
3.	当别人不愉快时能学着安慰别人		
4.	能用适当方式表达自己对他人关心的情感		
5.	有同情心，当别人有需要时能提供帮助		
六、基本常识			
1.	能识别、认识与生活密切相关的人和物品		
2.	知道周围环境中常见的人和动物的显著特征		
3.	了解人与动植物、自然现象、社会环境之间的简单关系		
4.	有收集和了解周围主要文化景观和社会信息的兴趣和初步的能力		
5.	有初步的多元文化意识，能了解不同地域、民族的风俗		

二、学前儿童社会性发展评价的方法

(一)观察法

观察法是指教师或评价人员在自然状态下有目的、有计划地对学前儿童的社会性行为进行直接观察，从中获得评价资料，然后根据这些资料进行科学分析判断的方法。由于学前儿童的社会性发展主要表现在他们的社会性行为上，因此观察法是学前儿童社会性发展评价中最普遍使用的方法。它特别适合学前儿童教师在日常教育活动中，收集学前儿童社会性发展的有关信息。例如，某老师在学前儿童进行区域活动时观察记录到：

娃娃家游戏中，三个5岁多的女孩为谁做“家”中的妈妈争执不休。忽然，A女孩找到了理由：“今天老师表扬我是能干的人，只有能干的人才能做妈妈。”B女孩马上顿悟：“今天老师也表扬了我，我也很能干，我也可以做妈妈。”C女孩只好认输：“好吧，我做小孩，你们俩猜拳，谁赢了谁就做妈妈。”结果B赢了，A很不服气，说：“我当外婆，反正外婆是妈妈的妈妈。”

请分析：三个女孩在这个过程中学到了哪些态度与能力？

观察学前儿童的社会性行为，可根据不同的目的选择不同的观察方法，幼儿教师比较常用的方法是实录观察法和轶事记录法。

实录观察法，也叫实况详录法，是一种描述性观察。这种方法要求观察者在自然状态下，详细、完整地记录一段时间内观察对象的所有行为。这种方法的特点是开放性和无选择性。开放性是指不仅记录观察对象的行为，还要记录事件的始末和背景情况。无选择性是指在观察时间段内，观察对象的每个行为都要记录，没有主次之分。由于这两个特点，实录观察法经常被使用在学前儿童行为评价和课程评价上。

典型案例

表5-3　2～6岁幼儿混龄交往实况观察记录表

基本信息	观察对象	小宝	性别	女
	年龄	2岁5个月	班级	混龄班
	观察地点	混龄班教室	观察时间	上午9：00～9：30
	观察者	小班教师	观察日期	2015年8月13日
幼儿行为	小宝由妈妈送进教室，坐在指定的位置上，小宝目送妈妈出去，然后小宝拿出从家里带来的“切水果”玩具摊在桌子上。桌子对面坐着大姐姐(3岁)末末。小宝看着末末，没说话。随后，末末也看了看小宝，目光停留在小宝的玩具上。 两个孩子沉默了1分钟零3秒后，末末对着小宝说：“我来和你一起玩吧。”小宝点点头。于是，末末走过来，坐到小宝的右边。小宝说：“先切一个西瓜吧。”说着，小宝拿起西瓜切开了。末末拿起一个香蕉，说：“我来切一个香蕉吧。”小宝把刀给了末末，看着末末。末末切了一个香蕉。两个孩子都笑了。			
解释与评价	玩具是两个孩子交往的有效中介物。小宝第二次来幼儿园，还很陌生，而且年龄小。末末大一点，并且对幼儿园又比较熟悉；末末有帮助小宝的愿望，并且对小宝的玩具好奇。所以，交往行为由末末发起，得到了小宝的积极响应，两个孩子互动得非常好。			

注：“幼儿行为”栏中必须客观具体地描述幼儿的所有行为。“解释与评价”栏中主要是对幼儿的行为进行概括与评价，可以在观察现场写，也可以在观察结束后写。

轶事记录法也是教师常用的一种方法。这种方法就是选择典型的或者异常的、有价值的或者有意义的完整事件进行观察记录。轶事记录法可以有主题也可以没有主题，可以反映学前儿童某个方面的发展状况也可以表现学前儿童的个性特征等。轶事记录法不受任何条件的限制，不需专门的编码，没有特别的技术要求。轶事记录法要求观察者做到及时、准确、具体、完整，记录事件发生的环境和背景。轶事记录法要求观察者保持客观立场，不带有主观偏见。轶事记录法的一个难点是要选择典型事件并不容易，需要观察者深厚的专业知识和丰富的实践经验作为支撑。

典型案例

轶事记录法观察记录

观察对象：小宝　　　　　　　性别：女　　　　　　　观察者：母亲

2岁第一个星期第一天

小宝要吃棒棒糖。爸爸说："马上要吃饭了，不行!"小宝又重复了一次："妈妈，我要吃棒棒糖。"妈妈说："你要吃棒棒糖我就看你的平板电脑了。"小宝忽然哇的一声大哭起来，眼泪啪嗒啪嗒往下掉。妈妈无奈，把小宝抱起来，跟小宝说："别哭别哭，让爸爸给拿棒棒糖。"爸爸拿了一颗棒棒糖给她，她不哭了。

2岁第一个星期第二天

奶奶带小宝到小区的小花园玩。奶奶先是带着小宝在小花园里散步，后来，奶奶发现在小花园的角落里，有一个小男孩和他的奶奶正在看一只流浪猫喂它的孩子吃奶。奶奶就跟小宝说："咱们也去看小花猫吧。"小宝说："好。"小宝就跟着奶奶过去了，看到小花猫正在吃奶，小宝扭过头来笑着跟奶奶说："看它吃奶呢。"这时，那个小男孩听到小宝的话，扭头看小宝，接着他转过身来，照着小宝的胸脯就推了一下。小宝本能地往后退了两步，没有哭。小宝站稳之后，她又往前走了两步。小男孩看到了，就又推了她一下，她又本能地退了两步。

观察法包括多种具体方法，观察实录法、轶事记录法等相对来讲比较容易掌握。但运用观察法时仍需注意以下几点。

第一，要创造自然的观察环境和气氛。评价者不应干预和限制学前儿童的活动，要尽量避免被学前儿童发觉观察意图，以防止学前儿童出现紧张及其他不自然的心理状态，保持观察结果的真实性。

第二，观察目的要明确。评价者应始终明确每次观察的任务和目的，选择与观察目的有关的行为和重要事实进行记录。

第三，观察记录要真实、精确，并且不能忽视当时引发学前儿童行为的环境、条件等变量。

第四，学前儿童的社会性行为往往因环境和客观因素的影响而发生变化，因此要注意避免由偶发行为得出结论。

观察法的优点是得到的材料比较真实；缺点是由于没有控制条件，有时不能完成观察任务。

（二）情景测验法

情景测验法，又叫自然实验法，是指在教育实际中，按照研究目的控制和改变某些条件，将学前儿童置于与现实生活场景类似的情景中，由教师观察该特定情景中学前儿童社会性行为的方法。相对于观察法，情景测验法由评价者主动创设测验情景，可控性比较高，因此材料收集的效率也比较高。

研究者在使用情景测验法时应注意以下几点。

第一，应尽量使学前儿童处于自然状态，以求得评价资料的真实性。

第二，所设计的情景应尽量与学前儿童的日常活动情景相似，应是学前儿童感兴趣的活动。

第三，根据评价目的，有针对性地创设促进学前儿童某一方面发展的活动或情景。

典型案例

“分享”情景测验

为了评价学前儿童能否与同伴分享，教师创设了这样一个情景：

先在活动室内给中(1)班的每个孩子发放5个五角星，告诉他们可用这些五角星到储藏室的玩具柜里，换取自己喜欢的几个玩具(有的玩具只需用1个五角星换，有的玩具则需2个或3～5个五角星换)。

接着，对孩子们说：“中(2)班的小朋友因为没有五角星，所以，他们得不到任何玩具。要是你愿意的话，你就往储藏室的小碟子上放进五角星(碟子中已有数个五角星，这样学前儿童会以为教师不知道自己放没放)。”然后，教师分别让每个学前儿童去换玩具。当学前儿童从储藏室回来以后，教师进去数一数碟子里的五角星数量，就知道某个学前儿童放了没有，放了几个。①

(三)谈话法

谈话法是主试通过与学前儿童面对面的交谈，收集学前儿童社会性发展的资料，然后根据这些资料进行科学分析判断的方法。谈话可以是纯语言的，也可结合图片、图画故事等进行。例如，在研究儿童道德判断时，科尔伯格使用的“两难故事法”就属于谈话法。

谈话法的步骤是：制订谈话计划—设计谈话记录表—按照谈话计划进行谈话—整理谈话记录。

使用谈话法时应注意以下几点。

第一，谈话应有明确的目的，且始终围绕目的进行。

第二，谈话内容应在学前儿童生活范围内，提出的问题应简单易懂。

第三，情景应自然，研究者态度应亲切自然，以避免学前儿童情绪紧张。

---

① 王美芳，张栋玲，隋莉晖．不同社交地位幼儿的人际认知问题解决技能特点比较[J]．学前教育研究，2009(10)：23-27.

第四，谈话记录应在谈话后追记或谈话时把录音机放在学前儿童看不到的地方。

谈话法的优点是能够比较快捷地了解学前儿童社会性发展中某些在日常生活中难以表现出来的认识问题，为全面评价学前儿童社会性发展提供丰富资料。

典型案例

学前儿童理解人际问题能力测试

首先，向学前儿童呈现两张图片，一张画的是一个小朋友在哭，另一张画的是两个小朋友在打架。然后，研究者问学前儿童："这(两)个小朋友在哭(打架)，你说，他(们)为什么哭(打架)?"学前儿童说出一个原因后，研究者接着问："你认为还有什么其他的原因让他(们)哭(打架)?"直到确信学前儿童想不出别的原因为止。

评分标准：说出不同种类的原因每类计1分，同一类的不同表述每个计0.5分，完全相同的不计分。累计学前儿童的得分，将总分作为学前儿童人际问题理解能力的得分。①

预测人际问题解决后果能力测验

向学前儿童呈现两张图片，一张画的是一个小朋友抢另一个小朋友的自行车，另一张画的是老师讲课时两个小朋友在说悄悄话。研究者说明图片的内容后，问学前儿童："他们这样做，会发生什么事情?"学前儿童回答后，研究者接着问："还有可能发生什么不同的事情?"直到确信学前儿童想不出别的结果为止。

评分标准：每说出一种不同的结果计1分。累计学前儿童说出的结果分数，将总分作为其预测人际问题解决后果能力的得分。

(四)问卷调查法

由于学前儿童的社会性行为在不同条件下往往有不同表现，为了全面客观地评价学前儿童的社会性发展，我们有时需要了解学前儿童在不同环境下的表现。问卷调查法是指由评价者根据评价目的，向学前儿童家长或教师发放问卷调查表，请他们提供学前儿童在家庭或幼儿园中社会性表现的书面材料的方法。问卷调查法有助于获取学前儿童社会行为表现的频率和原因等材料。这种方法的适用对象主要是教师和家长。

问卷调查法的步骤是：

制订问卷设计的计划—编制问卷—发放问卷和回收问卷—统计分析问卷。

在使用该方法时，问卷的编制技术是关键。因此，使用问卷调查法时应注意以下几点。

第一，向家长和教师说明问卷意图，消除家长、教师的顾虑，取得他们的真诚

① 王美芳，张栋玲，隋莉晖．不同社交地位幼儿的人际认知问题解决技能特点比较[J]．学前教育研究，2009(10)：23-27.

合作。

第二，问卷内容不宜过多，答卷时间最好控制在半小时以内。

第三，问卷内容应紧紧围绕研究目的，问题应简明易懂。

第四，回答的方式力求简便，目的在于既不增加回答者的负担，又便于统计。

由于问卷调查的内容较广泛地涉及学前儿童的社会性行为，因而问卷调查法可在短时间内获得大量的评价信息，这些评价信息可做为了解学前儿童社会性发展的重要参考。但是，分析时要注意排除部分家长因素质不高，不能正确理解所提问题而导致的不正确回答，要和其他方法综合使用，以确保材料的有效性。

典型案例

中班幼儿在家庭中主动性调查表

幼儿性别________

尊敬的家长您好，为了了解您的孩子在家庭中主动做事情的情况，如果您的孩子在家庭中表现出了下面选项中的行为，请在选项前面的括号里打“√”，如果没有就在选项前面的括号里打“×”。谢谢您的合作！

(　　)1. 需要父母为他(她)安排在家里的游戏活动。

(　　)2. 主动告诉父母自己对图书/玩具/外出游览的愿望。

(　　)3. 身体不舒服时主动告诉父母。

(　　)4. 向父母提出问题或引发话题与父母讨论。

(　　)5. 主动为父母表演在幼儿园学过的儿歌故事或歌舞。

(　　)6. 主动提出帮父母做事。

(　　)7. 能主动完成父母要求做的事情。①

(五)社交测量法

社交测量法指研究者通过某种特定方式，以了解某一特定团体的社交结构以及该团体内人际交往模式的方法。这种方法有多种不同形式，如提名法、配对比较法、社会关系量表等。

据研究，适用于学前儿童同伴关系的社交测量法主要有以下两种。

1.提名法

提名法是社交测量法中最主要、最常用的方法。

具体的操作方法是让每一被试根据某种标准(标准可以是正面的，也可以是反面的。例如，最喜欢和谁做好朋友或最不喜欢和谁做好朋友？为什么?)，从同伴团体中

① 陈帼眉. 学前儿童教育与发展评价[M]. 北京：北京师范大学出版社，1994：579-582. 有改动.

选出若干名成员(一般为 3～5 名)，然后由研究者对选择结果进行统计分析，找出学前儿童班集体的社交结构。同时，还需要对学前儿童的择友标准进行分析，以发现不同年龄班学前儿童择友标准的变化。

2.配对比较法

配对比较法是一种向被试提出某种标准，并将同伴配对呈现在被试面前(可以是名字或照片)，让被试对每一对同伴做出比较和选择的方法。它的指导语可以为："这两个小朋友中你最喜欢和谁玩？为什么?"标准同样可以是反面的。经过配对比较后，可计算出某一学前儿童被接受和被拒绝的次数。该方法的优点是团体中每个学前儿童均有机会获得比较，缺点是耗费时间较多。

社交测量法的优点是能在较短的时间内得到较多的学前儿童同伴关系、同伴交往情况的信息，了解到不同年龄班学前儿童的社交结构和择友标准的发展特征，为教师开展社会教育活动提供重要的参考。但是，在使用此方法时必须注意，它只能提供学前儿童被同伴接受和拒绝的信息，而不能解释其他因果关系。并且，由于学前儿童年龄较小，在作判断时易受情境或某一特定事件的影响，因此对测量信息作分析时，还应与其他研究方法相结合。①

(六)档案袋评价法

在幼儿社会教育评价实践中，还有一种被广泛应用的方法——档案袋评价法。档案袋评价法本质上是一种作品取样系统，主要记录的是教室里的真实性表现，教师和学前儿童按照一定的指标，可以共同选取，也可以分别选取学前儿童作品，然后收集起来，由教师进行整理和分析，并放在学前儿童触手可及的地方以供其翻阅。档案袋评价法想要了解的是学前儿童发展的过程，是一种过程性评价。这种方法能帮助教师发现学前儿童学习的过程，能展示学前儿童的个性特征和学习特点，更能展示学前儿童发展的全貌，也可以帮助学前儿童进行自我评价和自省。所有这些都能帮助教师形成对学前儿童的合理预期，提出适当的教育目标，选择合适的教育方法。

教师和学前儿童是档案袋的评价主体，家长和幼儿园管理者也可以参与。

档案袋评价法最核心的内容是确定收集哪些方面的材料。通常来说，一切可以反映学前儿童发展过程的材料，包括学前儿童的作品、观察记录、测验检核表、他人评价和自评材料等都可以作为收集对象。至于把哪些材料放进档案袋里，可以让学前儿童选择，并说明理由。同时，教师也要选择典型材料放进档案袋。当学前儿童的选择和教师不一样时，教师要把两者选择的材料都放进档案袋。

使用档案袋评价法，需要幼儿教师有较系统的教育评价理论修养，尤其是对档案

---

① 向海英. 幼儿社会性发展评价方法初探[J]. 山东教育科研，1997(5)：37-38. 有改动.

袋评价方法有基本了解与掌握。档案袋评价法是一种质的评价方式，具有主观性，缺乏标准化的客观性的评定标准，评定结果难以量化。该方法只适用于过程性评价，要想全面评价学前儿童，则必须与其他的评价方式结合使用。

综合以上学前儿童社会性发展的评价方法，不难发现各有其特点，研究者应根据具体的研究内容选择相应的方法，必要时，应多种方法配合使用，以提高观察的信度和效度。此外，对学前儿童社会性发展的评价还应结合不同年龄阶段学前儿童认知发展的特征进行。

三、学前儿童社会性发展评价的影响因素

学前儿童社会性发展评价的影响因素有很多，有客观因素，也有主观因素。客观因素包括观察的工具、观察的误差、测量的工具以及评价的环境等因素。主观因素有教师的因素，也有学前儿童的因素。学前儿童的个体特征，如气质、情绪等都会影响到评价的结果。就教师自身而言，教师的评价技能、心理素质，都会影响到评价的结果，这也是很多教材都着重讨论过的。其实，还有一个看似隐形的但却有很大影响力的因素很少被提及，那就是教师的专业判断。因为即便掌握了评价的方法，也未必能科学地评价学前儿童。因为评价学前儿童的社会性发展，不仅要用到评价的方法和技能，还需要教师的专业知识、教育经验和专业判断。教师的专业判断力是教师专业智慧的反映，挑战着教师面对教育现场动态生成的不确定因素时所持有的专业信念，并主导着教师的教育行为，影响着教育效果。

专业判断力，是教师在教育过程中，根据特定的教育内容、特定的教育对象和特定的教育环境，在自身信念的支持下，在自我监控的作用下，从自己的基本知识结构中选取、组合、贯通相关知识，用于设计教育进程和解决教育问题的能力。它包括：

第一，实践性判断力。一般需要教师思考这样几个问题：我该做什么？怎么做？然后呢？在哪里？

第二，诊断性判断力。一般需要教师思考这样几个问题：发生了什么？涉及谁？为什么会发生？事实是什么？做了什么？有什么用？感觉怎么样？它意味着什么？

第三，反思性判断力。一般需要教师考虑以下问题：这件事的发生和处理怎样？我喜欢吗？别人喜欢吗？是好事情吗？有坚持的空间吗？还有改进的空间吗？为什么？

第四，批判性判断力。一般需要教师考虑以下问题：这是一个哪方面的例子？关于谁的？它公平吗？科学吗？

所以，掌握了以上有关学前儿童社会教育的评价知识与技能后，教师还需要在教育实践中不断丰富自身的教育实践经验，提高专业知识与能力，进而对学前儿童的社

会性发展做出恰当的评价与引导，促进学前儿童的健康发展。①

典型案例

他最需要那一份“自然”

小杰患有先天性脑瘫痪，不能自如地行走，口齿也不太清楚。并且，他还不能像其他孩子那样灵巧地使用彩笔画画，用剪刀做手工，等等。每当遇到类似情况，小杰往往会沉默不语，明亮的眼睛环视着同伴们，眼神中流露出羡慕和落寞。

记得开学那天，小杰在父母和奶奶的陪同下来到班里。当我向孩子们介绍小杰时，孩子们十分诧异，而小杰则默不作声，深深地低着头，不敢正视同伴和教师。

从那时起，我对小杰关怀备至，给予他“特别”的爱。于是，无论在教学活动中还是在日常生活中，我总是首先想到小杰。在我的影响下，孩子们对小杰也特别谦让，特别愿意帮助他。他们争着帮小杰拿毛巾、取杯子，替他取放玩具、图书等，几乎包办了小杰的事情。我和孩子们自以为这样就是对小杰最好的关怀和爱护。

小杰在我们的呵护和关爱下很快适应了幼儿园生活。但是慢慢地我发现，小杰总是那么安静，从不主动说话；在接受教师和同伴帮助时，眼睛也不敢直视对方。看来，小杰在有意识地逃避周围人对他的关注，这表明他有着强烈的自尊意识和防备心理。一天，面对别人的“关心”，他终于爆发了。那一天傍晚离园时，几位热心的家长出于关心，和小杰奶奶聊起了小杰的事情。不料奶奶还没说几句，坐在一旁玩积木的小杰猛地扔下手中的积木，使劲拽着奶奶的手说：“我要回家！我要回家！！”强烈的反应让在场的我们愣住了。奶奶尴尬地赶紧捡起积木，连声道歉，以最快的速度背着小杰离开了班级。

每周一早上，我园都会进行升国旗仪式，之后还有园长、教师代表的讲话，时间较长。我担心小杰不能较长时间站立，所以每次都在我班队伍边上放一把小椅子，让小杰坐着参加升旗仪式。可是那一次，我意外地发现小杰不肯坐在椅子上。我过去问他：“小杰你怎么不坐呀？一直站着脚不会疼吗？”小杰倔强地看着我，说：“我要和小朋友一样高。”那天，小杰第一次拉着奶奶的手，站着参加升旗仪式，虽然中途有几次他趔趄着几乎要摔倒，但奶奶几次都扶住了他，坚持到仪式结束。看着祖孙俩倔强的身影，我的眼眶湿润了。之后的升旗仪式上甚至做操时，我们总能看到排在队伍中的祖孙俩。

我顿时意识到，小杰最需要的也许并不是我们的特殊关爱，而是能泰然处之的那份“普通”，那份“自然”。从与小杰家人的多次沟通中，我们终于了解到小杰最喜欢的，其实是别人对他就和对别的小朋友一样，家长把小杰送到幼儿园也正是出于此意。

---

① 周金玉.“关键教学事件”与专业判断力：幼儿教师教育的启示[J]. 学前教育(幼教版)，2013(11)：18-21.

评析：

上述案例中的教师一开始基于自己的实践性判断力，认为一个先天有缺陷的孩子，能力是差的，这样的孩子需要的是别人的帮助。该教师作为一个健康的成人，她很难想象一个身体有缺陷的孩子内心的真实想法和需要。她从自己的已有经验出发，按照诊断性判断力，判断出这个孩子的发展有缺陷，其能力和普通孩子相比有差距。于是，她得出自己该怎么做的结论，并付诸实践。一般教师做到这里会停止，并且很可能自鸣得意。然而，她并没有止步于此，在实践了一段时间之后，她的反思性判断力开始起作用。于是，她敏锐地观察到小杰的情绪和行为变化，她开始思索："这是好事吗？该坚持吗？还是该改进呢？"紧接着，她的批判性判断力又使得她思考："这样做真的公平吗？帮助难道就是我们对待能力弱的孩子的必然选择吗？"在这两种判断力的综合作用下，教师意识到自己的做法，使孩子的心灵受到伤害，让孩子没有得到公平对待。于是，教师改进了自己的教育方法，并且取得了较好的效果。①

任务回顾

任务	应知应会要点	学习应达到的程度
掌握学前儿童社会性发展水平的评价	学前儿童社会性发展评价的内容与指标	☆☆☆
	学前儿童社会性发展评价的方法	☆☆☆☆
	学前儿童社会性发展评价的影响因素	☆☆☆

思考与练习

1. 学前儿童社会教育活动实施过程的评价标准是什么？

2. 学前儿童社会教育活动实施过程中教师行为的评价标准是什么？

3. 你如何理解学前儿童在社会教育活动中的"投入"状态？

4. 简答学前儿童社会教育活动评价的内容。

5. 举例论述学前儿童社会教育活动评价的原则。

6. 情景测验法的注意事项有哪些？

7. 使用社交测量法会对学前儿童的发展产生怎样的影响，怎样控制这种影响？

8. 有人认为，"教师是专业人员，让教师来评价幼儿就可以了，何必还让家长参与呢？"有的人认为，"专家是了不起的，一次活动组织得怎么样，专家说了算，教师自己的评价就算了吧。"你怎么看待上述观点？

9. 以下观察记录显示了幼儿社会性发展的什么水平和需要？为促进幼儿的社会

① 茹妍虹．案例分析：他最需要那一份"自然"[EB/OL]．[2013-10-29]．http：//www.yejs.com.cn/Yjll/article/id/45767.htm.

性发展，你认为教师和家长应该做什么？

镜头一：孩子在幼儿园做错了事，老师教育说："你做错事是不对的，以后改了就同样是好孩子。"幼儿听到"好孩子"这样的词，往往会把它当成"表扬"，回家高兴地告诉爸妈："老师今天表扬我了，说我是'好孩子'！"

镜头二：小刚在家看过爸爸和朋友打扑克、下象棋，就对别人说："我会打扑克，也会下象棋。"其实，他只会模仿大人的样子，并不理解这类活动的真正含义。

镜头三：如果你问小班的小朋友："谁是你们班最好的孩子？"他们肯定会斩钉截铁地告诉你："我！"

拓展训练

活动一：评价社会教育活动的实录环节。

"保护蛋宝宝"活动过程：

1. 护蛋任务。出示布绒小熊，用小熊的口吻讲述："今天是我的生日，奶奶给了我一个超级任务，要我保护蛋宝宝。如果一天下来蛋宝宝好好的，一点没破，奶奶就会认为我真的长大了。你们可要帮帮我呀！"

2. 感知蛋宝宝：真假蛋宝宝。在"百宝箱"里放入蛋和形状相似的物品，如乒乓球、石头等，让学前儿童摸摸，辨别哪些是真蛋宝宝，哪些是假蛋宝宝。

3. 护蛋方案。

(1)和学前儿童讨论保护蛋宝宝的方法。

(2)鼓励学前儿童大胆讲述自己的想法。

4. 护蛋行动。

(1)学前儿童以小组为单位，等距站成一列，按序递接蛋宝宝，最后安全递到筐内。

(2)若发生不慎将蛋跌落的事情，可抓住契机，提醒学前儿童要保护好蛋宝宝。

5. 活动延伸。将活动贯穿于一日生活中，如带蛋宝宝吃饭、午睡等，照顾好蛋宝宝，目的是锻炼学前儿童的耐心和责任心。

评价要求：

1. 从以上教育活动过程的结构与思路入手，评价活动实施的情况。

2. 按照下列表格的内容，评价以上教育活动过程的开展情况。

	教师	学前儿童
导入环节		
基本部分		
延伸部分		

活动二：到幼儿园观摩某一专门的社会教育活动，用下面的评价表对该教育活动作分析与评价。

教育活动评价表

<table>
<tr><td>单位</td><td colspan="2"></td><td>姓名</td><td colspan="2"></td><td>序号</td><td colspan="2"></td></tr>
<tr><td>活动名称</td><td colspan="8"></td></tr>
<tr><td rowspan="2">评价项目</td><td colspan="3" rowspan="2">评价内容</td><td colspan="4">评价等级</td><td rowspan="2">项目
得分</td></tr>
<tr><td>A</td><td>B</td><td>C</td><td>D</td></tr>
<tr><td rowspan="2">活动目标
（10 分）</td><td colspan="3">1. 情感与态度、过程与方法、知识与技能等目标明确恰当。</td><td>5</td><td>4</td><td>3</td><td>2</td><td></td></tr>
<tr><td colspan="3">2. 体现教育内容与幼儿的适宜性，目标达成情况好。</td><td>5</td><td>4</td><td>3</td><td>2</td><td></td></tr>
<tr><td rowspan="2">活动内容
（10 分）</td><td colspan="3">1. 内容科学、严谨、符合本班幼儿实际，重点突出，难点得当。</td><td>5</td><td>4</td><td>3</td><td>2</td><td></td></tr>
<tr><td colspan="3">2. 注重幼儿的年龄特点和兴趣需要，有利于师幼互动、幼幼互动，体现创新意识。</td><td>5</td><td>4</td><td>3</td><td>2</td><td></td></tr>
<tr><td rowspan="3">活动方法
及手段
（20 分）</td><td colspan="3">1. 教法灵活，能调动幼儿的学习积极性和主动性，关注幼儿学习兴趣和各种能力的培养。</td><td>10</td><td>8</td><td>6</td><td>4</td><td></td></tr>
<tr><td colspan="3">2. 能恰当运用各种教具、学具进行辅助教学，活动组织效果好。</td><td>5</td><td>4</td><td>3</td><td>2</td><td></td></tr>
<tr><td colspan="3">3. 善于创设恰当的情境，有利于幼儿情感、态度、能力的培养。</td><td>5</td><td>4</td><td>3</td><td>2</td><td></td></tr>
<tr><td rowspan="4">活动过程
（35 分）</td><td colspan="3">1. 活动环节安排合理，知识衔接自然。</td><td>5</td><td>4</td><td>3</td><td>2</td><td></td></tr>
<tr><td colspan="3">2. 注重知识的发生发展过程，体现学法指导，师幼互动、幼幼互动积极、融洽，活动信息反馈及时，应变能力强。</td><td>10</td><td>8</td><td>6</td><td>4</td><td></td></tr>
<tr><td colspan="3">3. 在突破重点、难点的方式上有所创新。</td><td>10</td><td>8</td><td>6</td><td>4</td><td></td></tr>
<tr><td colspan="3">4. 评价具有激励作用，重视过程性、发展性和差异性。能体现面向全体、因材施教。</td><td>10</td><td>8</td><td>6</td><td>4</td><td></td></tr>
<tr><td rowspan="2">教师素质
（10 分）</td><td colspan="3">1. 教态自然，仪表端庄大方，语言表述清楚，富有激情和感染力。</td><td>5</td><td>4</td><td>3</td><td>2</td><td></td></tr>
<tr><td colspan="3">2. 教师的基本功娴熟，能准确把握时间。</td><td>5</td><td>4</td><td>3</td><td>2</td><td></td></tr>
<tr><td rowspan="2">活动效果
（15 分）</td><td colspan="3">1. 活动气氛活跃，幼儿积极主动地参与学习的全过程，并在学法上有所收获。</td><td>5</td><td>4</td><td>3</td><td>2</td><td></td></tr>
<tr><td colspan="3">2. 大多数幼儿能在活动中愉快地构建知识，并能简单地应用。</td><td>10</td><td>8</td><td>6</td><td>4</td><td></td></tr>
<tr><td>评价人</td><td colspan="3"></td><td colspan="4">总分</td><td></td></tr>
</table>

活动三：5 人一组，每人搜集 1 个学前儿童社会教育活动案例，按照下面表格的内容，小组讨论评价每个案例的实施过程。

	教育方法	与教育目标的匹配度
案例一		
案例二		
案例三		
案例四		
案例五		

学习反思

参考文献

1. 白爱宝．幼儿发展评价手册[M]．北京：教育科学出版社，1999.

2. 陈帼眉，姜勇．幼儿教育心理学[M]．北京：北京师范大学出版社，2007.

3. 陈帼眉．学前儿童发展与教育评价手册[M]．北京：北京师范大学出版社，1994.

4. 陈会昌．幼儿社会化训练[M]．太原：希望出版社，2000.

5. 教育部基础教育司．《幼儿园教育指导纲要(试行)》解读[M]．南京：江苏教育出版社，2002.

6. 李焕稳．幼儿社会教育[M]．北京：北京师范大学出版社，2015.

7. 李季湄，冯晓霞．《3－6 岁儿童学习与发展指南》解读[M]．北京：人民教育出版社，2013.

8. 李幼穗．儿童社会性发展及其培养[M]．上海：华东师范大学出版社，2004.

9. 林崇德．发展心理学[M]．北京：人民教育出版社，2009.

10. 邱学青．学前儿童游戏[M]．南京：江苏教育出版社，2008.

11. 裘指挥．幼儿社会教育与活动指导[M]．北京：高等教育出版社，2014.

12. 施燕，韩春红．学前儿童行为观察[M]．上海：华东师范大学出版社，2011.

13. 王小英，蔡柯馨．主题活动与幼儿成长[M]．长春：东北师范大学出版社，2011.

14. 王振宇．学前儿童发展心理学[M]．北京：人民教育出版社，2004.

15. 杨丽珠，吴文菊．幼儿社会性发展与教育[M]．大连：辽宁师范大学出版社，2000.

16. 张明红．学前儿童社会教育[M]．上海：华东师范大学出版社，2008.

17. 张文新．儿童社会性发展[M]．北京：北京师范大学出版社，1999.

18. 赵忠心．家庭教育学[M]．北京：人民教育出版社，2001.

19. 周梅林．学前儿童社会教育活动指导[M]．上海：复旦大学出版社，2005.

20. 朱智贤．心理学大词典[M]．北京：北京师范大学出版社，1989.

21. 曹圣楠. 认知方式及其相关理论的探析[J]. 社会心理科学，2002(1).

22. 丁芳. 论观点采择与皮亚杰的去自我中心化[J]. 山东师范大学学报(人文社会科学版)，2002 (6).

23. 李生兰. 学前儿童社会领域教育中地理资源透析[J]. 早期教育(教师版)，2006(5).

24. 李生兰. 幼儿园社会领域教育路径探寻[J]. 幼儿教育，2005(23).

25. 唐金华. 浅谈幼儿园角色游戏的指导策略[J]. 学前教育(幼教版)，2010(9).

26. 王美芳，张栋玲，隋莉晖. 不同社交地位幼儿的人际认知问题解决技能特点比较[J]. 学前教育研究，2009(10).

27. 向海英. 幼儿社会性发展评价方法初探[J]. 山东教育科研，1997(5).

28. 徐慧，张建新，张梅玲. 家庭教养方式对儿童社会化发展影响的研究综述[J]. 心理科学，2008(4).

29. 杨丽珠，杨春卿. 幼儿气质与母亲教养方式的选择[J]. 心理科学，1998(1).

30. 杨伟鹏，雷雁岚，陈科成，等. 社会主题绘本教学促进幼儿亲社会行为发展的实验研究[J]. 教育学报，2014(6).

31. 虞永平. 幼儿园社会教育的方法[J]. 山东教育，2005(27).

32. 虞永平. 幼儿园社会领域课程刍议[J]. 学前教育研究，1997(5).

33. 邹晓燕. 幼儿园社会教育的原则及组织形式[J]. 幼儿教育，2010(15).